改訂版

ヨーロッパ史における戦争

マイケル・ハワード

奥村房夫
奥村大作 訳

中央公論新社

WAR IN
EUROPEAN HISTORY
Michael Howard

第一版への序

比較的近年まで、戦争の研究は、教訓的で規範的でありました。つまり、過去の戦争は、将来の戦争の効果的遂行に関する手引として、不変的原則かあるいは発展の方向かを演繹するために、研究されていました。力の組織的使用や脅迫的使用がいまだに国際関係の処理の一手段である限り、そのような分析的研究は必要とされ続けるでありましょう。しかし、戦争を戦争が行なわれている環境から引き離して、ゲームの技術のように戦争の技術を研究することは、戦争それ自体ばかりでなく戦争が行なわれている社会の理解にとって、不可欠な研究を無視することになります。行為規範を引き出すためではなくて過去の理解を深めるために戦争を研究する歴史家は、単なる「軍事史家」ではあり得ないのです。程度の差はあれ、その主題に無関係な人間行為は、文字通り、一部門たりといえどもあり得ないからであります。歴史家は、ハンス・デルブリュック（Hans Delbrück）が述べているように、政治史の枠組においてばかりでなく、経済史・社会史・文化史の枠組においても、戦争を研究しなければなりません。戦争は人間の経験全体の一部であり、その各部分は互いに関係づけることによってのみ理解できるのであります。戦争が一体何をめぐって行なわれたのかを知らずには、どうして戦争が行なわれたのかを、十分に記述することはできません。

現在では、以上のような考え方を戦争の歴史に対するアプローチの基礎としている著作が、数多くあります。私は、それらの著作から拾い集めてきた思想の一部を、ごく浅薄なやり方でまとめあげる以上のことは、果たし得ませんでした。それらの著作は、本著の末尾にある参考文献表に入れてあります。また、私は、大学の同僚である教授の方々との議論から、大変多くのものを得ております。J・M・ウォリス＝ハドリル教授（Wallace-Hadrill）とライオネル・バトラー教授（Lionel Butler）には、中世に関する私の実に愚かしい誤解のいくつかを、見事につぶしていただきましたし、また、近代社会における軍隊の地位についてのS・E・ファイナー教授（S.E.Finer）の洞察は、この上なく貴重なものでありました。さらには、ウォーリック大学（University of Warwick）の副学長、学部ならびに学生諸君には、とりわけ感謝いたしております。同大学は、一九七五年秋学期のラドクリフ講座で、彼らに対して私の考えの一部を試しにお話しすることを許していただいたばかりか、実際そうすることで報酬までお支払いいただいたのであります。

オックスフォード大学オール・ソールズ・コレッジにて

一九七五年十一月

マイケル・ハワード

二〇〇九年版への序

本著が最初に出版されてから既に三十年以上が経ちました。「軍事史」は一世紀近くも歴史学者たち——とりわけイギリスの歴史学者たち——によって孤立状態に追いやられていましたが、当時ようやくそこから脱け出ようとし始めたところでした。それまでは、戦争研究は大衆向け作家や軍事専門家に任されていたのです。彼らの関心は、不変なる「戦争の原則」を見つけるという、主に教訓的なものでした。つまり、将来の戦争指導をより効果的なものにする指針として利用するために、戦争の発展形態を見出すことでした。戦争研究を真面目に取り上げていたのはイギリスの二つの大学——オックスフォード大学と、遅まきながらロンドン大学——だけでしたし、書店では「軍事史」関係の本は、人目に触れさせないためのベールを掛けるように、歴史一般の書棚から引き離されていました。残念なことに、大部分の書店ではいまだに当時のままのやり方です。

それでもやはり、二つの世界大戦の経験によって、とりわけそれらに参戦した歴史家の経験によって、そのような分離が専門の歴史家のみならず、一般の歴史家にとってもいかに不毛であるかということが、ようやく明らかになってきたところでした。専門の者にとっては、戦争の営みをそれが戦われている環境から、すなわち社会的・文化的・政治的・経済的環境から抜き出すことは、戦争を理解するために不可欠な様々の次元を無視することでありました。また、一般の者にとっては、大部分の社会が絶えず関わってきた戦争行為が、どのようにしてその経済や政治形態を、またしばしばその文化全体を形作っていたかを理解することなしに、社会がどのようにして発展してきたかを知ることは不可能でありました。

本著を書く上で、当初私が目指したことは、依頼主である出版社も同様でありましたが、ヨーロッパの戦争行為の発展に関する簡明な案内書を提供するということだけでした。しかし、自分でも驚いたことでしたが、私は、ヨーロッパ社会を一つの全体として概観するという、途方もなく野心的な仕事に取り掛かっているのだということに、書き始めて直ぐに気付きました。幸いにして、「戦争と社会」というテーマは、ロンドンやオックスフォード、中でもアメリカの多くの同僚たちの関心を引き始めました。彼らとの会話の中で、私は多くの着想を得ることができました。たとえ私が本著において彼らに負っていることを、当然しなければならないのに敢えて触れなくても、彼らには良く分かることでしょう。はっきりと認知されていないこれらの貢献に大いに助けられたお蔭で、本著は過去三十年以上もの間厳しい批判に耐え抜くことができ、オックスフォード大学出版部も実質的には元のままで再出版するという危険を冒してくれました。もっとも、新たに結びの章を付け加えはしましたが。しかしながら、この新版が切実に必要としたことは参考文献表を徹底的に更新するということでありました。その作成については、ロンドン大学キングズ・コレッジ戦争研究学部のパトリック・ローズ（Patrick Rose）に大変お世話になりました。

二〇〇八年四月

マイケル・ハワード

目次

改訂版　ヨーロッパ史における戦争

第1章　封建騎士の戦争

封建制と戦士階級

「ヨーロッパの起源は戦争という鉄床の上でたたき出されたのだ」とは、最近ある中世史家が私たちに思い出させてくれたことである。[1)] 確かにそうだが、ひとたび不安定な「ローマの平和」(Pax Romana) が崩れ去って、侵入者たちの波がヨーロッパ大陸を襲ってきた当時の大陸の状況を叙述するには、「戦争」という字句でさえ実はいささか穏やかすぎるものと言えよう。東方からはゴート人とヴァンダル人が、南方からはイスラム教徒が、そして最後に、北方から最も恐るべきヴァイキングが、侵入してきたのである。四世紀における最初の蛮族の侵入と、最後の侵入者たちが同化されるか撃退されるかしてしまう十世紀末までの間には、およそ六百年もの時の経過があった。ところがその後、膨張運動はヨーロッパの諸民族の番となり、彼らはまず東方に発展を開始し、やがて航海術を学ぶにつれてさらに南方と西方へと、拡大していくのである。

かくして、十三世紀から現代までに匹敵するほどの長い間、ヨーロッパでは、「平和」

とはごく稀な現象でしかなかった。キリスト教会の信徒たちがあれほど真剣に祈り求めたあの平和は、時間的にも空間的にも、砂漠のオアシスのように例外的で不安定なものでしかなかったのである。このような環境の中でヨーロッパの諸民族を生き残らせるために、全体に及ぶある社会的パターンが生み出されてきたとしても、驚くにあたらない。あるパターンとは、後世の歴史家たちに「封建制」として知られることになる体制のことである。

連続して襲ってきたこれら半遊牧の戦士的社会集団は、大しけの海の波のように、相次いでやって来て衝突し合い、互いに吸収し合った。四世紀のゴート族その他の侵入者の後をうけて、フランクの諸部族がやって来た。メロビング家の指導下に、ゆるくではあるが結合関係に入った彼らは、八世紀には南方からフランスに侵入してきたイスラム教徒を撃退し、九世紀初めにはカロリング朝の下で短命ながらも西ヨーロッパの統一を打ち立てることになった。ライン川以東の地域は、当時、ほとんど百年にわたってマジャール人の猛襲に直面しなければならなかった。

しかしそれにもまして長い間、ヨーロッパの海岸地域は、北も西も南もスカンジナヴィアからのヴァイキングの襲撃に見舞われた。長い舟が川をさかのぼって行ける限りの内陸地域も同様であった。彼らは略奪し、焼打ちし、ときには定住した。このような定住地がノルマンディに作られたのは、十世紀の初めのことであった。それから二世紀の間、キリスト教化され封建化されたノース人たちは、ヨーロッパの定評ある指導的戦士集団として、その支配を拡大していった。イングランドのサクソン王国と南イタリアとシチリアのイスラム教徒を征服した。十一世紀末にはついに、それまでヨーロッパに向かっていた侵入の潮流を逆方向に巻き返し、今度は彼らが第一次十字軍とともにアジアに侵入し始めた。これと相前後してドイツの戦士階級は、同じ聖なる大義を掲げつつ、ハンガリーにマジャール人を封じ込め、その境界線を再び東に押し返し始め、異教のスラヴ人を征服して、これを植民させ改宗させていったのである。

「封建制」は、軍事的必要を満たすものだったのと同様に、経済的必要に応えるものでもあった。歴史的な地中海貿易をイスラム教徒が崩壊させたために起こった経済活動の衰退から、九世紀の初めまでにヨーロッパでは、貨幣は稀となり、土地が唯一の富の源になった。さらに、カロリング朝が当面しなければならなかったさまざまな脅威のため、その軍隊の機動性というものが極めて重要なものとなった。ヴァイキングが長いボートによって、またマジャール人が丈夫で小柄のポニー（小型馬）によって得ていた、機動性に対抗し得るものが必要だったのである。これを提供することのできるのは、馬だけであった。しかも八世紀に鐙《あぶみ》がフランク族の間で一般に用いられるようになると、馬は機動性のためばかりでなく戦闘のためにも使われるようになった。[2] スピードは衝撃に変えることができた。

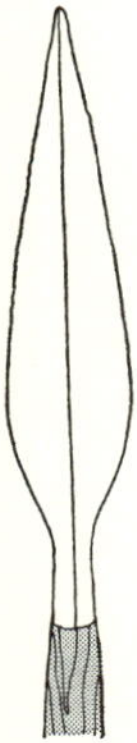
図―1
投げ槍
(spear)

投げ槍（spear）〔図―1〕は投げる必要がなくなり、突き槍（lance）〔図―2〕のよ

図—2　突き槍（lance）

うに下段に構え持ち、相手を大きい力で突きさすことができるようになった。このように武装した騎兵は足で戦う歩兵に対して絶対的に有利であった。それは、一千年後に、後装銃（弾を後ろから込める銃）で装備した兵が槍《スピア》だけで装備した兵に対して絶対的に有利だったのと同様な関係であった。そしてどちらの場合にも、軍事的優越は政治的支配につながったのである。

騎士と騎士道

このようにして、八世紀、九世紀の間、何らかの重要性をもつ唯一の戦士、考慮に値する唯一の戦士《ミレス》（miles）は、騎馬戦士、すなわち騎士《ナイト》（knight）*であった。八六六年に、シャルルマーニュの孫にあたる禿頭王シャルルは、直接受封者（国王から直接封土を与えられた臣下）たちを封建軍に召集するにあたって、馬に乗って出頭するように厳命し、その後はずっとそうなった。今日ではあまりにおなじみになっている経費のかさむ軍備エスカレーションの第一歩がここに見られる。騎馬軍の間の衝突では、後世の戦車戦あるいは海戦の場合と同様に、攻撃距離、防護、スピードという三者の組合わせから、優位が生まれた。攻撃距離は、より長い、従ってより重い、槍《ランス》から生まれた。防護は甲冑《かっちゅう》から得られた。最初は、これは頸からひざまでとどく鎖帷子《かたびら》からできていた。これは、それ自体高価な装備品で、馬そのものに次いで騎士の最も貴重な財産となった。馬について言うと、スピードは、ますます重くなる荷重を担うのに必要な馬の体重と、バランスをとらねばならなかった。そこで馬は、運搬力と持久力を具え、しかも突撃のときに発生させうる運動能力を増大することができるように、特別に飼育された。

長い戦役のためには、このような馬以上のものが必要だった。とにかく、増大する輜《し》重《ちょう》――槍《ランス》、剣、兜《かぶと》、盾――を処理し運搬するためには助手が欠かせなかった。最少限、一人の盾持ち（フランス語で escuyer, 英語で esquire）、すなわち従士を必要とした。そしておそらくは一人の馬丁も必要だったろう。さらに、自分に代わって偵察や小競合いに備えるためのやや軽装の騎兵、さらに護衛のための歩兵も一、二名、必要であった。そこでた

＊　興味深いことに、フランス語の chevalier やドイツ語の Ritter は正確にその意味（騎馬戦士という意味）を訳しているが、英語には、近代ドイツ語の Knecht にあたる、従者（retainer）あるいは馬丁（groom）を意味する knight という単語しか存在しない。

った一人の騎士は次第に膨張して、大型戦車の乗組員のように、半ダースもの人員から成るチームとしての「槍騎兵」となるにいたった。全体の装置は、極めて高価なものにならざるを得なかった。

武装戦闘で重い武器と馬をあやつるということは、素人のできることではなかった。またこの種の高価な兵力は、生活を支えるだけで精一杯の経済では、簡単に調達できるものでもなかった。十世紀までに、戦争は、若いときからそのために習練をつんだ富裕な専門家の仕事になろうとしていた。では彼らは、その専門技術に全力を傾倒することを可能にした経済的保証を、どのようにして手に入れることができたのであろうか。第一に土地の授与によってであった。その代わりに彼らは、主君に対して奉仕と「忠誠」を誓った。この授与されたものが「封土」(fief)だが、それこそが封建社会の基礎をなすものであった。それは軍事的専門化、土地保有権、個人的義務から成る三重の関係であった。それによって土地を持った一個の戦士階級というもの——年間一定の日数だけ主君に対して騎馬による奉仕に任ずる以外はすべての義務を免ぜられていた——が発展したのである。土地保有を確かなものとするために、彼らは自分で城を築いた。城はふつう進入路を制するように位置し、自分の家族が生活できる「本丸」〈ドンジョン〈donjon〉、あるいは櫓《やぐら》〈keep〉と、家来たちのための離れ家が備わっていた。城全体は、はしご登りによる攻撃に対し胸壁で抵抗できるように高い張り壁で取り囲まれ、また濠で守られていた。中世の城砦はまさに実力のシンボルであった。戦争とは端的に城の争奪戦から成り立っていたとも言える。

こうした戦士階級は、数百の家族がたえず血縁を結び、たえず新たな補充で強化されてゆくのだが、彼らの子孫こそ、十六世紀まではヨーロッパの領土的支配を、十八世紀までは政治的支配を保持することになるのである。少なくともその社会的支配にいたっては、今日にいたるまで跡づけることができる。「紋章を帯びること」、すなわち戦闘のさ中にも直ぐにそれとわかるように兜《かぶと》の前立てに飾りを付けたり、盾にさまざまな印をあしらったりすることは、一千年もの間、ヨーロッパ社会では貴族のシンボルとなった。それは今なおそれなりの価値をもっている。しかし中世においては、それはある特定の機能の象徴だったのであり、その機能を果たすすべての人々が手に入れることのできるものであった。貴族というものはまだ閉鎖的な世襲階級ではなく、戦争は依然として才能ある人々の前に開かれた出世の門戸だったのである。

しかし武勇によって貴族の地位を得ると、重装騎士（man-at-arms）は一定の行為規範に従って身を処することが期待された。戦士の機能はたちまちにして、半ば神秘的な儀式という次元によって高められるようになった。「中世」というものの多くの部分は、今なお、十五世紀的伝説という歪められたレンズを通して見られている。「騎士道」という世界の全体が、それらの伝説によって、金色《こんじき》の、この世のものとも思われない栄光を投げかけられているのだが、それは自らの終焉を意識しつつ消え去ろうとしている社会からの日没の輝きとも言うべきものであった。[3] しかし「騎士道」とは、本質的には単に chevaliers《シュヴァリエ》 すなわち騎士たちの行儀作法にすぎないものだったのであり、その概念自体は間違いなくもっと古いものであった。十二世紀におけるヨーロッパ文学の黎明期に、勇気にとどまらず、名誉、温厚、慇懃《いんぎん》、そして全般的に純潔から成る美徳を詩文にたたえた吟遊詩人と、少なくとも同じくらい古いものであった。騎士は、恐れ知らず（sans peur）であるばかりでなく、非難の余地のない（sans reproche）者でなければならなかった。騎士道とは一つの生き方であり、それがいろいろな教会儀式によって、是認され洗練されて、修道院の聖職叙任式とほとんど見分けがつかなくなるまでになった。事実、十二世紀には、テンプル騎士団、聖ヨハネ騎士団、ドイツ騎士団など各種の軍事的騎士団が、修道院創設を意識的に模倣して、設立された。剃髪が修道僧や司祭を世間の人々から分けたように、帯剣と拍車が騎士というものを区別することになった。パルシファル（Parsifal）やガラハッド（Galahad）という神話的人物においては、司祭と騎士とは、中世キリスト教世界が理想としてあこがれたように、等しく献身的で、同じように信心深くて、見分けのつかないものとなったのであった。

戦争と法

ゲルマン的戦士とラテン的司祭（sacerdos）の注目すべきこの融合は、中世文化のすべての根源にあった。教会は、そもそもの初めから、戦士階級を受けいれこれを祝福した。戦士たちは、異教のイスラム教徒やマジャール人やノース人の侵入に対し、キリスト教世界を守るために戦っていたのだから、教会はそれ以外になし得なかったのである。教会の構成員たる司教や修道院長たちは、彼らが戴冠した王から与えられた封土にともなう軍事的義務をよろこんで担った。そして、そんなことはめったになかったのだが、あの効果的なメイス（棍棒）〔図―３〕によって実際に自分たちが血を流すということがない限り、武器を帯びることに特別二の足を踏むことはほとんどなかった。と同時に、彼らは戦争行為とキリスト教道徳とを何らかの形で焦点に結び合わせようと試みるのだが、これは、蛮族侵入の潮が退いてゆくにつれて、次第に成功した。ノース人が燎原の火のように国中に猛威を振るっていたときは、「戦争のための法（開戦法）」（jus ad bellum）とか「戦争における法（戦時法）」（jus in bello）とかいう概念は、ほとんど意味をなさなかった。また

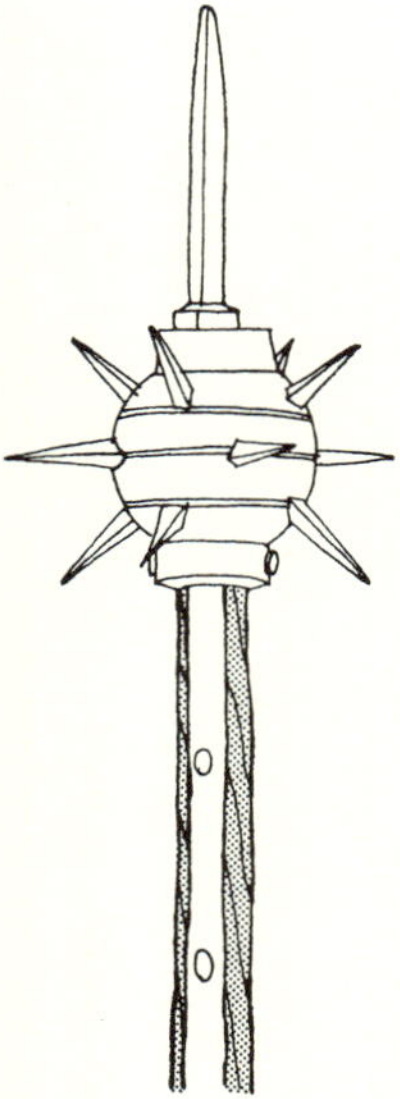

図―３　メイス（棍棒）

教会人も、そのような考えをイスラム教徒に対して適用するのには多大の困難を感じた。というのは、イスラム教徒たち自身、剣が届くところではどこでも異教徒とみれば改宗させるか根絶

してしまわねばならぬと心に決めている熱狂家だったからである。そこで、異教徒に対する戦争においては、何の妨げも設けられず、騎士たちは戦争に従うことによって罪からの赦免を得ることとさえできた。ドイツ騎士団は十二世紀、教会の主導のもとに、東欧のスラヴ人やヴェンド人に対し、文字通り皆殺しの戦争である聖戦を行なうこととなったのである。

しかし、キリスト教世界の内部では、少なくとも原則的には、状況は違っていた。キリスト教徒が相互に戦うことは嘆かわしいことであったし、また教会も事実そのことを嘆き悲しんできたが、それだけでは何の役にも立たなかった。キリスト教神学者たちは、ある種の戦争は「正しい」、概して言えば、正当な理由により合法的な優越者の権威に基づいて行なわれる戦争は正しい、と認めたのである。それにもかかわらず、そして驚くにはあたらないが、何世代もの間戦闘をするために育てあげられたある階級の人々は、外敵がいなくなると（いないわけではなかったときでさえ）、互いの間で戦うようになった。その判断を強制する権力を持ち、共通に認められた権威が存在しない場合には、（ヨーロッパより）はるかに非好戦的な社会でも、武力衝突が起こり得たであろう。封建的保有権にからんだ権利と義務、本分と忠誠の網は、果てしない紛争を引き起こしたし、しかも明瞭な法体系と法の強制力がないため、人々は戦闘によって権利を主張するようになった。

そのような戦闘は、神の審判をあおごうとする訴えと見られ、中世の大部分を通じて、名誉を重んじる人は誰でもそれを行なう権利があった。ローマ法の影響下に、個人の間の「私戦」と王侯によって行なわれる「公戦」との間に、区別が、徐々にではあったが、作られた。そして、次第に、私戦の類は違法とされるようになる。いずれにせよ「私戦」(guerre couverte)は一般社会にできるだけ損害を与えないで行なわれるべきだとされた。すなわち、(私戦では)、戦闘で相手を殺すことはかまわないが、その財産を焼いたり略奪することはできなかった。「公戦」においては、私戦に比べ、制限は寛大であった。捕虜を捕え、身代金を要求できた。敵の財産を戦利品とすることは合法的だとされ、敵の住民には軍税を課すことができた。原則として、聖職者と彼らの財産および農民は、略奪から免れた。しかし、その免除も、もし彼らが戦争に対して「援助と支持」を与えていると疑われると、適用されなかった。そして、普通、彼らは与えていると疑われた。最後に、もっと恐ろしい戦争形態があった。この種の戦争は、最も典型的には、包囲された城が降服を要求されたのに、それを拒否した場合の攻城戦において見られ、まさに「死戦」(guerre mortelle)であり、被征服者の財産も生命も征服者の意のままになった。

十四世紀までに、戦争行為に対する法と制限は、綿密に作りあげられ、実際多くの著作が書かれた結果、西欧キリスト教世界を通じてかなり一様なものとなった。それらは、一部には教会の圧力から、一部にはローマ法の増大する影響から、そして一部には、不可欠なエキスパートである騎士道の法律家「紋章官」(Heralds)によって何世紀にもわたり遂行された慣習の成文化から、生まれた。それらは、ヨーロッパを通じて、名誉裁判所(courts of honour)により実施された。それらは、実定法の体系というより、あるいは人道主義によって意識的に命じられる拘束というよりは、社会的行動準則と見なされた。これは騎士にとって「為してもよいこと」と「為してはいけないこと」を示すものであった。ある状況では(例えばもし、戦闘の初めに、死戦の宣言が、言葉あるいは合図でなされれば)、捕虜の虐殺は許され、他の状況では、許されなかった。婦人と子供がある種の特別な免除権を持つと考えられる以外には、捕虜の殺害はそれ自体が悪いこととは考えられなかった。捕虜が、降服の要求を拒否した後に強襲によって占領された城の守備隊の一員である場合には、殺された。その死の責任は、要求されたとき屈服しなかったことで、捕虜の上に悲運をもたらした指揮官が負うべきものであった。

しかし、戦争法の一層の法典化は、キリスト教的道義心、法律的義務感、あるいは騎士道意識の追求というよりも、戦争のますますの商業化という非常に異なった発展に、実はよるものであった。[4] 身代金と戦利品はもはや結構なボーナスというより、ますます増加する多数の戦闘員にとって、彼らの活動の主な目的であった。兵がそのために応募する俸給はいつも少ないものだったが、戦役のもたらす利益は一財産を成すこともあった。そこで、もし正しい方法で戦争が行なわれ平和が結ばれると、重要であったのは、どんな戦利品がいつ取られ、どう分けられるのか、どんな身代金が要求され、それを誰が合法的に要求できるのか、を知ることであった。従順に尽された奉仕、勇敢に求められた危険、気長に行なわれた裁判、これらに対する正当な報酬の期待が、中世の終わりまで、人々に戦役を始めさせる動機であった。厳密な封建制の枠組内においてさえ、社会のすべての階級にとって、戦争はまったく報酬目当ての仕事でもあり得たのである。

各国の封建制

とにかく、中世史家がたえず骨折ってわれわれに想い出させるように、封建制は、一様ではなく、ヨーロッパの授封と奉仕に関する他の制度を除外するものでもなかった。その種類のいくつかを見ることは、有益であろう。

封建制が始まったフランスでは、後期カロリング朝がノース人の侵略に際して、臣下の領土をほとんど保護することができなかったため、比較的下位だとされていた「伯」(comites：旧ゲルマン戦士団の最下爵位)に実際の権力が分散されていった。彼らは、エノー、フランドル、ブルターニュ、プロヴァンスのような、世襲かつ実際上独立した封土に定住していた。彼らは、彼らを強制する能力のない王に対して負っている義務を、ますます無視するようになった。そこで王は、自分の防衛のためには、可能なときにはいつも、直属の騎士ばかりでなく、有給の軍隊すなわち傭兵に頼らねばならなかったのである。彼らは、土地もなく定職もない騎士たちであって、ヨーロッパの平和が次第に確立され人口が増大し始めるにつれて、その数を増した。その他には、下級騎士（servientes）として知られるが、騎士より安価に配備できる騎馬軍隊、あるいはまた、軽蔑的に——それとも多分ふざけて？——子供（fanti）と呼ばれる歩兵、さらには、十二世紀の兵器技術の驚異たるあの弩《いしゆみ》についての金がかかる専門家がおり、彼らは通常イタリアかプロヴァンス地方から輸入されねばならなかった。

すべてこれには金が必要であった。しかし、十二世紀の経済的回復とともに、金は、概して、商人と聖職者の手中に、そしてさらには、ブルジョワ的習慣を身に付け軍役の代わりに現金を払うこと——「軍役免除税」（scutage）——を好んだ一部の貴族の手中にも、入りつつあった。そこで、十三世紀の初めまでに、フランス王フィリップ・オーギュストは、アンジュー家系のいとこにあたるイングランド王ジョンに対して、かなりの常備軍を展開できた。これに対し、司法と課税とに関する王権を拡大することによって自分の独立した軍事的潜在力を増大しようというジョンの努力は、ラニミードにおいて、フィリップのではなくてジョン自身の直臣の手で、つぶされた。

南欧においては、状況はもっとずっと複雑だった。それは、一部には、スペインと南イタリアにおけるイスラム教徒への絶えざる戦争のためであり、一部には、地中海地域では貨幣経済が全面的には消滅せず他のどこよりも早く復活したためである。そのため、騎士は、より独立的で、一層金目当てであった。南フランスの騎士は、自分の砦を持ち、主君を認めなかった。カスティリアの貴族の尊大な独立ぶりは（彼らの領土の名前――「城の国」――そのものがよく表わしている）、中世ヨーロッパにおいてさえ、悪名高いものであった。カタロニアでは、はるかに連絡が容易なことから、バルセロナの伯は、かなり遠方の家臣さえより有効に従属させることができたし、また熱狂的なほど戦闘的な教会に助けられて、より着実かつ迅速に、イスラム教徒に対する中部と南部スペインの国土回復戦争（reconquista）を押し進めた。

イタリアでは、封建制が、北部ではカロリング朝によってロンバルディアから、また後にはノース人によって南部から広められたが、田舎の貴族の間にも都市社会が残存していたため、それは受けいれられなかった。商人も地主も町の住人も農民も、区別なしに、北部からのマジャール人の侵入、海からのイスラム教徒の侵入によって脅やかされると、武器を取った。軍役は一般的であったのである。都市は自分たちの民兵によって守られた。他のところと同様に、身分は武装によって決められたが、イタリアでは、武装は、土地保有よりも富によって、決められた。

十二世紀までには、シチリアと南イタリアで厳しいが有効な支配を続けていたノース人を例外として、侵入者は、イタリア半島から永久に撃退された。しかし五百年間の軍事的習慣は、容易に死滅しなかった。十一世紀末の法王と皇帝の対立は、イタリアの社会をうち続く不和のうちに両極化し、その不和は内戦を通して都市と都市、家族と家族を反目させた。そして内戦は、その雇主が支払いを続けることを可能にする経済成長を幸いにして妨げなかったため、自由契約の冒険兵士にとってまさにパラダイスを提供した。

ドイツの場合、ライン河谷では、封建制が北フランスのように発達し、騎士制度(Rittertum)の神秘的雰囲気はヨーロッパのどこにも劣らず強かった。しかし、さらに東においては、軍役による土地保有が導入されたのは、騎馬戦闘と同様、ずっと遅かった。タキトゥス時代の彼らの先祖と同様に、ザクセンとフランケンとシュヴァーベンのゲルマン諸部族は、十世紀にマジャール人の侵入という衝撃があるまで、すなわち乗馬した弓手の群が北ドイツの平野を西へと急襲するまで、斧と槍《スピア》を持ち徒歩で戦う自由農民であった。遅ればせながらゲルマン人は西方の親戚に追い付き、騎兵とそれを支える社会組織を手に入れ、ザクセンのハインリヒとオットーの下、九三三年メルゼブルクで、九五五年レヒフエルトで勝利をおさめた。その結果、カロリング朝の後継者としてオットー朝が創建され、オットー自身帝冠を得た。新しい封建貴族のある者は、その後、彼らの帝国の諸侯に従ってイタリアへの悲惨な冒険に赴いた。他の者は、新しい十字軍騎士団であるドイツ騎士団に加わり、東方に、すなわちクールラント、ポーランド、プロイセンの平野と森林の中に、冒険と土地と魂の救済を求めた。それにともなう彼らの略奪と虐殺は、手ぬるい教会によって是認された。その地で彼らは、後のヨーロッパ史で再び噂が聞かれるようになる、支配階級を確立していったのである。

イングランドについて言えば、九世紀と十世紀のノース人の侵入を機に、サクソン王は部族軍（fyrd）を補強するようになった。それは、すべての自由民が武器を持つ義務で、海峡の向こうのカロリングの同時代のものにいくらか似ている土地保有制度を伴っていた。しかし封建的な土地保有と義務の制度をヨーロッパのどこにも負けないように完全にしたのは、すべての土地を王の自由にしたノルマン・コンクウェストであった。ノルマン王は、サクソンの近従の代わりに自分の直接受封者を置いた。彼らは、敵地における占領軍としての任務を果たすため、今日まで残っている大きな城を建てたのである。

しかし軍事的に言えば、イングランドにおけるノルマン朝と彼らの後継者たちは、どうしようもないほど手を広げすぎていた。先住のイングランド人を秩序づけ、スコットランドとウェールズの内部へと国境を広げたばかりでなく、ヨーロッパ大陸における自分たちの権利をも維持しようとしたのである。十一世紀と十二世紀のノルマン軍と後のアンジュー軍の中核となったのは、直接受封者の義務的奉仕（servitium debitum）によるものであった。しかしそれが慣習上六十日であったことは、スコットランドやウェールズの山地人を服従させることにはもちろん、軍隊を集めてそれを大陸に送り戦争をさせるためにも、不十分であった。要するに、封建制は十分ではなかった。しかしイングランド王たちは何とかしなければならなかった。彼らは大陸から自由契約者を雇ったり、自分の軍事的家臣を拡大したりした。また「騎士たる身分の差押え」によって封建的義務をひきしめ、次い

図―4　長　弓

で奉仕の責任を負う者に対して、傭兵を雇うための現金支払いを以てその義務に代えることを許した。かくして王は、奉仕免除によって生じた穴に備えて軍隊を整備するため、自分の家臣たちと契約を結んだ。そして特に島内の戦争に対しては、「軍役令」によって地方住民の間から歩兵を召集した。

歩兵の中に弓兵がいた。その価値は、十三世紀の末、ウェールズの山地でエドワード一世が戦わねばならなかったゲリラ戦で示された。このような戦闘では、封建軍の重装騎兵は、それだけでは価値はなかった。これらの騎士は、自分たちが得意の種類の戦闘をするように訓練されており、その際には、乗馬した相手がふつう戦いを始めるのに選ぶ広い場所から無防護の歩兵を一掃するように訓練されていた。しかしウェールズにおいて彼らが対戦した相手は、彼らのような軍事的貴族ではなく、自分たちの土地に追い返すべき征服部族でもない敵であり、自分達自身の山地を守り、巧みに攻撃して彼らを悩ませるが、踏み止まって戦う人々ではなかった。それは、キリスト教徒間の戦争というより、狩りに似ていた。歩兵はウェールズ人を隠れ場所から飛立たせるための勢子として、また長弓隊

〔図―4〕は遠くのあるいは足の速い目標を遠くからの射撃で射倒すために、必要であった。そしてこれらの長弓隊は、砲兵の伝統的役割という形で、激戦でその価値を示した。砲兵は、襲撃する騎兵が止めの一撃（coup de grâce）を加える前に、敵の列を混乱させるために砲弾を放つものとされていた。それは、十四世紀初期にスコットランド人に対する戦争で有効に使われたテクニックである。これは、十二世紀以来、弩隊〔図―5〕の役割だったのである。しかし、弩で発射される太矢一発に対して、六フィートもの長い矢を用いる長弓は五ないし六発の矢を放つことができ、しかも十四世紀の末には四〇〇ヤードの距離でも殺傷力があった。確かに弩の太矢のような破壊効果はなかったが、それでも鎖帷子《かたびら》を突き通すことはできた。

いずれにしても、そのことは、一三四六年のクレッシィの目覚ましい戦いで明らかとなった。その七年前にエドワード三世は、ハンザ同盟の商人からの借金で支払った傭兵のドイツの諸侯から主に成っている非常に金のかかる軍隊をともなって、フランスに侵入していた。フランス王位に対する彼の要求を遂行するためで、それは、さらに四世紀の間ヨーロッパの軍事的貴族をよろこんで従事させること

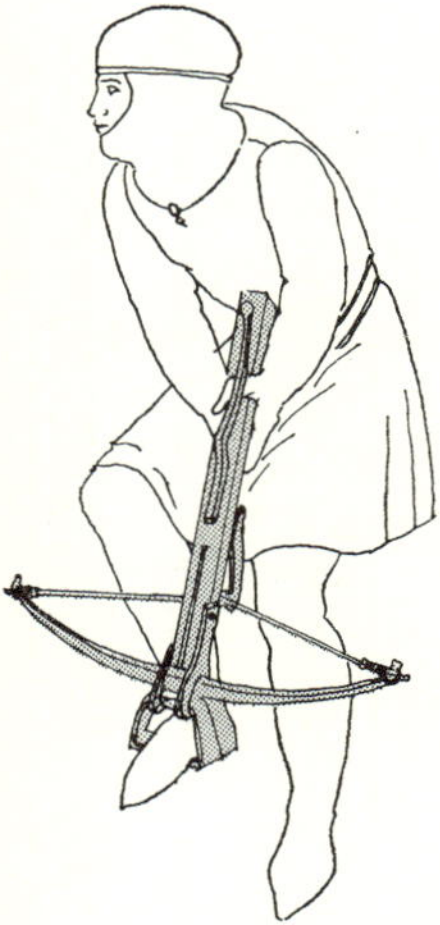

図―5　弩（いしゆみ）

図―6
槍
（pike）

になる、果てしのない相続問題の一つであった。フランス王は慎重に戦闘を避けた。エドワードの同盟軍は、金がなくなり彼にそれ以上の金を集める信用がなくなるにつれて、帰国していった。一三四六年の戦闘までには、乗馬の騎士は余りに残り少なくなっていたので、圧倒的に優勢なフランス軍と遭遇したとき、彼は騎士たちを下馬させ、スコットランドの戦いで学んだように、彼らを地歩に踏み止まらせるように援護する弓手の間において戦わせた。クレッシィで注目すべきことは、長弓隊がフランスの騎士に与えた大きな破壊――信頼できる典拠によれば、約百人のイングランド人の損害に対し、千五百人以上が死んだ[5)]――よりもむしろ、ふつう中世の戦闘で歩兵が行なったように敵の騎兵の第一撃で逃げ出さないで、彼らはとにかく何か損害を与えるように踏み止まっていたという事実である。

　騎馬の封建軍が歩兵によって敗られた最初の例は、クレッシィではなかった。一三〇二年に、クルトレの市民は、フランドル伯の乗馬騎士に対し、槍（pike）〔図―6〕と槍《スピア》で地歩を守った。しかしクレッシィの屈辱の結果、西ヨーロッパ世界の流行の主導者であったフランスの騎士は、彼らの装備と戦術を再考した。彼らは鎖帷子を捨てて板金鎧《よろい》――とにかく富と身分を示す派手な飾りとしてはずっと効果的であった――を付け、彼らもまた戦闘のために下馬した。彼らがそうしたのは、一部には馬の脆弱性のためであり、一部には完全装備の「槍騎兵」軍を維持する費用が増大したためでもあるが、また一部には純粋に武勇心のためでもあった。つまり、下馬した騎士は、助かるために逃げることはできず、止まって戦わなければならなかったからである。彼らは、止まって戦っている限り、いくらか成功した。しかし彼らが攻撃をするときには、矢に対して不死身であることよりも、(板金鎧による)運動の鈍重性や視界の狭さが一層重大なこととなった。このお蔭でイングランド軍は、一三五六年のポワティエとさらに顕著に一四一五年アジャンクールで、二つの戦勝を数えることになった。アジャンクールでは、イングランド軍は二、三百名の損害で、約五千名(そのうち一千名は捕虜にしてから殺害)のフランス兵を殺害した。[6)]

兵器と戦術の変化

かくして十五世紀までには、すべての装備と従者を備えた「重装騎士」は、戦場では役に立たず、また維持するにも金がかかりすぎることがわかってきた。しかし、彼らの有用性が減るにつれて、彼らの気取りは増長した。彼らの甲冑はがまんができないほど飾られ、試合《トーナメント》はますます高価になり、彼らの社会的地位はいよいよ汲々として紋章的伝承に囲まれるようになった。その伝承は、軍事的機能を担うことがなくなるにつれて、ますます身分の問題に集中した。また新しい騎士団が、十二世紀の大騎士団を意識的に真似て、創建された。ガーター騎士団、バース騎士団、ゴールデン・フリース騎士団は、エルサレムの

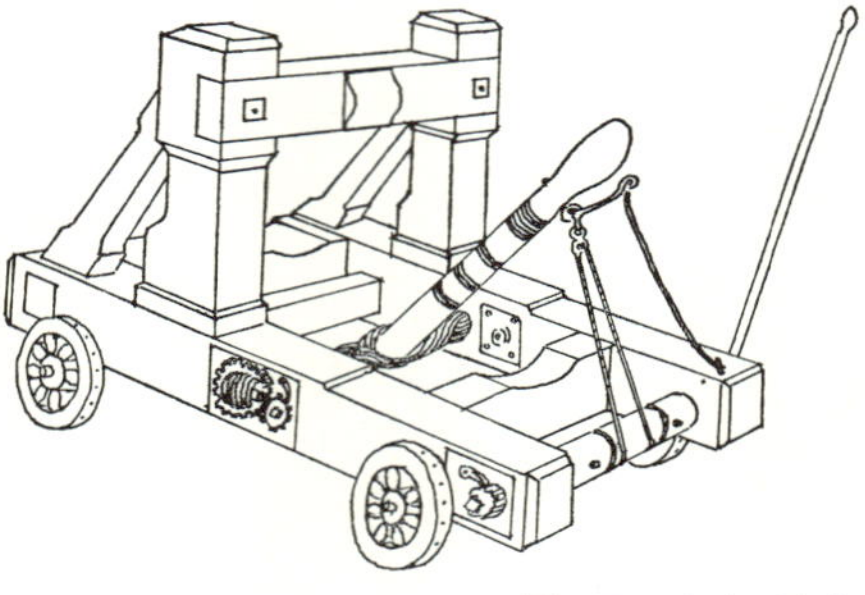

図―7　カタパルト

テンプル騎士団や聖ヨハネ騎士団やスペインの大戦闘騎士団の、装飾的だが頽廃的な相続者であった。非常に注目すべきことは、これらの騎士団のすべてがエルサレムの再占領を頑固に考え続けていたことである。前進を続けるオスマン・トルコが、東地中海の十字軍の最後の砦を占領し、西ヨーロッパの彼らの基地に脅威を与え始めたときでさえもである。エルサレムの再占領は、一四九四年にフランスのシャルル八世がイタリアに侵入したときにも、彼の目の前にちらついていたぼんやりした目標の一つであった。

　ジャンヌ・ダルクの所業は確かにフランスの騎士を鼓舞するのに有効だったが、イングランド軍をついに彼らの島に追い立てたのは、彼らではなかった。それは、社会的身分を何も持たず、兵士というつつましい身分でさえほとんど与えられなかった、もう一つの専門的集団すなわち砲手であった。

　ある種の可燃物——不正確にも「ギリシャ火」と呼ばれた——は、ふつう攻城戦あるいは海戦においてカタパルト〔図—7〕によって射ち出される一種の焼夷弾で、ビザンチン軍とイスラム教徒の双方により、ずっと以前から使われていた。プロセスを逆転させ燃焼自体を飛び道具の推進薬として利用することは、一層困難で危険なことであり、それには皮肉にも、最も平和的な目的である錬鐘術に役立つために西ヨーロッパで発達させられた、金属鋳造の専門技術がとりわけ必要とされた。鐘から大砲へはまったく容易な一歩で、早くも十四世紀にはその一歩が進められた。最初の実験——一日に一度しか発射できない臼砲、鉄甲砲車（ribauldequins）、あるいは原始的霰弾砲（mitrailleuses）に似た筒のたばであり、それらは中世の職人が竜や悪魔の形そっくりに作った地獄の機械であった——は、最も初期の印刷本の中に、ときにひどく想像的に描かれている。十五世紀までには、それほど風変わりな作品は姿を消していた。そして次の五百年間彼らの間の戦争行為を支配するようになった二つの兵器が、出現しようとしていた。大砲〔図—8〕と手銃である。われわれが今日ナパーム弾について苦情を言うように、当時の人々はそれらについて不平を言った。それらが効果の点で非人道的であったばかりでなく、高貴な出の重装騎兵を下劣な賤しい生まれの者の思うままにしてしまい、戦争を堕落させたからである。しかし今日と同様に、相手の軍隊に

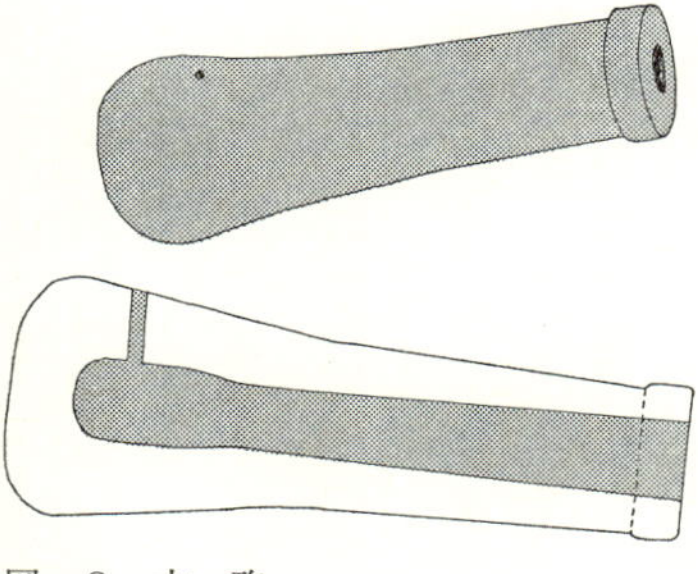

図—8　大　砲

これらの兵器があることに不平を言う者も、そのことが、自分の軍隊にそれらを装備することに対する反論の余地のない論拠になると考えた。

両方の兵器は再建のなった十五世紀のフランス軍に組み込まれ、イングランド軍に対して有効に利用された。イングランド軍では、軍事的ノスタルジアと政治的混乱のため、それに匹敵するような革新が妨げられた。戦場では、初めに少数の砲兵隊による発射によって弓隊の列は壊されるため、重装騎兵は同じ条件で接近戦ができるようになった。さらに一般的には、フランス王は攻城砲兵隊を発展させ、その砲兵隊の前では、フランスにおけるイングランド王の領土を守る城塞は破壊されて瓦礫の山となった。十四世紀の末にヨーロッパを特徴づけたイングランドの軍事的支配は、五十年後には完全に消滅し、クレッシイとアジャンクールの弓隊は歴史的な骨董品と見られるにいたったのである。

未来は別のもう一種の歩兵のものとなった。歩兵が騎兵に対抗して装備できる最も単純な武器は槍《スピア》である。そしてもし槍《スピア》が十分に長く、列が十分に密で、兵の士気が十分に高ければ、このような陣形は、ある種の砲撃で壊されなければ、ほとんど打ち破れない。マケドニアの密集隊《ファランクス》は、結局、記録上最初の歩兵の陣形であった。中世における騎兵の優越は、技術的であるとともに、道徳的で社会的なものであった。その機動性のゆえに発展し、全面的な社会的・経済的支配を与えられた結果、騎兵は、何世紀もの間軍事活動の実権を握ったのである。歩兵は、見くびられた補助にしかすぎなかった。しかし、十三世紀に、プランタジネット家がその支配をウェールズ山地に広げようとしたとき明るみに出た騎兵の有効性の限界は、百年後、オーストリアの王家がスイス山地で同じことをしようとしたとき、さらに明白となったのである。

スイス山地人のもともとの武器は、彼らを有名にした槍《パイク》ではなくて、簡単な斧すなわち約八フィートの長い矛槍《ほこ》（halberd）〔図―9〕であって、一三一五年にモルガルテンの隘路で、また一三三九年にラウペン、一三八六年にゼムパッハの広野で、オーストリアの騎士達をわなにかけたとき、彼らの鎧をたたき切り、皆殺しにした。そのことは、歩兵の再生が、何か技術上の変化というよりも、はるかに道徳的な、従って社会的な要因によるものであった、という見解を確証している。槍《パイク》は、少し後、一四七六年と一四七七年にブルゴーニュの騎士達に対するスイス軍の勝利のとき、登場した。それまでに、スイスの槍兵《パイクマン》は、巨大な不死身のはりねずみのように守勢に立つことばかりでなく、反転して前進し、その進路を妨げる無分別な者を皆殺しにする密集隊――約一千名から成る部隊――

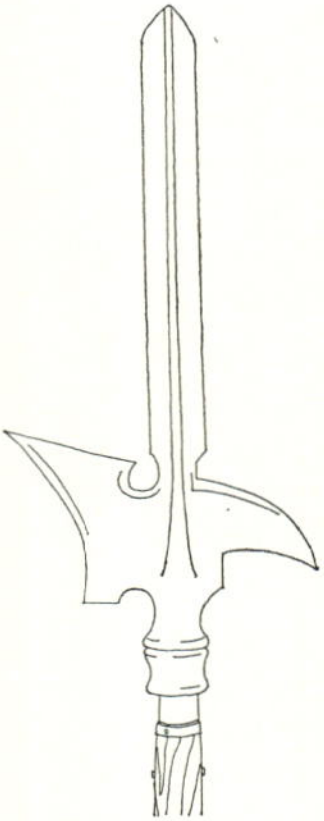
図―9　矛槍
(halberd)

を動かす方法もまた、学んでいた。さらに彼らは、いったん州《カントン》の独立を確保すると、隣国の軍隊によろこんで部隊を貸した。そのことは、その乏しい牧畜経済に比して余りに多くなった人口を支えるのに、自然な方法であった。

しかし、スイス軍の戦術には、他の者が真似できないものは何もなかった。等しく貧乏で、同じく好戦的な南ドイツとオーストリアの隣国人たちは、傭兵隊（Landsknechts, lansequenets）として知られる独自の軍隊を作り始めた。スイス軍との唯一の違いは、彼らがもっと広い社会的階層から集められたことである。例えば、貴族も、彼らを束ね組織するばかりでなく、その隊伍に徒歩で勤務することをためらわなかった。その後、「捧げ槍《パイク》」は、ドイツでは、後のイングランドと同様に、貴族出身の者にも完全に受けいれられた軍事行為となった。スペインについて言えば、重装騎兵は、馬糧を欠いた国で、しかも国土回復戦争というゆっくりした戦争では、キリスト教軍の主な構成要素にはならなかった。スペイン王は、戦争に徒歩で参加する貧しい誇り高いカスティリアの貴族を召集するのに、全然問題を感じなかったのである。

そこで、十五世紀末までには、槍兵《パイクマン》の「部隊」あるいは「大隊」があらゆる本格的な軍隊の必須部分となった。その上、ますます手銃――特に「留め鉤式」銃（'hooked'gun, Hackenbüchse）すなわち火縄銃《アークエバス》――で武装した兵の部隊が付け加えられた。火縄銃《アークエバス》はその後継者のマスケット銃とともに、次の二百年間歩兵の火器となった。つまり、歩兵という兵種ができたのである。

今まで見てきたように、砲兵もできた。もっとも、大砲は動かしにくい大物で、それを曳くには各四十頭もの馬が必要であったが。そして歩兵と砲兵は、逆説的だが、戦場における馬の役割を復活させた。クレッシィ頃以後、矢と忍耐強さによって騎馬襲撃を不可能にさせてきた歩兵は、今や他の歩兵あるいは砲兵の射撃で粉砕された。好機に行なわれると騎兵の襲撃はまだ可能であったし、そうでなくても、火器を持った騎兵は動く火力を供することができた。注目すべきことは、今や騎兵は、各人が自分のために襲撃し、勝利と同じ程に自分の個人的名誉に関心を持った古い封建騎士ではなくて、他の兵種と同じく、指揮官の意のままに他の兵種と結合されたり配置されたりする一兵種となったことである。

傭兵の登場

変化はゆっくりしたものであった。一四九四年と一五二九年の間イタリア戦争に参加したフランスの重装騎士（gens d'armes）は、自分たちが、流行の読物だった『アマディ・ド・ゴール』やアリオストの中の騎士と同じような光輝の中にいると考えていた。彼らは、一騎討ちのようなアナクロニズムを復活させようとし、また、厳しい戦闘活動のためよりは、目立つ格好のために、着飾った。現実の戦闘活動の残忍な性格について、歩兵と砲兵は何の幻影も持たなかった。しかし、優雅なアナクロニズムは、さらに何世紀もの間、引き続きヨーロッパ騎士の特徴になったのである。現代においてさえ、まだまったく消滅したわけではない。

しかし、一四九四年イタリアに侵入したフランスの重装騎士は、イデオロギーという点では封建的であったとしても、経済的基盤については封建的なものは何もなかった。歩兵や砲兵と同じように、彼らはただ俸給のために働いたのであった。

このように、軍役には中世を通じて俸給という要素があった。長期にわたるしかも遠隔の地での戦役のためには、直接受封者と彼らの従者たちは、主君が与える粗末な生活の糧以上の支給を必要とした。封建的義務を果たすためになされる奉仕に対して手当を受けとることから、俸給のためにだけ奉仕をするようになることは、難しいことではなかった。戦うこと以外に時間をつぶすことがなく、戦うことについて考える以外に心をわずらわすことがない階級の人々にとっては、特にそうであった。十二世紀以来、ヨーロッパはもう外敵の攻撃にはさらされていなかった。ヨーロッパの人口と富は増加し始めていた。十字軍という安全弁は急速に閉じつつあり、また、最も重大であったのは、利用できる封土の数が激減してきたことである。ドイツにおけるように、土地財産が際限なく細分できたところでは、それは経済的支えにはならなくなった。イングランドのように、長子相続制が適用されたところでは、弟たちは十字軍で財産を求めるか傭兵となる以外には、ほとんど選択の道は残されていなかった。このようにして中世後期には、彼ら軍事階級は、片田舎の封土にも支えられず、参加できる戦争も十分見出せないほど、大きくなっていた。そしてもし参加できる戦争が見出せない場合には、軍事階級は自分たちの戦争を始める傾向があったことは驚くべきことではない。

これらの兵の存在、すなわち、最高の命令者の意のままに剣を振う用意があった「自由契約者」(freelances)の存在は、最初は諸侯の力を高めたが、それは諸侯が彼らに払う金がある間だけであった。既に見てきたように、十四世紀の初めまでに、イングランド王とフランス王は、彼らの全軍を実質的に俸給の基礎の上に置いていた。彼らの家臣の最大の者でさえ、「契約書」(indenture)で協定された軍勢を出した。そして、一方の君主が、戦役の全期間を通じあるいはいくつかの戦役の継続期間を通じてさえ、戦場で軍隊を維持することができると、相手もまた同じことをしなければならなかった。先に述べたように、その金は、奉仕が要求されない家臣から軍役の代わりとして支払われる軍役免除税からか、あるいは、教会からの税金または補助金から、出ていたかもしれない。しかしその大部分は、交易の収益から出ていたのである。すなわち、君主が完全に支配していた賦課金からか、商人が融通する借金からか、あるいは、君主による尽力あるいは君主によって与えられた特権の見返りとして、都市の代表団体やその他の経済的生産階級が差し出す特別援助金から出ていた。社会における非軍事的で非貴族的な階層を代表する議会や身分制部会や集会が、君主の戦争遂行能力において、大きい位置を占め始めたのである。

しかし遅かれ早かれ金がなくなるかあるいは戦争が終われば、彼ら有給戦闘員《ソルジャー》(今や彼らを正確にそう呼ぶことができる。ソルジャーは金貨から転じた俸給に由来する語)は、仕事口を失った。彼らには、帰るべき土地もなく、しばしば帰るべき家もなかった。彼らの「隊」(company――彼らに雇傭とともに生活の糧を与える組織である con pane) は、彼らの唯一の家だったのである。

イタリアでは、多くの小さい戦争をともなった叙任権闘争により忠誠関係がどうしようもなく混乱し、しかも現金はいつでも直ぐに用意できたので、これらの傭兵団は十三世紀までは活発で、独立していた。彼らは、ときに、金を払ってくれる誰に対してでも軍務を直ぐ提供し、またときには、単なるゆすりをして金を取り立てた。それについては、第2章で述べる。フランスでは、彼らの活動は、百年後に、ぞっとするような恐ろしい頂点に達した。百年戦争は、相対する両方の側に、貴族出身にせよ、財産のある卑賤な出身にせよそれまでにない傭兵の集中を生み出した。彼らは、戦闘と戦闘の合間は、田舎に寄食した。皮はぎ人たち (écorcheurs) という呼び名が恐ろしいまでに彼らをよく言い表わしているが、彼らは、十四世紀の中頃から十五世紀の中頃まで意のままにフランスを歩きまわり、集団であるいは個人で略奪し、強姦し、火をつけたりした。彼らは、規則的な俸給を払える権威者の軍務に再召集される間だけその活動を止めたが、彼らの軍務はますます短期で非定期的になった。やぶれかぶれのフランス王は、ただ彼らを始末するためだけに、スペインとハンガリーで戦争をしかけた。このような状況は百年戦争の終わりにやっとよくなり始めた。その頃には、王は、フランス商人の絶望を利用でき、国王軍を正規の基礎の上に置くための特別税である「戦争人頭税」(taille des gens de guerre) を徴収する権利を得ていた。十五世紀の末までに、人頭税は三部会の許可が要らない恒久的な税となった。このようにして、王の財政は正規の基礎の上に置かれた。

最初の認可は、一四三九年、フランスのシャルル七世に対して三部会が与えた。一四四四年彼は勅令を発し、国中に群がっていた多くの傭兵団を恒久的な基礎の上に国王軍に編入し、残りは強制的に解散させた。ここには、封建的義務の問題も、一括払いの見返りとして部下を集め俸給を支払う隊長との「契約書」の問題もなかった。すべての将校は王によって任命された(このようにして本当に officiers すなわち役職を持つ者になった)。将校も兵もともに、王から直接に俸給が支払われた。そして彼らは、王が指定した特定の都市に駐屯した。彼らは、まだ国民的なものではなかったが、完全に俸給による軍隊であった。武装したこの隊には、ドイツ人、スコットランド人、イタリア人も加わっていたからである。この軍隊は、フランス王の富裕な競争相手であるブルゴーニュの豪胆公シャルルにとっては、非常に恐ろしいものであった。シャルルは二十五年後にその真似をする必要を感じて軍隊を召集したが、一連の軍事的冒険にたちまち浪費してしまった。その冒険は、スイス人とフランス人の手にかかって失敗させられ、容易だったはずなのに、ブルゴーニュがヨーロッパの大国の一つになることを阻んだ。

フランスの諸王は、もっと慎重であった。半世紀の間、賢明な結婚により領土を固め、富を増やし、軍事力を培った。そしてついにシャルル八世が、ルネッサンスの魅惑的な追求対象であった名誉、冒険、権力、ヴィルトゥを求めて、一四九四年にイタリアへ出発したとき、彼はヨーロッパがいまだ見たこともない最良の軍隊を率いていた。歩兵の中核をなすスイスの槍兵《パイクマン》、堂々として高貴な騎兵、攻撃するどの城も廃墟と化す真鍮の大砲を備え、彼らはすべて潤沢な資金を有する国家から俸給を得ていた。それは、三百年後ナポレオンが同じ戦場に率いてきたものと、構成上基本的には異ならない軍隊であった。フランス重装騎士自身が怒って否定したとしても、騎士の戦争は終わったのである。

第2章　傭兵の戦争

中世的戦争の変質

後の歴史を知る眼からすれば、シャルル八世の軍隊を最初の「近代的」陸軍と書くことができる。なぜならば、それは、相互支援を行ない、しかも戦術的にいろいろな組合せをもって展開される三兵種――騎兵、歩兵、砲兵――から成っており、また、国庫から俸給が支払われる兵から大体できていたからである。歴史家は「近代ヨーロッパ史」の始まりを、いみじくも、一四九四年のフランス軍の侵入を端緒とするイタリア戦争に置くのが、通例である。しかし、十五世紀末の段階では、ほとんどの人が、戦争にせよ他の何にせよ、そこに新しい時代の夜明けを、すなわち言わば「ギア・チェンジ」が起こっていることを、少しも気付かなかった。実際には、むしろ反対であった。

前章で、中世後期の、特にフランス国王の主力を形成したフランス重装騎士の、自意識の強い古風さについて既述した。この古風さは十六世紀の中頃まで続くことになる。少なくとも、フランス国王フランソワ一世と神聖ローマ皇帝カール五世という好敵手の二人が消え去るまで続いた。彼らは、感情をその人柄に表わし、まさに彼ら二人の争いがヨーロッパの全政治の中心となった。十六世紀前半にわたり、一五五九年のカトー・カンブレジの手詰まりでやっと終わった戦争は、動機という点で、まさしく中世的であった。すなわち、それらの戦争は、財産と相続という個人的権利を主張しあるいは守るために、あるいは、手に負えない家臣を服従させるために、あるいはまた、トルコ人に対してキリスト教世界を、異教に対して教会を守るために、戦われた。シャルル八世がイタリアに侵入したのは、アラゴン家の主張に対抗してナポリの王位へのアンジュー家の主張を支持するためであり、また、エルサレムを再占領する十字軍を指揮するためでもあった。彼の後継者オルレアンのルイ十二世は、スフォルツァ家とそのパトロンの皇帝に対抗して、ミラノ公国への彼の家系の要求を擁護するために、戦争を続行した。一五一七年の選挙の後、皇帝カール五世は、これらの争いを受け継いだ。第一の争いは、祖父のアラゴンのフェルディナンドからのもの、第二の争いは、皇帝マクシミリアンから受け継いだものである。さらには、ナバラの王位をめぐる祖母カスティリアのイザベラから受け継いだ第三の争い、そして、豪胆公シャルルがフランス国王に対して失った土地をめぐるその娘ブルゴーニュのメアリーから受け継いだ第四の争いがあった。すべてこれらの争いでカールの相手はフランソワ一世であった。フランソワ一世は、帝位をめぐってカールに敗れた相手であり、ドイツ諸侯に自らの権威を主張しようとするカールの試みに反発するドイツのプロテスタント諸侯を助けたばかりでなく、カールの敵であるトルコ人との暗黙の了解を維持した。このため、トルコ人による地中海への危険な進出に対して、カールは軍隊を集中しようとしたが失敗した。このようにして、少なくともこの世紀の前半の間は、戦争はなお相続権をめぐる個々の諸侯の間の個人的争いから成っていたのであり、民族間は言うまでもなく、いかなる意味においても、国家が自分の利益と見なすものをめぐる、国家間の対立ではなかった。一五三六年になっても、カール五世は、相手に一騎討ちを挑むことに何の奇異も感じず、またその挑戦は受けいれられたのである。このカールとフランソワの争いは（中世にしばしば見られたように）法王の介入を必要とし、ニースにおいて相互の友情の贅《ぜい》をつくした途方もない誇示によって鎮められた。双方の君主は、キリスト教の君主が過去四百年間繰り返してきたように、共同で十字軍を起こすことによって彼らの対立を和らげようと誓約した。

しかし、これらの争いに見られるまさに権力の集中化こそ、政治的にも軍事的にも重要である。明らかにカールとフランソワは、大体において祖先の抜け目ない結婚のため、彼らの――あるいは彼らの後継者の――能力を越えた領土権の蓄積を相続していた。カールは、ハプスブルク家の遺産を比較的統治しやすいスペインとオーストリアに、分割せねばならなかった。他方、フランソワの息子アンリ二世が一五五九年に死んだとき、フランスは五十年間にわたる内乱に逆戻りした。しかし、集権化の仕事は、元に戻されはしなかった。独特な権力と権利を持った少数の明白に主権を有する君主が、(政治的・財政的・軍事的な)権力の新秩序の焦点として、相対立する公伯の群の間から現われ出てきた。この階級の両端は、特にドイツでは、非常にぼんやりしていて、その範囲は、バヴァリア公やザクセン公のような大物からシュヴァーベンやフランケンの二、三エイカーの領主にいたるまで広がっていた。しかし、カール五世の死に続く戦乱の世紀にますます明らかになったことは、これらの君主相互間の関係は、もはや封建的敵対あるいは義務では決まらず、経済的・軍事的力という事実によって決められたこと、そして、そのような力はますます強者の手中に集められたということであった。ドイツにおいてだけ、小諸侯が残存した。ハプスブルク家が、フランス軍やトルコ軍と戦うのに忙しくて、小諸侯を処理できなかったからである。しかし、十六世紀初めまでに既に半ダースにまで減っていたイタリア半島の国々でさえ、その世紀の末までには大半がハプスブルク家の貪欲な胃袋の中に消えていた。ただ、サヴォワ、ヴェネチア、法王領は、見かけ以上の主権を持っていた。

というのは、十六世紀までに、独立の代償は非常に高価なものになりつつあった。支払わなければならなかったのは、堂々たる砲兵の列だけではなく、専門の歩兵もそれに劣らず高価であり不可欠であった。後述するように、いよいよ精巧になってきた要塞もそうだった。臣民から税金を取る政治権力を持つか、あるいはフッガー家やヴェルザー家のような新興銀行家から借金できるような信用をもった君主は、小さい相手を茫然自失の状態で圧倒する軍隊を、戦争に駆り立てることができた。すべてこのことは、言うは易く行なうは難し、であったことは疑いない。カール五世とフランソワ一世の戦争は、スペインのフェリペ二世の戦争と同じく、発作的に起こり、派手な王家の破産でしばしば突然止まった。十七世紀の後半になってやっと、ヨーロッパの君主は、持続的な基礎に基づいて常備軍を維持するため、また当然のことながら、長い戦役を遂行するため、自らの領土の資源を十分に支配することができるようになった。しかし、十六世紀の末までに、言わば、大人は子供から分離されるようになったのである。すなわち、どの君主が自分だけで戦争を行なうことができるのか、あるいは、どの君主ができないのか、はっきりしてきたのである。

この変化は、戦争についての記述に反映している。トマス・アクィナス以後中世の著述家は、戦争は主権を有する君主によってだけ正当に行なわれる、と主張するのが常であった。その原則は、武装した郷紳《ジェントルマン》のための十四世紀の便覧である、オノレ・ボネ（Honoré Bonet）の『戦争の木』（L'Arbre des Batailles）[1]に表現されている。ボネは次のように書いている。「人は、自分に損害を与えた他人に対して、自分で処罰を行なうことはできないため、君主はこれらの人びとの間にあって正当な判断をしなければならない」。ボネは少し悲しげに告白を続ける。「しかし近頃は、あらゆる人が、卑しい騎士までも、戦争をする権利を持ちたがっている。これは、法によって、許されないのだ」。君主が自らの主な家臣よりも小さな権力しか持たないときには、その法は事実上死文化し、難攻不落の城に住む小領主たちは自分たちの地方においては他から挑戦できない支配権を行使できた。君主の権力の強化は、中世の法律家が「私戦」と呼んだものを終らせたのであり、十六、十七世紀の著述家は、「完全な国家」によって戦われる戦争と、私的な企てによって行なわれる戦争との間に、確乎とした線を引いた。後者は、最終的に封建的是認を失い、私的な決闘あるいは略奪に顚落した。

国家の「完成」、すなわち、自分より上位の権威から独立し、しかも自分の領土全体に命令書を施行する能力を持つ主権君主の出現は、長くイタリアで行なわれていた政治原則を、ヨーロッパ中に行き渡らせたのである。イタリアでは、そのような諸国家から成る体制は、約一世紀前に発展していた。マキャヴェッリによって非常な説得力をもって描き出されたこれらの政治原則は、国家だけが国家の利益を判断できること、そしてマキャヴェッリの言葉によれば「戦争は必要な限り正しい」ということ、しかも国家より上位のどんな権威も戦争の必要性を判断できないこと、を主張した。「君主の安全は至高の法」(Salus principis suprema lex) であった。この見解は、すべての主なヨーロッパの法律家——フランスのボーダン (Bodin)、イタリアのジェンティーリ (Gentili)、スペインのヴィクトリア (Victoria) ——によって、次第に認められていった。彼らは次のような点で一致した。戦争には正戦と不正戦があり、敵対行為には十分な理由と不十分な理由があるけれども、究極的には君主が唯一の裁定者であり、ふつう双方の側とも自分が正しいと信じる、ということである。[2)] しかし、これらの見解は、偉大なオランダの思想家フーゴー・グロティウス（Hugo Grotius）の研究『戦争と平和の法』（De Jure Belli ac Pacis）の中で、キリスト教的調和という古い概念と一致するようになった。スペインとユトレヒト同盟諸州との間の八十年戦争の中頃の一六二五年に公刊された本著は、主権国家の存在を認めている。しかし主権国家は、何か共通の優越者への忠誠によってではなくて社会的存在に必要な条件によって、すなわち、強制する法廷を持たないがそれでも拘束力を有する自然法に由来する国際法によって、拘束されているものとされた。自然法によってのみ、何が戦争の十分な理由で何が不十分な理由であるのか、戦争自体の中で何が許されない行為であるのかが決定される。グロティウスは、国際関係についての、つまり戦争と平和についての、思考の枠組を実質上はじめて創ったのであり、われわれは意識するにせよしないにせよ今なおその中で活動している。

グロティウスは、北西ヨーロッパにおけるほとんど絶え間ない戦争についての自分の経験から書いたのである。十七世紀の初めまでに、百年前には戦争に伴っていた騎士的魅力は、完全に消えていた。一六二五年に、グロティウスは、次のように書いた。「私は、キリスト教世界を通じて、野蛮な民族でも恥じるような戦争をする過度の自由がはびこっているのを見た。ささいな理由で、あるいは理由もなしに、武器に訴えた。そして、一度武器が取られると、神の法と人間の法に対するすべての畏敬の念は、投げ捨てられた。まさに、人はその時から制約なしに、すべての罪を犯すことが認められたかのように」[3]。ここで、グロティウスが何か制限を設けようとしたこのような戦争の性格を、多少詳細に吟味してみよう。

戦争請負業者の隆盛

当時の戦争の主な性格は、本章のタイトルが示したものであった。この期間における戦争理由の説明が何であれ、すなわち、相続をめぐる争いであれ、あるいは十六世紀後半にそうなったように宗教的対立であれ、戦争は、純粋に商業的基礎に基づき、極めて国際的な戦争請負業者によって行なわれた。これには、新しいことは何もなかった。それは、既に前章で見たが、中世後期を通じて進行していた経過の継続にすぎなかった。しかし、今や、それは組織的で完全なものになった。十六世紀初期のフランスにおける召集(le ban et l'arrière ban)のように、軍役に対する騎士の封建的義務が残っていたところでさえ、貴族は既にその軍事的意向を失ったのか、商業的利得の方に向くことを好んだ。既述したように、次の世紀に専門的軍隊となるべきものの萌芽的な形態がまず発展したのは、実にフランスにおいてであった。もっとも、十五世紀に創られた勅令軍団(compagnies d'ordonnance)の重装騎兵や、十六世紀にフランソワ一世によって召集され王の金庫から支払われたそれと同様の歩兵の「軍団」(legions)は、軍隊の小部分に過ぎなかった。軍隊は、ヨーロッパの他のところと同じくフランスでも、戦争請負業者によって召集され、維持され、戦闘に参加させられた。雇主に対する彼ら請負業者の忠誠の絆は、正確かつ十分に現金支払いされるという保証だけであった。

この種の請負業者は、彼らがアルプス以北に根を張る二世紀前に、既にイタリア半島で活躍していた。前章で言及したように、イタリアでは、叙任権闘争による封建構造の分裂によって貴族は自由勝手になり、また都市経済の早熟な発達によって、軍事的技倆を雇うに足る支払い能力を得た、富裕な都市国家という形の依頼人が作り出されていた。その上、代々の皇帝が南に連れて行った、あるいは十字軍の退潮で捨てられた、外国人騎士集団は、十四世紀には、彼らに報酬を支払う誰のためにもその武力を使い、払わない者は誰にせよその生活を地獄にする用意があった。これらの中で最も乱暴なものに「大軍団」（Great Company）があった。強力で極めて国際的な成員から成る約一万の軍隊で、一三三八年から一三五四年までの十五年間存続し、今日ならば冥加金とでも呼ばれるものを大規模に押し付けた。このグループは、その数年後に、一三六一年の英仏百年戦争の終了によって失業した野武士の群により引き継がれた。彼らは、イギリス人サー・ジョン・ホークウッド（Sir John Hawkwood）の隊旗の下にフランスから南進し、有名な白軍団（White Company）をつくった。これらの外国人は野蛮であった。しかしイタリア人たちは、雇主をだますばかりでなく、政治権力を簒奪しやすい自国の戦士よりは、彼ら外国人の方が有利であることを、しばしば思い知らされた。しかし、十四世紀の末までに、外国人たちは、地方の貴族制の中に吸収されるか、故郷に帰るか、あるいは死んでしまい、「傭兵隊長」(condottieri)が制度化されたのである。

傭兵隊長は、単に、「契約者」という意味である。提供する軍隊の大きさ、勤務する時間の長さ、支払われる賃金を明記する雇傭契約であったcondotta（契約）に因んで、そう呼ばれた。彼らには、小部隊の指揮官から、報酬を土地あるいは封土で得るゴンツァーガ家、エステ家、コロンナ家のような大貴族まで、あらゆる形態と規模の者がいた。ある者は、ウルビーノのフェデリーコ・ダ・モンテフェルトロ（Federico da Montefeltro）のように、独立君主としてその地位を確立しており、彼らとの契約は実質上主権国家間の条約であった。他の者は、ミラノのヴィスコンティ家やスフォルツァ家のように、彼らを雇う諸国家の中で政治的支配権を得るか、防衛の恒久的な専門顧問、市民軍の指揮官や訓練者になった。

傭兵隊長が提供する軍隊は、主として騎馬によっていた。すなわち、それらは最小限一人の重装備した騎士――彼は、従者、小姓、槍《スピア》か弩あるいは十五世紀末には火縄銃《アークエバス》で武装した歩兵、などを伴っていた――である「槍騎兵」から成っていた。特にアンドレア・ブラッチオ（Andrea Braccio）やフランチェスコ・スフォルツァ（Francesco Sforza）のような専門家による戦闘のやり方は、決定的な時機まで予備として取っておいた部隊による牽制と奇襲、機動と衝撃から成る巧妙なものとなった。戦術と戦略は、何か一種の芸術のようなものになった。しかし、十分な金を支払った雇主は、傭兵隊長がしばしば提供するのを躊躇するような種類の、決定的な結果を要求した。彼らは出血のない戦闘をする、というマキャヴェッリの冷笑的な非難は、実証されてはいないが、彼らはきっとすべての専門家特有の慎重さを持っていたのであろう。唯一回の軽率な決定によって浪費されるかもしれず、しかも補充するには破産するほど出費がかかる自分の部隊に対して大きな個人的投資をした、専門家に特有の慎重さを持っていたのであろう。十五世紀の末、スイスの槍《パイク》大隊、フランスの騎兵隊、スペインの部隊《テルシオ》が、新たな徹底さと同時に残虐さをもって、イタリア半島に集中したとき、彼ら傭兵隊の洗練さと優柔不断さは貧相な外観を呈することとなった。

しかし、この新しい段階は短かった。一四九四年のフォルノヴォと一五二五年のパヴィアの戦の間に、十数回の連続する決定的な会戦があったが、その後約百年の間大きな戦闘は西ヨーロッパからほとんど姿を消した。これには、後で考察する築城と火力の発達を含めて、いくつかの理由を認めることができる。しかし、少なからず重要なのは、イタリアのモデルに基づく軍事請負制がアルプス以北へ伝わり、それとともに高価な組織を維持したいという当然の願望も広まったことである。会戦の計画と遂行においては、慎重な専門的能力が、栄光の追求に取って代わった。軍隊への投資が、富や政治的影響力や土地という形で見返りをもたらすことを期待する人びとに特有の、慎重さである。専門的能力は、実際、勇気、忍耐、ときに自己犠牲を要求した。戦争という仕事においては、臆病者や失敗者の需要はなかった。しかし、専門的軍人は、目的を達成するのに他に方法があれば、彼ら自身あるいは彼らが指揮している部下を殺させはしない。戦役を成功裡に終わらせる少なからずうまい方法は、敵の資金が涸渇し、敵の傭兵が逃亡し、できるだけ都合のよい平和を敵が飲まざるを得なくなるまで、戦闘を避け、敵国に寄食して戦役を長引かせることである。一五二五年のパヴィアの戦闘を前にしてスイス軍がフランス国王を遺棄したことや、一五四七年ミュールベルクでカール五世を破るのに十分な軍隊を戦場に投入することがプロテスタントのドイツ諸侯にできなかったことは、当時のラテン語の常用句「金こそ戦争の活力」(pecunia nervus belli) の最も顕著な例であった。

ヨーロッパで最も悪名が高く、しばらくの間最も需要の多かった傭兵は、スイス軍であった。彼らは十四世紀に矛槍と槍《パイク》によって彼らの州を独立させてからは、既に見たように、経済的貧困のため、彼らに支払う用意のある者ならば誰に対してでもその軍事的技倆を委ねざるを得なかった。しかし、十六世紀を通じて、彼らの雇傭者はますますフランスになる傾向が強まった。とにかくスイス軍は抜群であった。第一に、戦争は、彼らにとって、いわば国営産業であった。部隊を選択するようなすべての契約の交渉は、州当局の手中にあった。部隊にあっては、戦役の間、うまくいっている現在の労働組合に見られるような、一種の論争好きデモクラシーが支配していた。第二に、スイス軍は非常に特殊専門化されていた。彼らは白兵戦のために剣と矛槍で武装した兵を含む大きな槍方陣《パイク》を生み出したが、それ以上はしなかった。彼らは後に、彼らの側背を守るため、方陣に二、三の火縄銃《アークエバス》と大砲を随伴させたが、根本的には、彼らにはそのテクニックを多様化する気はなかった。狙撃がますます重要になり、隊形がいよいよ柔軟になるにつれて、スイスの槍方陣《パイク》――それは、中世後期のイギリスの長弓隊と同様に、歩兵の歴史において興味をそそるものであったが――は、新しい環境に適応できない恐竜のように、取り残されてしまった。十六世紀の歩兵戦闘は、ドイツとスペインからの専門家によって、形成されるようになった。

スイス軍の大きな競争相手であった南ドイツの傭兵《ランツクネヒト》は、戦争の変化する要請に対して、もっと容易に適応した。それは一つには、その指導者にとって、戦争とその関連技術が、純粋に仕事の問題であって、スイス軍の場合のように、確固とした社会制度というようなものではなかったからであろう。ドイツ傭兵は槍《パイク》で評判を得たが、「狙撃」が戦場で重要になると、それも取りいれた。徴集の範囲は、社会的にも地理的にも、スイス軍の場合よりも広かった。もともとは、南ドイツの小貴族とその家臣から出たのだが、十六世紀早々には、これらの騎士のある者は、槍《パイク》と狙撃ばかりでなく槍騎兵《ランス》と砲兵をも集めて、その活動を拡大し多様化した。長い間、ドイツ貴族はこれらの軍隊の主力であった。しかし、領土も収入もなく、彼らより恵まれた隣人――すなわち、あらゆる階級とあらゆる民族から成る経験ある軍隊——の増大する富と誇示に競争できなかった小騎士は、次第にそれらの旗に引きよせられた。十六世紀の末までに、戦争は国際的商売となったが、これらの軍隊の中の貴族の割合は、軍隊が大きくなり、あらゆる階級から冒険者あるいは命知らずを引き付けるにつれて、低下した。兵士は武器と装備を用意しなければならなかったから、まったくの貧乏人は除外された。しかし一度徴集されれば、強くて野心があり良心の呵責のない青年には、社会的階層を上昇するという見込みが十分あった。俸給は不定だったが、もし、病気と戦闘から生きのび、仲間に盗まれず、金を酒や賭博で失わなければ、略奪品、身代金、戦利品は、独立して自分の仕事を始めるのに必要な資本を提供した。

とにかく、これらのことを期待して、人々は兵士になっていった。それは、十六世紀末までは、階級差のない、国際的で、不安定な商売であった。傭兵はどの主人にも仕えた。イタリアの専門家は、イギリスの女王やオランダ人に仕えた。すなわち、俸給が支払われている限り仕えたのだ。もし俸給が支払われないと、彼らは、宿泊している周辺の農民と商人から、生活の糧ばかりでなく、取れるものは何でも徴発した。俸給の支払いを受けなかったスペイン軍がアントワープを略奪し荒らし回った一五七四年の暴虐は、十六世紀後期と十七世紀に北ヨーロッパや中部ヨーロッパの無数の都市や村落に降りかかった運命の、最も身の毛のよだつ劇的な一例にすぎなかった。軍隊が大きくなって統制がきかなくなり、報酬はますます不規則になり、彼らは、非戦闘従軍者の群とともに、バッタのように地をはいまわり、道筋にあった不運な社会を破壊したのである。

これらの兵の中で少数の幸運児が、富と権力を手に入れた。今もしばしばそうであるように、頂点に上る者はベストを尽した。十七世紀初期の軍に足跡を残した者は、まことに優秀であった。ジェノワの人スピノラ侯は、ネーデルランドでスペイン国王の軍事部門を管理した。エルンスト・フォン・マンスフェルト伯は、一六一八年不運な選挙侯パラタインのために軍をおこし、最高入札者たる雇主の意のままに剣を納めた。ボヘミアのアルベルト・フォン・ヴァレンシュタイン伯は、最大の軍事請負業者になったばかりでなく、ヨーロッパで最も富んだ人となり、バルチック海からボヘミアまでの領土を支配し、また皇帝軍のために未曾有の規模で武装と糧食を生産する産業と領地を支配した。ザクセン・ヴァイマールのベルンハルト公は、はじめはスウェーデンのため、それからフランスのために軍をおこした。ベルンハルトは特に意義深い。彼はドイツの小諸侯の原型となったのである。彼らの富と政治的影響力は、彼らのより強力な隣人の誰にせよ、彼らに支払いをしてくれる者に対して、小さくて有能な軍隊を供するその能力に支えられていた。この活動は、その世紀の少し後に、ブランデンブルクの選帝侯とその後継者たるプロイセン王によって、非常に巧みに遂行されることになったのである。

しかし、これら大きな軍事請負業者について最も興味がある点は、彼らの軍事的有効性を政治権力に変えることには誰も成功しなかったことである。ヴァレンシュタインは、メクレンブルクで手に入れた大きな領土のために、これに最も近づいた。もし彼が生きていたら、彼は新しい正統的な王朝を創建し、その領土はやがて主権国家となったであろう。しかし、戦争があまりに続き、あまりに決着がつかなかったから、国際的舞台のこれらの役者たちは、恒久的な力として自らを確立できなかった。そして、一六四八年の平和解決では、多分かなり意外だが、三十年前ドイツでこの戦いが始まったとき事実上存在していたものだけが、正当な主権国家として認められた。

傭兵隊とその戦術

これらの人びとが指揮した軍隊は、どのようなものであったのだろうか。それは、本質的には、一四九四年シャルル八世がイタリアに率いて行った軍隊——すなわち、騎兵、一部は槍《パイク》で一部は手銃（hand gun）で武装した歩兵、および砲兵の列——と大差なかった。なおこの期間に、これら三兵種の間には、大きな発展があった。その結果、ヨーロッパで戦う軍隊は一六四八年までに、十六世紀のフランソワ一世やカール五世のものよりも、十八世紀のマールバラ（Marlborough）やフリードリヒ大王のものと、一層多くの共通点を持つようになった。これらの発展は、何か顕著な技術的あるいは科学的進歩によったのではなくて、非常に固定し制限された技術的枠組内における、兵器製作職人の試行錯誤過程と小さな調整とによったのである。その枠組は、十九世紀の産業変革まで、根本的には変わらずに残ることになった。

中世後期の最も顕著な革新である火器は、戦場で効果を発揮するのに時間がかかったが、特に大砲〔図―10〕はそうであった。攻城戦では大砲は本当に大きく息のながい効力を保ったが、当時の軍隊の補助としては、コストの大きさに比べて効果は小さかった。兵器自体のコストによるばかりでなく、戦場で展開させるのにともなう問題によって、それは痛切に感じられた。一四七二年にミラノ公が誇らしげに展開した十八門の砲は、砲とその段列をひくために、五二二対の牛と二二七台の荷車が必要であった。フランス軍は、牛を馬に、石の砲弾をもっと破壊力のある鉄にかえたが、装置全体は言いようもないほど扱いにくいままであった。十六世紀の末までは、一門の砲は、それを曳くための二十から三十頭の一群の馬と弾薬車を曳くためにさらに四十頭が必要だ、と一般に考えられていた。ヨーロッパの未舗装道路上の軍隊の移動における、これら鈍重な輸送隊

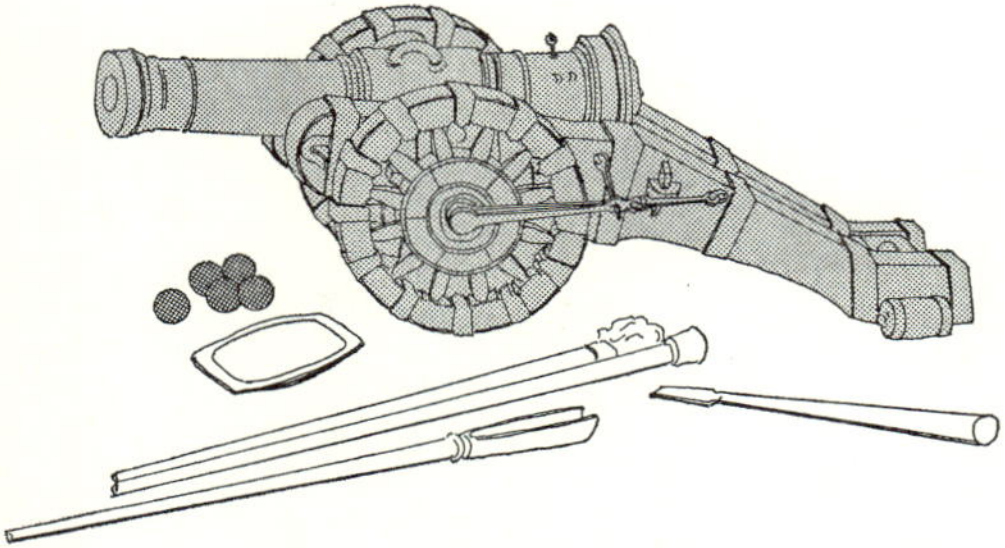

図―10　大　砲

の結果は、容易に想像できるであろう。冬の戦争など問題外であった。

戦場に着いた場合も、大砲は実際食いぶちだけの働きをしなかった。移動は困難だったが、敵に対して一発の轟音をともなう射撃――つまり、「あいさつ」――を最も効果的にするためには、軍の前面か陣形の間隙に大砲を曳き出さなければならなかった。これは、大砲の前に展開した何千もの歩兵による大方陣に対しては、非常に効果的であり得た。従って、スイス軍の直接目標は、敵の大砲によってひどい損害を受ける前に、それを圧倒することであった。しかし、発射速度が遅い上、発射の反動と、鋳物師が砲弾と砲身の間に慎重に工夫した「遊隙」とが、組み合わされた結果生ずる、不正確さのために、大砲は全然損害を与えないこともしばしばであった。マキャヴェッリが言ったように、「大砲は、歩兵を射つより逸することの方が、比較にならないほど多い。というのは、歩兵は背が低いので砲兵はねらいをつけるのが難しく、ほんの少しでも高く向けると弾丸は歩兵を越してしまい、ほんの少しでも低く向けると弾丸は地面をかすめて届かない。」イギリスの著述家が、これより百年後の一六〇四年に、同じことを言っている。歩兵は「大砲の一斉射

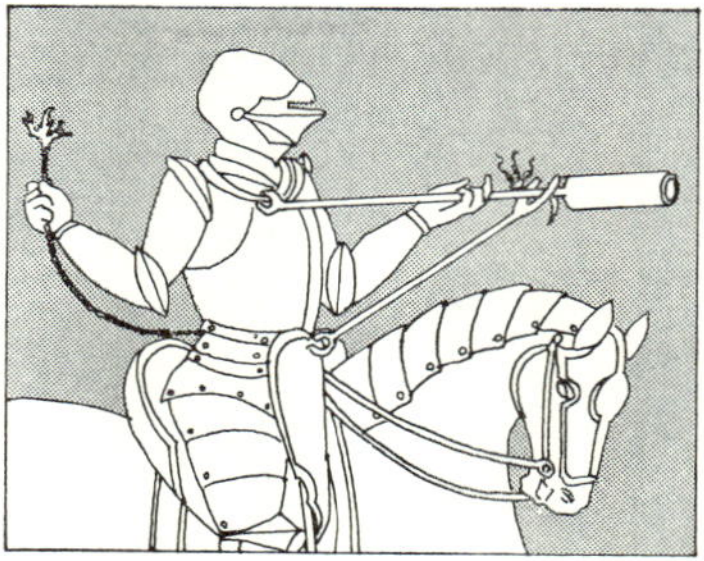

図―11　手　銃（初期）

撃が通りすぎるまで、ひざまずいて射撃をしさえすれば、大砲はほとんどあるいはまったく損害を与えない」[4]。スウェーデンのグスタフ・アドルフ（Gustavus Adolphus）は、他のものと同じように、これを全面的に変えようとしたが、十六世紀中は歩兵が明らかに戦場の女王であった。

　小火器は直ぐに成功した。手銃〔図―11〕は弩よりも、作るのが安く、使うのもやさしかった。手銃は弩に匹敵する発射速度はもてなかったが、装甲騎兵に対する殺傷力は劣らなかった。十六世紀早々、火縄銃《アークエバス》は、長くて重いマスケット銃（musket）〔図―12〕に道をゆずった。これは、それを支える股木が要る不利と、装塡と発射のための長くて面倒な手順とに苦しんだ。しかし、それは、三百ヤードの距離で重装甲を貫通できる弾丸を発射できたので、襲撃してくる騎兵への対策として非常に貴重であった。イギリス人は、ほぼ十六世紀の末まで、愛着ある長弓にしがみついていた。その擁護者は、長弓は、マスケット銃より軽くて操作し易く、発射速度が早いと論じた。しかし役に立つためには、長期にわたるきびしい訓練が必要で、それはイギリスでさえ利用されなくなっていた。そして四季を通じて戦闘

図―12　マスケット銃
（musket）

する者は、装甲騎兵に対して、好んでマスケット銃の猛烈な狙撃に頼った。

しかし、騎兵に対する防御が、「狙撃」の本来的な機能ではなかった。手銃隊は、それらが取って代わった弩隊のように、主な衝突が起こる前に、敵軍を混乱させ苦しめる任務をもっていた。衝突のときは、手銃隊は、実際に戦闘を行なう槍手《パイク》の方陣の防護の中にすべりこんだ。槍手《パイク》が騎兵の襲撃を受けとめるのである。彼らは、槍《パイク》の先で馬を止め、矛槍のかぎで騎手を引きずり下し、大きな剣で敵を片づけた。また、攻撃を進めるのも槍《パイク》方陣であり、太鼓の音で前進し、反撃を押し通して道を切り開いた。十六世紀の軍隊では、一例を除いて、最高の名誉を得たのは強力な槍《パイク》を手にした兵であった。

例外はスペイン軍であった。十六世紀から十七世紀の三十年代までは、スペインの部隊《テルシオ》がヨーロッパを支配することとなったから、この例外は重要なものであった。スペイン歩兵は、いろいろな点で、例外的なものであった。第一に、それは、もともと、徴兵から成っていた。一四九四年のヴァッラドリドの勅令で、二十歳から四十五歳までの十二人に一人は、国内か海外かで軍役の義務がある、と布告された。これは、職業的歩兵で重装騎兵を補充しようとしたフランスによる、これに似た試みを手本にしていた。フランス軍はしばしば失敗したが、スペイン軍は、老練な専門家による堅固な中核を創ることに成功した。彼らの水準は、その世紀の後半、スペインの軍隊が大体義勇兵から成るようになったときでも、変わらずに維持された。彼らの成功の少なくとも一部は、シャルルマーニュ時代以来フランス軍を支配してきた重（装）騎兵の伝統が、スペインにはなかったことによっていた。スペインの不毛な田園は、騎馬用の馬を飼うのには向かなかった。国土回復戦争の間の騎馬戦闘は、軽いポニーに乗って小ぜり合いをする「軽騎兵」（genitours）から成っていた。スペイン貴族の伝統は、フランスやブルゴーニュのように、とくに騎士的でもなかった。従って、若いスペインの貴族は、従者と、行軍中に彼や彼の荷物をのせる一対の馬を持っていただろうけれども、歩兵に入れられて列中で勤務することも、ごく普通のことであった。

一四九五年にアラゴンのフェルディナンドの軍が、ナポリ王国に対する相続権を主張するために、ナポリに侵入したときには、彼らは、当初、彼らの北方の敵が持っていた槍《パイク》や火縄銃《アークエバス》で装備しておらず、イタリア諸国の歩兵のように剣と円盾で装備していた。これは、マキャヴェッリのような古いモデルの帰依者の賛同は得たが、スイスの槍《パイク》方陣には何の効果も及ぼさなかった。スペインの司令官ゴンサルヴォ・ディ・コルドヴァ（Gonsalvo di Cordova）は、すばやく新しいスタイルに順応した。彼は、敵よりも大量に、槍《パイク》ばかりでなく火縄銃《アークエバス》も備えた。クレッシィで長弓を用いたイギリスのエドワード三世と同様に、火縄銃《アークエバス》を、攻撃のために補助的に相手を苦しめる兵器から、防御における決定的な兵器へと変えた。この変化は、戦場の築城と組み合わせて火縄銃《アークエバス》を利用することによって、成し遂げられた。一五〇三年のセリニョラの戦闘は、その後しばしば繰り返されることになるパターンを確立した。スペイン軍は、敵のフランス騎兵とスイス槍《パイク》兵がいたずらに陣地を連打するのに任せ、敵がスペインの反撃に抵抗できないほど弱くなるまで、火縄銃《アークェバス》で狙い射った。最も見事に勝った例は、フランソワ一世自身を捕虜とした、一五二五年のパヴィアにおけるカール五世の自慢の勝利であった。一四九四年のフォルノヴォと一五二五年のパヴィアの戦いの間の二十一年に及ぶ戦いのうちに、火力が、ほんの補助的な役割から、中心的で決定的な役割に、移行していくのが見られる。ここに、火縄銃《アークェバス》はもはや槍《パイク》方陣の小さな附属物ではなく、逆に銃手を守ることが槍《パイク》方陣の主な機能となった。スペイン軍が一五三四年に歩兵をそれぞれ三千名から成る部隊《テルシオ》に改編したとき、彼らはこのことを認識していた。イタリアの戦争では従来そうだったように、六人の槍《パイク》手に一人のマスケット銃手をもつのに対して、彼らはそれぞれ同数とした。また、マスケット銃手は特別の俸給を得た。最終的には槍《パイク》は、歩兵のマスケット銃の先端に銃剣としてかろうじて残ることになるが、その過程が始まりつつあった。

防御側の優越

かくして、十五世紀の末には、機動性に富む槍《パイク》方陣と相手をふきとばす大砲と復活した騎兵の急襲とを備えた攻撃側が、有利だと強調された。しかしこのような攻撃側と防御側の優越関係は、二十五年のうちに、戦場における火力の発展によって、大きく逆転された。このような時にいつも起こるように、機動力のある兵器が停滞状態になった。襲撃する騎兵は、槍《パイク》の柵あるいは壕や障害物で阻止され、マスケット銃手に狙い射ちにされた。そこで騎兵は、急襲の具から、動く火力の具に変身した。最初、騎兵は、添え鞍の乗り手として、火縄銃手《アークエバス》を同乗させた。次いで、歯車式点火装置の発達のため、装塡した火器をもって騎乗できるようになった。騎兵は、一時は、拳銃（pistol）を選び白兵（arme blanche）を捨てた。拳銃は、五歩かそれ以内で発射されるときだけ、有効な兵器であった。騎兵は、その後、これらの兵器を有効にするために、カラコール戦術（caracole）を工夫した。つまり、連続する列が敵線に乗りつけ、直射距離で発射し、右と左に旋回するのである。しかし、この作戦が大きな効果をもったという証拠はほとんどない。

すべてこのことは、既に論じた現象の、附加的な説明である。すなわち、一五三四年のミュールベルクの戦闘と一六三一年のブライテンフェルトの戦闘とを分ける一世紀の間に、ヨーロッパの戦争から大きな戦闘が事実上なくなったということである。一六〇〇年オランダのニーウポールトにおける勝敗の決しない戦闘と、ボヘミアがヨーロッパの舞台から独立主体として除かれることになった一六二一年のホワイト・マウンテンのきわめて決定的な戦闘だけが、大きな例外であった。われわれが現に見ており、そしてこの後約一世紀の間見続けることになるものは、長期的で連続的な攻城であり、戦闘は、つまりいやしくも戦闘が起こればだが、要塞を包囲したり救援したりするという大きな仕事の補助でしかなかった。

これについては、新しいことは何もない。攻城軍に利用できる手段が旧式のもの——例えば、カタパルト、衝角、はしご登り、そして最も有効だった飢餓——しかなかったときには、城は中世の戦争を支配してきた。しかし大砲はこれに終わりをもたらした。トルコ砲兵によるコンスタンチノープルの城壁の破壊は、他の多くの点と同様この点においても、西ヨーロッパの歴史における一つの長い時代の終わりを象徴した。はしご登りに抵抗するために作られた高い城壁と、まわりの田園を見守るために作られたさらに高い物見塔は、砲弾に対して悲しいほど弱く、基部まで崩れたのである。シャルル八世は一四九四年イタリアの多くの城を攻囲する必要はほとんどなかった。彼の砲兵の評判だけで、降参させられたのである。

しかし、答えは直ぐに見つけられた。火力は火力によってのみ対抗できた。最初は防御側が工夫した。彼らは、遠くに攻撃側をくい止めるため、軍艦の大砲のように、張り壁の門を通して射撃するように砲を据えた。彼らは、攻城軍の砲によって作られた裂け目の中に、土塁を作り配兵した。次いで、攻撃されやすいため見通しのよさという利益を捨てて、深さの防御というより実際的な利益を取り始めた。マキャヴェッリが言ったように、「われわれの第一になすべきことは、城壁を彎曲させ、いくつかの地下室と応戦場所をもたせ、その結果、敵がもし近づこうとすれば、前面と側面から抵抗をうけ撃退されるようにすることだ」[5)]。ここから「稜堡を備えた図形」となった。城壁から発射する相互支援の稜堡の配列であって、城壁に対するいかなる攻撃に対しても、側背からあるいは相互に火力を注ぐように配置された。城壁そのものは、敵の火力に対してできるだけ目標にならないように低くされ、また内部は土塁で補強された。濠は城を囲み、濠自体は火器でおおわれ、さらに外堡で守られた。その外には、滑らかな何もない斜堤があり、それを越えてくるどんな攻撃も防御側全体からの集中砲火にさらされることになった。

この種の築城は、十五世紀の最後の十年間に、イタリアの諸都市によって、最初はその場しのぎのために工夫されたものであった。それは次の五十年間に全ヨーロッパに広がったが、特にサンミケーレ（Sanmichele）とかサンガッロ（Sangallo）のようなイタリアの専門家を得てデザインしてもらうことができるならば、軍事上の必要ばかりでなく市の威信ともなった。局地的な市の防備として始まったが、次第に、十七世紀にはフランスではヴォーバン（Vauban）、ネーデルランドではクーホルン（Coehoorn）が作るようになった、連続する国境の防備体制へと発展し始めた。フランスの国王はメッツを巨大な要塞としたが、これはドイツからフランスの中心への大道を遮り、実際誇張でなく、マジノ線の直接の祖先と見られる。ユトレヒト同盟諸州は、水路と要塞から成る障害を作ったが、彼らはそれを盾にして八十年間スペインに対して持ちこたえ、それは今なおイギリス海峡のように疑問の余地のない国境をつくっている。これらの要塞は突撃では取れなかったし、補給隊は要塞の守備隊の思うままになるので軍隊は迂回することもできなかった。それは、一部兵力で行動を封じるか、包囲をする必要があった。前者は兵力が分散され主力を弱体化することになり、後者はたとえ突撃にならないとしても長い時間がかかる過程であった。十六世紀の軍隊にとって、金は軍隊を意味することもしないこともあったが、（少なくとも）時間は金であった。

一五二九年のイタリア戦争の終わりまでに、攻城技術の通則が、ペドロ・ナヴァッロ（Pedro Navarro）やプロスペロ・コロンナ（Prospero Colonna）のような専門家たちによって、作られた。防御側の火力に対抗するために、攻城軍はシャベルを使った。彼らは、まず、防御砲台の射程外に壕の包囲線で要塞を取り囲んだ。ここから、守備隊の火力によって縦射されるのを防ぐに十分なほど広い角度でジグザグに壕を掘り進み、これらの線上のあちこちに隠された砲台を作った。壕が斜堤の端に届くと、工兵が要塞の下に坑道を掘り、それに爆発物をつめた。防御側は自分の坑道でこれに対抗した。クライマックスに達すると、攻城軍は、砲列を現わし、突破口に選んだ点に火力を集中し、坑道を爆発させ、突撃を始めた。このクライマックスは、対壕を掘ることと壕の中で小競合いをする数週間の後に、やってきた。トリストラム・シャンディのアンクル・トビーによるフランドルでの経験は、さらには第一次大戦の西部戦線における軍隊の経験でさえ、十六世紀のイタリアや、十七世紀のオランダやベルギーで戦った兵たちには、なじみのないものではなかったはずである。退屈で、危険で、恐ろしく不健康なこの種の塹壕戦は、二百年以上にもわたり、ヨーロッパの兵士たちのまさに主食となったのである。

要塞の普及、戦場における防御側の優越、傭兵隊の費用とその指揮官の専門的慎重さなど、これらすべてのことが、百年以上にもわたってヨーロッパの戦争があれほど長期化し決定的でなかったことの理由である。それは、まるでしめった木のようにいぶり、患者があわれにもあきらめてしまった慢性病のように、田園に対して持続的な損害を与え、新しい政治秩序を作る触媒としては全く役立たなかった。戦争は、三十年戦争の間に、カロ（Callot）の銅版画やグリメルスハウゼン（Grimmelshausen）の散文のブラック・ユーモアに描かれたような、残忍さと無意味さの極みに達した。とにかく生き残るため、傭兵隊は市民に寄食しなければならなかった。また、家が焼かれ家族が虐殺される市民の方は、とにかく生き残るために、傭兵にならなければならなかった。この時期には、兵士は、生きていくためのものを何か得るために死なねばならない男、と描かれたのも当を得たものであった。兵士の状態は、彼が苦しめた農民の状態と、変わらなかった。軍隊は、死傷、病気、落伍、脱走のためにたえず溶けてしまう潮解の状態にあり、その行動は、戦略的計算ではなくて、略奪されていない土地を探すことに支配されていた。戦争が合理的統制から外れるように見えた時代であった。すなわち、戦争が、一般に認められた権威者による、政治的に動機づけられた、力の行使という意味での「戦争」ではなくなり、普遍的で無秩序で自己永続的な暴力に退化しているように思われた時代であった。

ただし、西ヨーロッパでは、この条件に当てはまらない、ユトレヒト同盟諸州軍という一つの大きな例外があった。それは、定期的に補給され俸給が支払われるという実に単純な理由で、例外であった。必要に応じて雇ったり首にしたりするのではなくて、もし年間を通じて軍隊に俸給を支払うことができれば、軍隊を規律づけ、訓練し、要するに専門家にすることができたのである。しかし、このことは、十分で不断の金の支給を必要とした。必要な量の金は、商業からしか得られなかった。そこで、戦争が専門軍の問題になる前に、世界中で、商人たちによる、これに劣らず激しい戦いが、繰り広げられねばならなかったのである。

第３章　商人の戦争

ヨーロッパの膨張

前章では、十六世紀のヨーロッパにおいて、どのようにして、また何故、富と軍事的能力が手をたずさえて進んだかを示した。すなわち、「金こそ戦争の活力」（pecunia nervus belli）ということである。フランス人が負けずにいみじくも言ったように、「金がなければスイス人はいない」（pas d'argent, pas de Suisses）ということである。しかし、十七世紀の初めまでに、君主たちは、スイス軍やその後を継いだ数か国の傭兵に支払う金を作ることが、ますます難しくなったことに気づき始めた。カール五世とフランソワ一世の戦役を可能にした、フッガー家やヴェルザー家やホッホシュテッター家のような従順な銀行家は、債務を果たさない借主の王によって、劇的な破産に追い込まれた。[1] しかし君主は、臣民の富をたえず要求できる官僚的財政制度を、いまだ確立していなかったのである。既述したように、十六世紀初期の目覚ましい侵略に続く、長引いたしかも勝敗の決しない戦役につぎこむのに、十分な規模で富を貯えることは、臣民にもできなかった。そこで、ヨーロッパにおいて戦争を支え政治権力を維持する能力は、十七世紀においては、ヨーロッパ外から引き出された富か、あるいは商業によって作り出された富――これも結局はヨーロッパ外の富に由来する――を手に入れることに、ますます頼ることになった。

ヨーロッパ企業の海外膨脹と、ヨーロッパ人同士の内紛との間の、たえざる相互作用が事実存在していた。膨脹は、それらの内紛に対してより一層の資源を供することになったし、またかなりの程度その内紛によって引き起こされもした。しかし、もともと、ヨーロッパの拡大は、中世後期を通じて続いた、イベリア半島におけるキリスト教世界の軍隊とイスラム世界の軍隊との間の、さらに古くさらに根本的な対立から始まっていた。両者の対立は当時もなお進行し、十五世紀には新しい様相を呈し始めた。オスマン・トルコ軍が、東地中海のビザンチン・キリスト教世界の最後の残存物を圧倒し、バルカン半島を通ってヨーロッパの中心部に侵入してきたのである。西ヨーロッパの出来事だけに目を向けようとする際にも、二つの大きな戦士文化であるイスラムとキリスト教世界との間の争いは、東ヨーロッパでは十八世紀まで終わっていなかったことを忘れてはならない。

西地中海においては、ポルトガル人が十五世紀初めに北アフリカに定住し法王の教書を得たのは、ムーア人との戦争の一部としてであった。教書は、ポルトガル人に対して、キリストに敵意を持つサラセン人や異教徒やその他不信徒を攻撃し、服従させ、その財産や土地を取り上げ、彼らを永久に奴隷とすることを許した。ヘンリー航海王が、魂とサラセン人と奴隷と黄金（「宮中の紳士を扶養」するため）を求め、さらに、不信心者と対決するための不思議な潜在的同盟者である聖職者王ジョンを求めて、アフリカ海岸に沿って遠征軍を送ったのは、十字軍という中世的枠組の中においてであった。ジョンは伝説上のアフリカのキリスト教の王で、異教徒との戦いに援軍を必要としており、また彼がヨーロッパのキリスト教徒の存在を知れば、援助を与えてくれるだろうし、そうしてくれることが希望されていた。

スペインの拡大は、イスラム教徒に対するキリスト教徒の争いの続きとしては、ポルトガル人の拡大ほどあからさまではなかった。カスティリアの戦士階級は、イベリア半島の争いによって形作られた。カスティリアの騎士たちにとっては、戦争は一つの生活様式であった。そこで、十三世紀と十四世紀の国土回復戦争がスペインのイスラム教徒をさらに南に圧し出すにつれて、征服と定住が彼らの生活様式となった。しかし、十五世紀の末までに、ヨーロッパにおけるムーア文明の最後の優雅な植民地であったグラナダは圧倒され、全スペインは七百年の後に再び奪回されキリスト教世界となった。ほぼ同時に、クリストファ・コロンブスとその後継者たちの発見が、海の向こうにある新世界を見つけ出し、それらはカスティリア人の剣で征服され、キリスト教の十字架で改宗されることとなった。十五世紀にも及ぶ宗教戦争を、カスティリアの貴族から取り除くことは、容易ではなかった。「征服者たち」は利益、冒険、栄光、救済、なかでも土地などすべてのものに誘われて、海外に領土を広げていった。彼らは新世界に着くやこれを征服したが、それは、先住民に対する武器の優越のためというよりも、傲慢な自信、馬による機動性、タフさ、熱狂性のためであった。彼らは、千年前西ヨーロッパに侵入した戦士遊牧民の最後の末裔であり、十字架を持ち航海することを学んだ遊牧民であった。

最後に、地中海には、もっと世俗的な敵対関係があった。それは、一方では、絹と香料を扱った儲かる東方貿易を心地よく独占していたレヴァントとイタリアの商人と、他方ではその独占を破る機会を虎視眈々とねらう西地中海の商人との間のものであった。ヘンリー航海王によって、もともとは、キリスト教世界の範囲を広げるようにと任命されていた、アフリカ沿岸沿いに進むポルトガルの遠征隊は、一四八〇年までに、東方への代替ルートを発見し、インド洋交易体制を開拓するという、明白な目標を持つようになっていた。そして、十五世紀の最後の年に、ヴァスコ・ダ・ガマがこれを成し遂げた。緊密に編制され、長い年月にわたり確立されてきた、それまでの交易体制は、もぐり商人を激怒するアラブ人とインド人によって独占されていた。もしポルトガル人が痛ましいほど説得力のある道具――これは、王にとっても商人にとっても、最後の手段であった――銃砲を装備していなければ、マレー半島やインドネシア多島海の香料の島にはもちろん、インドの西海岸にも、彼らが定住し自活したとは考えられない。前者の地域には、その後二十年もかからないという驚くべき速さで、定住したのである。

銃砲は、既に見たように、ルネッサンス期における陸上戦闘の発達の一要素にすぎず、最も重要なものというわけでもなかった。しかし、海上戦闘では、それは中心的であった。十五世紀までは、海上戦闘は、陸上戦闘の延長であった。戦闘の目的は、敵艦に近づき、乗り込み、乗組員を圧倒することであった。最も効果的な軍艦は、古代の場合と同様に、櫂《かい》で進むガレー船であった。それは、風や潮に頼らず自由に推進でき、敵艦に乗り込んで戦い、敵を捕える軍隊を運ぶことができた。広い収容能力を必要とした商船は、帆に頼り、ガレー船に比べて動きが悪く、商船相手の戦闘以外には役に立たなかった。十四世紀に商船が、当時利用できるようになった軽砲で装備し始めたのは、多分、商船相手の防御のためであった。軽砲は、後装式で、石の弾丸を数百ヤードとばし、弩手の有効な附加物にしかすぎないものであった。それは、弩手と同様に、船首と船尾の高い櫓《やぐら》の上に運ばれた。そこから、敵の甲板を、あるいは、敵が乗り込んできたならば必要に応じてその敵を、射ち下ろせるようになっていた。

しかし、次の十五世紀には、大砲が登場してきた。真鍮で一個に鋳られ、はるかに高度の爆発物を装塡《そうてん》した、さらに重い砲弾を発射できた。三百ヤード以上もの距離から発射された重量六十ポンドの鉄の弾丸は、人を殺害するだけでなく、マストを倒し甲板を突き破ることができた。舷側に搭載し、斉射すれば、船を沈めることさえできたのである。それは重すぎて、櫓の上に搭載できなかった。しかし、その火力によって敵が近づき乗り込むことを阻止できるのであれば、櫓の必要はまったくなかったわけである。かくして十六世紀には、陸上でも海上でも戦闘においては、火力が急襲に取って代わりはじめ、十七世紀には、海上でも陸上でも火力が支配的となった。商船でさえ、平甲板に沿って搭載した大砲によって、船首と船尾にしか砲を搭載できなかったガレー船に対し、自分を守る以上のことができた。そのため、やがて、軍艦と商船の差異はほとんどなくなった。両者の差異が再び生ずるようになるのは、十八世紀のことである。十八世紀には、砲の力が極めて重要なものとなり、軍艦が戦列で地歩を占めるためには、甲板に可能な限り多くの砲を積載しなければならなかったのである。やがて、船荷の運搬と戦闘の両方ができなければ、船を出帆させる価値がなくなった。それは戦争と発見と交易という三語がほとんど同じ意味をもつようになった時代であった。

交易と私掠船

未知の人びとを発見して彼らと交易するために、未知の海を航海する船が武装するのは、ごく自然なことであった。また一たび探検者が交易地を作ると、たとえ領土を取る意図のない所でさえも、ヨーロッパの競争相手に対してばかりでなく現地の顧客の予測しがたい心変わりに対しても、要塞を作って自衛しなければならなかったが、これもまたやむを得ないことであった。ポルトガルの東方における帝国は、単に散在する交易地から成っているだけだった。しかし、それは、新世界におけるスペイン帝国が巨大な内陸領との間で持ったのに劣らない、防備された通信手段を持たなければならなかった。ヨーロッパにおける彼らの敵国が外洋とそのかなたへと敵対行動を拡大し始めると、彼らはますますこの防護を必要とした。もしキリスト教徒と異教徒との間の戦争が輸出できるならば、キリスト教徒の間の戦争も輸出できたのである。スペインやポルトガルのカトリック教徒が、魂と同時に金を追求するという宗教的熱情と金銭的強欲の両方の理由から、東方や新世界へと導かれたとするならば、プロテスタントの敵国もまたそうすることができた。十六世紀の後半においては、西ヨーロッパの王朝的対立が宗教戦争へと拡大していったのである。

いずれにせよ、北西ヨーロッパからの冒険者たちは、遅かれ早かれ、イベリア人の独占に割り込んだことであろう。カスティリアの貴族が幸運を求めて海のかなたへ乗り出して行ったときと、まったく同じ社会的力がそこでも働いていた。小貴族は、国内の平穏化のため伝統的な仕事を奪われ、しかもインフレのため、伝統的な生活水準を維持することができなくなった。相続法によれば、土地財産は、分割されて経済的に成りたたない小部分化するか、一括して長男に残されるかであった。後者の場合、弟達は、自らの才覚か剣で身を立てねばならなかった。中央ヨーロッパでは、彼らは傭兵になった。また、海岸に行ける範囲内で、しかも宮廷に遠い地方——例えば、ノルマンディー、ブルターニュ、デイーヴォン、コーンウォール、ホラント、ジーラント——の小貴族は、海に向かった。これらの地方では、彼らは、貧しすぎて身を立てることができなかったのである。彼らがプロテスタンティズムに向かったのも、同じ歴史的諸力によってであろう。彼らはこのような傾向を持っていたために、「私掠船」を仕立て、ローマ法王の権威によって確立されていた独占を侵すことは、実に痛快な任務となった。フランスの宗教戦争、低地地方の反乱、イングランドのメアリ女王による迫害の記憶が、ユグノーやオランダ人やイングランドのジェントリーに対して、船を装備する動機を与えた。それらの船は、有効な「私掠免許状」(letter of marque)については携えていることもいないこともあったが、間違いなく砲によって武装されていた。それらは、スペイン領インド諸島に商品を密輸出入するためか、あるいはスペイン船を捕えるだけのために出帆した。イングランドの西部地方の家族の間では、アンドリュース博士がいみじくも書いたように、「プロテスタンティズムと愛国心と略奪は、事実上同意語となった」[2)]。そして、同じことが、ジーラントの小貴族やラ・ロシェル近くの田舎紳士についても言えた。堅実な商人も立派な廷臣もイングランド女王自身までもが、十六世紀の最後の三分の一の間には途方もない儲けを生むようになったこの事業に、よろこんで参加した。一五八〇年、スペインの王位とポルトガルの王位が統合されたとき、西アフリカから東インド諸島にかけてのポルトガル帝国全体が、また、恰好の目標となったのである。

まず最初に、それはオランダ人にとって恰好の目標となった。独立を求めてスペイン軍に対しますます絶望的な戦闘を強いられていたユトレヒト同盟諸州にとって、拡大しすぎてろくに防備されていなかったポルトガルの領地は、文字通り黄金の機会を与えた。ポルトガルの交易を略奪することは、スペイン王室からは極めて必要なその富の源を奪ったばかりでなく、オランダ人に対しては戦争遂行の資金をもたらした。一五九〇年代における東インド諸島への初期の交易遠征は、四百％に上る配当金を払った。一六〇二年に彼らは東インド会社を設立したが、それは、インド洋と東インド諸島にある一握りの交易点以外のすべての場所から、次第にポルトガル人を追い出していった。オランダの冒険商人たちにとっては、一六〇九年から一六二一年までの十二年間のスペインとの休戦は、確かに、間違いなく成功する一連の略奪の、ありがたくない中断であったわけである。休戦が終わったとき西インド会社が設立されたが、それは、ポルトガル人が十六世紀中に南大西洋に作り上げた、閉鎖的交易体制を奪取するためであった。この会社は、西アフリカから黄金と象牙を買い、恐ろしい条件下で奴隷をアフリカからブラジルに運び、そこの砂糖プランテイションで働かせ、こうしてできた砂糖をヨーロッパへ輸出した。このことからオランダ人は、彼らの利益の多くを呑み込むこととなる、ブラジルでのポルトガル人との長期にわたる無分別な領土戦争に巻き込まれた。しかし、それにもかかわらず、一六四〇年に再びポルトガルがスペイン王室から分かれて講和を求めてきたとき、東西の両インド会社は、それへの反対を請願した。東インド会社の理事たちは次のように論じている。「光栄ある当社は、ポルトガル人との戦いを通じて大きくなり、そのためにアジアの海上交易の多くを独占してきたのであります。当社は七百万から一千万の平均歳入を期待しています。もし同一の方法で続けることが許されるならば、上記の収入は年々さらに増大するでありましょう」[3]。オランダ商人にとっては、当時の他国の商人にとってと同様、戦争は見事に利益を上げていたのである。

ただし、十七世紀におけるオランダ人の富の成長に対する、これら海上貿易企業の寄与を、過大評価してはならない。東インド貿易の場合でさえ、全オランダ商船隊のたった〇・二%しか関わっておらず、西インドの冒険的事業などは、アムステルダムの堅実な運営役員には、常に怪しまれていた。[4] オランダ人の主要な交易はバルティック海沿岸諸国とのものであり、それはオランダ経済にとって死活的な重要性を持つものであった。その結果、スペインとの八十年戦争のさなかにも、スペインが必要とした海軍用品の運送業者として、幸運にも活動を続けた。スペインがこれらの海軍用品を必要としたのは、オランダ人の攻撃から自国の通商を護衛する艦隊を維持するためであった。また、オランダ人はこのことによって、スペイン陸軍からその国境を守る軍隊に支払う金を、稼いでいたのである。これは、当時の人びとにも後の人々にも訳のわからない措置であったが、実際すべての人びとを満足させるように働いた。

それにしても、オランダの海外企業は、申し分なく儲かった。一六三四年以後、東インド会社は、十二・五％と五十％の間を上下する、規則正しい配当を支払った。三十年戦争によってヨーロッパが陥った荒廃の中で、ユトレヒト同盟諸州をこのように快適なオアシスにした繁栄は、このことに非常に多くを負っていた。この繁栄によってオランダ人は、河川と要塞によって防護された安全を手に入れ、軍隊に賃金を支払い、それを訓練し専門化することができるようになった。かくしてオランダ人は、その後を追って力を蓄えてきた新しい海の捕食動物たちの、羨望の的になった。

オランダ人は、目ざとい商人よろしく、突っつきやすいところに行く傾向があった。スペイン人がフィリッピンや西インド諸島に建てたいよいよ手に負えなくなった要塞に対しては、歯を剝かなかった。というのは、ポルトガル人と異なり、スペイン人は交易者ではなかったからである。彼ら征服者がメキシコやペルーに行ったのは、そこに定住し、改宗させ、支配するためであった。しかも彼らの領地は内陸にあったため、新教徒の海の侵入者によって、煩わされはしなかった。しかし、スペイン人も、正貨不足だった中世ヨーロッパの空想に付きまとっていた、はるかに紳士的な富の源である黄金を求めてやって来ていた。彼らは黄金はそれほど発見できなかったが、それまで想像もできなかった量の銀を見つけた。このおびただしい量の銀は、スペインが一世代の間ヨーロッパを支配することを助け、また西ヨーロッパの経済体制を変えることにもなった。

この宝をヨーロッパまで運ぶ艦隊は、百年に近い間、スペインの敵の欲望を掻き立たせた。それらの艦隊を途中で捕えることは、それらがもたらす魅惑的な戦利品のためばかりでなく、スペイン経済の頸動脈を切る確実な方法だと思われたからでもある。これこそ、ホーキンス（Hawkins）とエセックス（Essex）がエリザベス女王に巧みに口説いた、戦略であった。エセックスは説いた。「わが国がスペイン王に与えるべき傷は、彼の富を途中で奪うことであり、それによってわれわれは彼の資力を断ち、彼の金で彼に対し戦争を仕掛けることができるのであります」[5)]。しかし、これは、言うは易く行なうは難し、であった。オランダ人ピート・ハイン（Piet Heyn）はまことに幸運にも一六二八年に、マンタンザスで全艦隊を奇襲してこれを捕獲したのである。この事件は、ヨーロッパにおけるスペインの信用を失墜させ、何年にもわたりスペインのカリブ海交易体制を破壊した。しかし、これを別にすれば、スペイン人が宝を守るために取ったたゆまぬ専門的な注意に対して、ホーキンス以後に続いた雑多な海賊による、突発的ででたらめでお粗末な計画に基づく運の悪い試みは、すべて失敗した。宝の船が再び落ちたのは、三十年も後のことであったが、それは、一六五七年ロバート・ブレイク提督（Robert Blake）の優れた専門的計画と組織的な海軍の手によってであった。

重商主義と戦争

西インド諸島における実際の利益は、略奪と海賊にあった。十六世紀の私掠船の船長たちは、十七世紀にはカリブ海でその地位を事実上制度化し、都合のいい旗を掲げて交易し無差別に襲撃した。カリブ海における最初のイギリスとフランスの定住地は、私掠船がそこから活動できるだけの、基地にすぎなかった。彼らに対して、海軍装備、技術的助言、保証つきの商品市場を提供したのは、オランダ人であった。イギリス人とフランス人は、また、はるか北方のカナダ、ニュー・イングランド、ニュー・ファウンドランドに定住した。その結果、これらの寒冷地帯における両者の紛争が十七世紀初期におけるヨーロッパの争いに付け加わった。しかし、さらにもう百年の間、カリブ海は、イギリスとフランスの注意の焦点であった。その間に、イギリスとフランスは、互いにまたオランダ人とも激しく競争しながらゆっくりと、略奪から、新しい富の源である砂糖の栽培へと、注意を移していった。

オランダ人は、敵対的競争体制に突入していたとしても、利益が得られる限り、不倶戴天の敵とでも誰とでも、獲物を分ける用意があった。他方、イギリス人とフランス人は、閉鎖的で敵対的で排他的な交易体制を作ることに、関心があった。両者とも、他者の破滅の上にのみ栄えると考えていた。フランスの大臣ジャン゠バティスト・コルベール（Jean-Baptiste Colbert）は、一六七〇年にルイ十四世に対して、腹蔵のない調子で次のように書いている。「(陛下は)、ヨーロッパのすべての国々に対して、利益になる戦争をしてこられました。既に、スペイン、イタリア、ドイツ、イギリス、その他の国々を征服し、それら諸国に大きな悲惨と欠乏を引き起こし、またそれらを略奪することによって、陸下の富を増してこられました。今やオランダだけが残っております……」[6]。彼の考えでは、フランスは競争相手の破滅の上にのみ、権力と富に達することができるのであった。これこそ十七世紀後半までにヨーロッパ中の風土病となった教義であった。

宗教的情熱、略奪の追求、正直な交易利益の希望が組み合わさって、それまで二百年間、ヨーロッパの拡大と海上競争を刺激してきていた。しかし、この組み合わせは、一六四八年の三十年戦争終結までに、国家権力による国家権力のためのあからさまな紛争へと、組織化され単純化されるようになった。紛争は、主として、オランダ人とイギリス人とフランス人の間で繰り広げられた。交易は、個々の商人の富ばかりでなく、国家権力をも増大するので、望ましいものと考えられた。国家権力が交易の保護と促進につぎこまれれば、さらに富を作り出すことができた。一六五一年第一次航海条例の際、あるイギリス人が次のように書いている。「いかなる国家にせよ、最大の交易量と船舶数を取得し維持できれば、海洋の主権およびその結果としての最高の世界支配権を手に入れ維持できるだろう」[7]。ところで、最大の交易量と船舶数を獲得しているように思われた国民は、オランダ人であった。とりわけ、一六四八年にウェストファリアの講和によってスペインとの八十年戦争が終わり、妨害されずに海上活動に集中できるようになった後では、なおさらであった。

オランダ人とイギリス人の間には、直接的で抑えきれない利害の対立があるように、当時の人々には思われた。公海上の漁業と議定書をめぐる争いは、単なる口実であった。根本的理由は、モンク将軍（Monck）が、何の理由でオランダ人に戦争を宣したのか、と訊かれたとき、彼が答えたと言われる言葉に表われている。「あれこれの理由など何の関係もない。われわれが欲しいのは、オランダ人が今持っている交易の、さらに多くの部分である」[8)]。こうしてオランダとイギリスの艦隊は、三度にわたる戦争で、北海という限定されたところで衝突したが、結局決着は付かなかった。両者は、このとき初めて、組織的な海軍の戦術と戦略を学び始めた。戦術的には、はっきりとした勝負の付かない出血の多い混戦を避け、その代わりに敵に先んじて横隊の位置を取り砲の効果を最大化する方法、また戦略的には、敵の政府と国民に直接圧力をかける方法としての封鎖の効用、である。

フランス人も遅れてはいなかった。コルベールは、既に引用した覚書の中で、次のように述べている。

「オランダだけが残っております、……そしてオランダは、大きな備蓄をもって戦っております。北方との通商は、多大の利益ばかりでなく、海軍力と航海術の高い評判を、オランダにもたらしております。また、東インド諸島との通商は、毎年現金で千二百万も、オランダにもたらしております。さらに、カディス、ギニア、その他数限りない所との通商があり、まさにここにこそオランダの力があります。……結局のところ才知とエネルギーから成るこの戦争、ヨーロッパで最も強力な共和国の略奪が勝利の賞金となるこの戦争は、直ぐには到底終わり得ません。つまり、もっと申せば、それは、陛下のご生涯を通じて傾注される大目的の一つであるべきだと、存ずる次第であります」。

戦争を「君主の最も立派で最も痛快な仕事」だと考えた国王の注意を引くために、コルベールは、軍事面を故意に誇張したことはあり得る。しかし、彼は、十七世紀後半に政治家にも商人にも一般に認められていたこと――すなわち、交易は戦争の一形態であるということ――を、多少はっきりと述べただけなのである。クラウゼヴィッツの名言を言い替えれば、「戦争は、他の手段を混じえた通商の延長」である。十八世紀初期のイギリスほど、この考えを強く持ったところはなかった。当時イギリスは、オランダに取って代わって、既にヨーロッパの指導的通商国家となっていた。百年前オランダ商人がスペインやポルトガルとの講和の見通しについて警戒心をもって見ていたが、それとちょうど同じように、一七四五年イギリス商人はフランスやスペインとの講和が成るかどうか警戒をもって見守っていた。彼らの一人は次のように述べている。「戦争は海軍によってのみ行なわれるので、彼らとは、平和状態よりも戦争状態を続けることの方が、概してわれらが王国のまことの利益である。……われらの通商は、一般的に言って、両国との自由な交流を許す平和の下にあるよりは、巧みに管理された厳しい海戦下にある方が、一層繁栄するのである」。同時代の別の著述家は、政府に対して、次のようなことをするように迫った。すなわち、「常に活動を続けるわれわれの敵の通商と航海を痛めつけて、彼らが交易上われわれとの儲かる競争を将来は維持できなくなるように――彼らはこれまであまりに長い間それをしすぎてきた――すべきだ」[9]と迫ったのである。もしコルベールが通商を国家権力の具と見たとすれば、これら商人たちは国家権力を、特に海軍力を、彼らの通商の増大に必要な手段と見たのである。

重商主義論全体は、その理論に優雅さと首尾一貫性を持ち、多くの優雅な経済論と違い、実践においても論駁されなかった。交易は実際富を生んだのである。もし政府が富をつかめば、それは艦隊と軍隊に変えられた。そして、艦隊と軍隊は、もし然るべく装備され指揮されれば、国家権力を現に増大させたのである。イギリスの著述家チャールズ・ダヴェナント（Charles Davenant）が十七世紀末に観察したように、「今や、戦争の術全体が金銭に還元できる。今や、最も勇敢な軍隊を持つ君主ではなくて、軍隊に衣食を与え俸給を支払うための金を最も上手に見つけることができる君主が、最も確実に成功と征服を手中にできるのである」[10]。一六八九年から一七一三年までの四半世紀にわたる戦争の間、イギリス軍とオランダ軍と大陸の同盟軍が、ルイ十四世のフランス軍とほとんど絶え間のない争い――富と権力の両方をめぐる争いであった――をしていたとき、最終的に勝利をもたらしたのは、資源とくに財政的資源を動員することができた、海洋国家の一層大きい能力であった。その戦争は結局のところイギリスの勝利に終わったが、それは、マールバラの指揮と陸海軍の専門的能力によるとともに、公債を募集し信用取引を確立するために創設された機構全体としてのイングランド銀行と大蔵省とに、依るところのものであった。その後のすべての戦争にも同じことが言えた。次の年の戦役のために資源が何も残されていなければ、大きな戦闘を仕掛けることはもちろん、勝つ見込みなどほとんどなかったからである。

ヨーロッパの諸政府は、社会の富を支配しあるいは徴収する能力と、それを用いて社会に対する支配の拡大を可能にさせる機構――官僚制度、財政制度、軍隊――を作り出す能力とを、発展させてきた。それは、十七世紀後期に始まり現代まで続いている歴史的時代の、中心的発展の一つである。その過程の進展は、戦争遂行手段に国家支配が次第に及んできたという事実に、他の場合と同じくはっきりとたどることができる。すなわち、前章で見たように、十七世紀初期には国家の支配を事実上免れていたヨーロッパ社会の暴力的要素にも、その支配が及んだのである。その結果、歴史家は、「戦争」や「諸戦争」についてよりも、「乱戦」(mêlée)［サー・ジョージ・クラーク(Sir George Clark)の言葉をかりれば］について、語らなければならない。[11]

このような言葉は、陸の戦争と同じく海の戦争にも、うまく当てはまった。十六世紀には、海軍の維持は、陸軍の保持よりも、さらに高くつく仕事であった。陸軍は、その都度雇ったり召集したり、戦役の終了時には解雇できたし、実際そうしたのである。しかし、水兵は必要に応じて雇ったり解雇したりできたとしても、軍艦は、戦争であろうとなかろうと、建造し維持しなければならなかった。資本の投資は巨大であった。また造船所、造船工、水先案内、海図作成者、兵器専門家などから成る下部構造が必要であった。彼らは、実際、有給で常雇いで専門的である仕事のまさに核を成していた。十七世紀後半にこのような軍隊を創建し、それに支払う金を見つけることは、サミュエル・ピープス（Samuel Pepys）やコルベールにも、難しかった。実際、百年前には、それは不可能であった。スペインは、アメリカの銀によって、その仕事を容易になし得たが、（海軍を充実しようとする）その努力によってエリザベスの政府は破産したのである。スチュアート朝が建艦税を再開してイギリス海軍を再興しようとしたとき、その結果は国家体制の崩壊となってしまった。

支払う資源がないときに海軍力を行使するには、何が可能であっただろうか。ヨーロッパのすべての君主は、同一の手段に訴えた。つまり、「私掠免許状」の発行である。これは、私船に対して、君主の敵を痛めつけ戦利品を取ることを認め、君主はその中から儲けの分け前を取った。かくして、私掠船は、ある意味で、傭兵隊長の海上版とも言うべきものであった。しかし、君主の敵を苦しめることを認められた私掠免許状所有の私掠船と、砲だけを装備して相手かまわず襲いかかる海賊との間の差異は、極めて怪しいものであった。そして、後者はおびただしい数に上った。一五九五年西インド諸島のスペインの役人は次のように嘆いている。「この四年間、……海賊は、これらが自分たちの国の港ででもあるかのように、数が多くしかも精力的である。……外から来る船は彼らから逃げられないし、港を出る船も彼らの目を逃れられない」[12]。しかし海賊はインド洋でもこれに劣らず盛んで、値ぶみもできないほど貴重な船荷を積んだオランダやポルトガルの大きな商船が、しばしば強奪《ハイジャック》された。北海やイギリス海峡では、海賊はダンケルクから行動していて、ほとんど妨害されなかった。バーバリ海岸の海賊は、地中海ばかりでなく大西洋でも、恐怖支配を行ない、ときには略奪やガレー船用の奴隷を求めてイギリス南海岸を襲撃した。十七世紀初期には、実際、「野蛮で無組織な紛争が繰り広げられる大きな領域が生み出されたが、自信をもってそこを移動することのできた者は、非常によく武装された者かあるいは非常に目立たない者だけであった」[13]。

政府が海賊の行動する根拠地にその支配を拡大するにつれて、この問題は解決されていったが、それは非常にゆっくりとしたものであった。一六五〇年以後、西インド諸島におけるイギリス、オランダ、スペイン、フランスの役人たちは、彼らの間の対立を抑えて海賊退治に協力し、その世紀の末までにはほとんど海賊は除去された。しかしこれらの諸国は北アフリカ沿岸を支配できなかったので、海賊はそこから十九世紀まで活動を続けたのである。こうして、ヨーロッパの交易者が出かける時には、争いを求めていようといまいと、争いを予期する必要を学んでいたので、武装して行った。

国家の補助兵器としての私掠船は十九世紀まで残っていたが、軍艦が速くなり一層強力に備砲されるにつれてその価値は下がり、遂に装甲軍艦の出現とともに消滅した。しかしそれは、通商襲撃手段として、ナポレオン戦争までは価値があった。それは、一七〇一年から一七一四年にかけてのスペイン継承戦争においてフランスが行なったような規模で支援され奨励されたときには、特にそうであった。

この「私掠戦」(guerre de course)においては、私的な通商資源を国家政策の具として動員するというコルベール流の原則が、もう一人の偉大なフランスの戦略思想家セバスチャン・ル・プレストル・ド・ヴォーバン(Sebastien Le Prestre de Vauban)によって注意深く考案された戦略の追求という形で、論理的かつ効果的に受け継がれた。フランスの私掠船は、大きな交易会社にならって、国家事業として組織された。資金は私的資本が供したが、船は王室が供し、王室の兵器庫によって装備され、乗組員も召集されて軍律に服従させられた。これらの私掠船は、フランス海軍と密接に協働した。軍艦の方はイギリスとオランダの輸送船を攻撃して船をちりぢりにさせ、私掠船の餌食にした。他方、私掠船は、敵に対して、交易の継続が引き合わなくなるほど高くつく防御手段を取ることを強いるような規模で活動した。それらは主としてイギリス海峡と北海で活動した。それでも、「それら(私掠船)は、オランダ捕鯨船を撃破するためにスピッツベルゲンまでも、ブラジルからのポルトガルの交易を阻止するためにアゾレス諸島までも、極東からのオランダとイギリスの船荷を求めてセント・ヘレナまでも、行った」[14]。ジャン・バール(Jean Bart)、ド・フォルバン（de Forbin）、デュギ・トルアン（Duguay Trouin）の遠征隊は注意深く計画され、しかも十分すぎるほど装備され、百年前のドレイクやホーキンスの突発的な仕事とは、非常に違ったものであった。

しかし、国家の富と力を増すために私的事業に対して行なわれた国家支援のうちの最大の例は、特許会社である。中でも一六〇〇年に創立されたイギリスの東インド会社は、最も古く最も長く続いた。これを真似て、二年後にはオランダ東インド会社が、一六二一年には既述のようにオランダ西インド会社が設立された。十七世紀初頭、北アメリカに植民するために創られたいろいろなイギリスの会社は、法廷と総督を有し、また次のようなことをするための全権を得ているという点で、同類のものであった。それは、外国の有力者と交渉したり、戦争か講和かを決めたり、守備隊を創設したり、武器を購入したり、軍隊と艦隊を募集したりするための全権であった。フランス人はオランダ人に比べ、真似たのは遅かったが、コルベールが登場すると、まさに情熱的にその後を追った。国家がいずれいろいろな形で多大な配当を得ることになるオランダやイギリスの会社は、もともと、私的富の促進のためのものであった。しかし、コルベール自身によってその作戦をあまりに微細に監督されすぎたフランスの会社は、あからさまに、フランスの権力の具であり代理であった。マダガスカルに倉庫を持ったフランス東インド会社は、一六六四年、インド洋で競争するために作られた。同年に作られた西インド会社は、西アフリカからカリブ海を経て北はカナダまで通用する令状を持っていた。北会社（Compagnie du Nord）はオランダ人からバルティック交易を巻き上げるように、レヴァント会社は地中海を支配するように、意図された。コルベールが公然と軍隊と書いたこれらの会社が設立されたのは、コルベールがルイ十四世にその生涯をかけるように強いた、特にオランダ人に対する戦争のためであった。これらの会社が、オランダやイギリスなどの競争相手のように繁昌できなかったのは、多分、それらがあまりに国家権力の具でありすぎたからであり、またあまりに中央に支配されすぎていたからであろう。

これらの特許会社は、十九世紀まで、金はもちろん戦争と平和をもたらし、世界を舞台に独立主体として海外活動を続けた。しかし、十九世紀には、アフリカ内部の開発によって次の世代の特許会社が創設された。その活動は、ベルギーのレオポルド二世やセシル・ローズ（Cecil Rhodes）のようないかがわしい人物の指揮の下に、ほぼ今日に至るまでこの現象を持続してきた。カタンガのユニオン・ミニエールの活動を考えれば、それは今日においても続いていることが理解されよう。

しかし、十八世紀までに、これらの会社の好戦的活動は、小規模の私掠船の活動と同じく、ますます国家の支配に従属し依存するようになった。ヨーロッパ列強の海軍は、まったく専門的になり、軍艦は王の造船所で作られ、専任の正規の士官によって指揮され、型は分類され特殊化され、活動は中央で計画された戦略に合わせて調整され統制された。それらの戦略の眼目は、常に、自分の交易の利益になるように敵の交易を制限することであった。交易保護と封鎖は、常に、海軍の時間と注意の多くを占めることになった。しかし、そうだからといって、一七四一年から一八一五年までほとんど間断なく続いた英仏間の大海軍戦を、同じく「商人の戦争」だと分類することはできない。ボスコーエン（Boscawen）とホーク（Hawke）、ロドニー（Rodney）、ネルソンのような人々は、たとえ「捕獲賞金」が海軍の手当の貴重な部分であったとしても、自分達のことを、国家にその奉仕を賃貸して売上の分け前を得る商人だとは考えなかった。彼らは実際に専門的海軍士官であるか、あるいは自分ではそうだと考えていた。彼らが実際にそのために戦い、あるいは戦っていると考えたものは、彼らが「国」（country）と呼ぶものであり、その威信、富、偉大さ、権力であった。十八世紀末までには、専門主義と愛国心が、ヨーロッパ諸国間の戦争における主要要素となったのである。

第４章　専門家の戦争

専門的軍隊とオランダ

十八世紀までに、ヨーロッパの戦争は、今日われわれがよく知っている類の専門的軍隊によって行なわれるようになってきていた。将校は、名誉あるいは封建的義務という考えで戦う戦士階級の一員でもなければ、彼らに俸給を支払う者なら誰のためにも仕事をする傭兵でもなかった。彼らは、国家の役人であり、規則正しい雇傭と俸給と出世の見込を保証され、平時であれ戦時であれ、国家（state）あるいは（もっと情緒的な言葉を用いれば）「国」（country）への奉仕に身を捧げていた。これら専任の専門家の発展とともに初めて、社会の「軍」と「文」という要素の間に、明らかな違いをつけることができるようになった。

それらの発展は、漸進的なものであり、一様ではなかった。プロイセンの将校団の間では、「将軍」（War Lord）に対する個人的義務という封建的な、前封建的でさえある考えが、二十世紀にまで強く残っていた。革命までのフランス将校団は、大体、けんか好きでわがままな貴族から成っており、彼らに対して国家の官僚は長い戦いを続けねばならなかった。イギリス陸軍は、それぞれ独立しかつ雑多な連隊の集合から、集権化され統合された軍隊へと発展してきたが、それは今日でもなお完全というには程遠い。しかし、一七〇〇年までには、本質的な骨格は存在していた。平時にも戦時にも専任軍隊を維持し続けること——つまり、支払い、養い、武装させること——に責任を負い、しかもその能力のある国家機構が存在していた。また、自分達自身の明確な下位文化《サブ・カルチャー》を持った人々から成る、統一的な階層組織が存在していた。彼ら軍人は、機能によってばかりでなく、習慣、服装、外観、人間関係、特権、さらにはその機能が要求する責任によっても、社会の他の人々とは画然と区別された。

国家の権力と組織の発展がこのような専門的軍隊を可能にしたのであるが、他方、軍事的実践と技術の発展が機能の点からもそのような軍隊をほとんど不可欠なものとしたのである。この相互作用を記述するとき、同時に発展したもう一つの相互作用を無視できない。専門的軍隊の発展それ自体は、国家が社会の諸資源に対してさらに統制力を得たことによって、可能になったのである。他方、そのような専門的軍隊の発展は、対外的防衛のみならず対内的強制の具としても役に立つことから、国家が社会の資源に対してますます大きな支配を獲得することを可能にした。[1] これがもう一つの相互作用の図式である。軍隊は、嫌がる議会に無理やり補助金を議決させ、嫌がる納税者に無理やり税を払わせて、自らの増強を図ることができた。そのような軍隊の存在は、王の手中に残された警戒すべき力であった。その結果、イギリスの一六八八年体制の創設者たちも、また一世紀後には大西洋対岸の模倣者たちも、これに恐れをなし、平和時に軍隊を維持する行政府の権限を非常に制限した。ここではほんのついでにしか言及できないが、イギリスのような国とプロイセンのような国との間には、憲法や政治の体制だけでなく、文化様式全体の相違が存在するのである。すなわち、幸運な地理的位置によって何世紀もの間軍隊を必ずしもなくてもよいぜいたくだと見なしていたイギリスのような国と、ドイツの歴史家ハンス・デルブリュック（Hans Delbrück）が「軍隊の発展の歴史は……同時にプロイセン国家の歴史である」[2)]と書くことのできたプロイセンのような国との間の相違である。

前章で示したように、専門的軍隊の発展でリードしたのはユトレヒト同盟諸州であった。オランダ人は、海外交易から得た富によって、年間を通じて軍隊を武装させることができた。そのようなことができた国は、十七世紀初期では、ほとんど彼ら一国だけであった。そして、オランダ人は兵士に規則正しく十分に俸給を支払えたので、ヨーロッパの他のすべての傭兵が沽券にかかわるものと考えた二つのことをさせることができた。二つのこととは、塹壕を掘らせることと訓練させることであるが、この二つの活動は防御側の力を増大するのに非常に重要であった。

第一の活動の重要性は自明である。連続した塹壕線の創設と維持は、水路によって得られる自然の防御とクーホルンによって作られた恒久的要塞と組み合わされて、ユトレヒト同盟諸州を非常に長い間難攻不落にした。第二の活動である訓練は、主として、戦場における火力の重要性の増大と関連していた。オラニェ公モーリッツ（Maurits）は、十六世紀の末に、火力は衝撃《ショック》というよりむしろ決定的要素であり、槍《パイク》はマスケット銃を守るものであってその逆ではない、ということを最初に理解した。かくして、火力を極大化する隊形と、統制されしかも不断の発射を確保する手順の双方を、工夫することが必要であった。十六世紀では当り前になっていた防御狙撃の「袖《そで》」（sleeves）をもつ、数千の槍《パイク》方陣の代わりに、モーリッツは約十列のマスケット銃手の細長い隊形を採用した。その隊形は騎兵の襲撃に対してマスケット銃手を守るだけのために入れられた槍《パイク》隊をもち、銃手は（発射すると）次々に回れ右をして隊伍の後ろにつき、再装塡するというようにして、最前列は常に不断の火力を発射することができた。

戦闘行為のこのような発展は、戦場それ自体における非常に高度な統制を必要とした。運動の統制、火力の統制、とくに兵士の自制（軍隊は大きな塊状に密集するのではなくて、損傷を受けやすい列状に並べられたから）である。このために訓練が必要であり、訓練以上に規律が必要であった。規律という考えはあまりに軍事生活についてのわれわれの考えの一部になっているので、それが十七世紀ヨーロッパの戦争に現われた新しい現象であることを知ることはむずかしい。封建騎士は全体として見事に無規律だった。傭兵《ランツクネヒト》やスペイン部隊《テルシオ》も同様であった。彼らは、道具をもってやって来て、仕事をするだけの人びとであり、お互いに、身分ではなく機能で区別される、対等な者同士だと見なしていた。規律は歓迎される考えではなかった。俸給にもかかわらず、ユトレヒト同盟諸州に雇われた軍隊からの脱走の割合は高かった。もっとも、規律は必ずしも新しい考えではなかった。軍隊の組織と展開についての考えはギリシャ人とローマ人に由来していたから、モーリッツは同時代の多くの教養ある軍人と同様、古代の軍事教科書——特にしばしばリプリントされたアイリアノス（Ailianos）とウェゲティウス（Vegetius）の著作——を調べた。これとまったく同じ様に、彼の一層学問的な協力者たち——とくにライデン大学のユストス・リプシウス（Justus Lipsius）——は、ストア学派の哲学者を再発見した。自制、自己犠牲、権威への服従についてのストア学派哲学者による教えは、範たるローマ軍の機構と必要な対をなすものであり、この精神だけがローマ軍を動かせたのである。自己犠牲と服従というこのストア哲学は、プロテスタンティズムのまじめな生活様式と、よく調和した。それは、オランダ軍、スウェーデン軍、スコットランド軍、ブランデンブルク軍、また少なからずイングランドの新型軍に、受けいれられたが、スペイン軍、フランス軍、イタリア軍ではそれほどでもなかった。後者の間では、個人主義、名誉心、兜の前立（panache）への嗜好、栄光の追求が、支配的役割を果たし続けていた。

グスタフ・アドルフによる改革

モーリッツとその仲間は、これらすべての問題を研究し議論し、隊形を練習し、軍隊を訓練し、また実際に、プロテスタントの貴族を新しい原則で教育できる士官学校をジーゲンに創った。もっとも、参加した戦争が稀なために、それらを実地に試みる機会はあまりなかった。しかし、モーリッツの弟子の中にスウェーデンの貴族ヤコブ・デラガルディ(Jacob Delagardie)がおり、彼は王子の軍事教官になったが、その王子こそ一六一六年スウェーデン王になったグスタフ・アドルフである。グスタフ・アドルフは生涯の最後の二十年を戦うことに費やした。彼は、最初はバルト海沿岸のスウェーデンの隣国と、次いで北方へと拡大してスウェーデンの領地そのものに向かって触手を伸ばし始めたハプスブルク家の侵入軍と、戦うことになるのである。このようにしてグスタフは、オランダ学派の訓練を実践し発展させる一層大きな機会を得た。彼はそれに対応するために異なった種の軍隊を持った。

封建制は、多かれ少なかれ、スウェーデンを迂回した。湖と森の中でスウェーデン人は、軍役に対する一般的義務を、軍事組織の有効な形として維持することができた。そのような義務については、イギリス人とドイツ人は、ノース人やマジャール人の襲来前の九世紀に、捨てることをよぎなくされていた。十六世紀にヴァザ朝は、これを、デンマーク人とポーランド人に対する長い戦役を持続することができる軍隊を供するために、組織的徴兵へと制度化していった。かくして、グスタフが王位に就いたとき、彼は、同時代人の眼には古くさく見えたにちがいないが、われわれには少なからず近代的に見える国民軍隊を手にしていたのである。グスタフはそれを効果的な長期服務軍隊に変えた。軍役は二十年続いたが、十人中一人だけが召集され、残りのものはその一人の装備を供するように税をかけられた。こうしてスウェーデン軍は、実際には、長期服務正規軍から成る軍隊であった。地方共同体が兵の割当をあてがう責任を負ったが、次のような場合には軍役は免除された。ヨーロッパの後の徴兵法と同様に、免除は、寡婦の一人息子、兄弟が既に服務している男、鉱山と兵器工業の労働者、貴族（どうせ将校として勤務する）、および僧侶に対してであった。この軍隊は、国内にいるときは、王の金庫から支払いを受けなかったが、秩序だった組織化された方法で、その領土から糧食を得た。海外に行くときは支払いを受けねばならなかったが、国内の場合に比べ事はずっと困難だった。スウェーデンは貧しい国だったので、俸給は直ぐに滞った。グスタフは、国内での守備任務には自分の軍隊を使うが、大部分の戦闘を行なうためには、その土地の傭兵に頼る方が、実際安上りなことに気づいた。一六三二年彼が死んだとき、彼の指揮下にあった十四万の兵のうち、実際にスウェーデン人だったのは、十分の一以下であった。残りは、ドイツでの現地召集によったか、あるいは、ザクセン・ヴァイマールのベルンハルト（Bernard）のように、傭兵でもあり同盟者でもあるような、給料を支払わねばならない同僚によって供せられた。しかし、すべての者は、スウェーデンの戦争体系を採用し、それによって訓練された。その有効性は、一六三一年にブライテンフェルトの戦闘でハプスブルク軍に対して劇的な勝利をおさめたときに、示された。ハプスブルク家のこの敗北は、ヨーロッパの勢力図を変えることになった。

グスタフは次の年に死に、彼の軍隊はその後ゆっくり解散していった。しかし、彼は戦争遂行の一つの型をもたらしたのである。ヨーロッパ諸国は、それを手に入れようと熱望し、その世紀の間に次第にそれに成功していった。彼の長期服務兵は、将校も兵も、王によって支払われ、着せられ、武器を与えられ、装備され、王自身かその代理によって指揮された。規律は厳しく、軍事法廷によって強要された。供給と兵站は国家の責任だと認められた。それが国土をはるかに離れているため、スウェーデン国家には維持できないほど重い負担だったとしてもである。そこで、スウェーデン軍は、三十年戦争において少なくとも初めのうちは、他の軍隊に随伴した軍隊そのものの何倍もある非戦闘従軍者の一団などなしに、運動することができた。彼らは、戦場では、オラニェ公モーリッツが訓練した横列隊形で展開した。しかし軽いマスケット銃と不断の訓練によって発射と装塡の速度は著しく早くなり、歩兵の隊形の深さは十列から六列あるいはそれ以下にさえ減らすことができた。マスケット銃手は、稀にまた非常の場合には、全体の一斉射撃さえできた。

騎兵と砲兵もまた変化した。スウェーデン騎兵は、優雅だが非能率的なカラコール戦術の代わりに、白兵を使うことと、規律正しい集団となって剣を持ち急襲することを、再び学んだ。それは、中世の騎士よりも一層集中され一層統制されたため、一層恐るべき衝撃の道具となった。それは、オリヴァー・クロムウェル（Oliver Cromwell）の鉄騎兵が（ピューリタン革命時の）内乱で完成することになる戦術であった。

砲兵については、グスタフは、その根本的欠陥である機動性の悪さを克服するため、たえず努力を重ねた。その答えは、砲の射程は必ずしも砲身の長さとともに増大しないということ、有効性を減殺せずに砲身の長さは半分にでき、重さも半減できるということの発見によってもたらされた。この発見と、スウェーデンの製鉄業者ルイ・デ・ギール（Louis de Geer）——十七世紀前半西ヨーロッパの経済生活を支配した大実業家——によって導入されたその他多くの大砲鋳造上の改良とによって、機動的な野戦砲の導入が可能となった。それは、戦場で動かせ、必要なら人力で動かせる砲であった。それはまた、状況に応じて歩兵に対し実体弾か散弾を発射でき、その発射速度は、それまでは一時間に二発か三発だったのが、いまやマスケット銃とも遜色がなくなってきた。

最後に、中でももっとも重要な革新は、これらの三兵種——歩兵と砲兵は火力を、騎兵は攻撃の衝撃を、それぞれ最大化しながら——は、戦場で協力して機動するように教練されたことである。それは非常に困難な作戦であり、明察で機敏な指揮官ばかりでなく、階層的統制と即座の規律ある反応との統合された構造もまた、必要であった。当時それはほとんど達成されていなかった。しかし、グスタフの軍隊でも、グスタフ自身がその場にいなかったときは、それはごく稀にしか達成されなかった。古代のより単純で小さな紛争以来ほとんど初めて、戦闘の初めばかりでなく、その全期間を通して、軍隊は統制する単一の意思の具になることができた。テュレンヌ（Turenne）、ルクセンブルク（Luxemburg）、モンテクッコリ（Montecuccoli）、サヴォアのユジェン（Eugene）、そして中でも偉大なマールバラ公ジョン・チャーチル（John Churchill）など、多くの傑出した将軍たちが十七世紀後半に出たのは、十七世紀前半のこれらすべての発展のおかげであった。

兵器の改良

以上のようにグスタフは、ある方法の青写真、すなわち見通し——これ以上強く言うのは賢明ではない——を示したのである。戦争はそれまでもそうであったし、戦争の趨勢から将来においてもそうであろうが、果てしないまた全般に及ぶ暴力へと変質していくものである。彼はこのような暴力を全面的統制下に置くための方法を示したのである。すなわち、ヨーロッパ社会に充満した暴力要素を、いかにして、発展しつつある国家機構の合目的で合法的な用途に向けさせ、それを促進させるのか。いかにして山賊を兵に変えるのか、すなわち、無秩序な暴力を、正当だとされる価値体系によって容認された権威による、理性的で統制された力の行使に変えるのか。これらの問題が解決されるまでは、ヨーロッパの秩序ある国家体制は、実際不可能であった。しかし、それは、国家機構それ自体がかなり改良されるまで、解決できなかった。世紀の終わりになってようやく、この可能性は、かすかではあったが達成された。すなわち、その頃までにヨーロッパ諸国は専門軍に俸給を支払うようになっていたが、これら専門軍は、国家の倉庫から必要なものすべての供給を受け、市民にではなくて、主に同じ専門軍に対して戦闘をし、自制と技倆をもって作戦できる将軍によって指揮されていた。実際、エドワード・ギボン（Edward Gibbon）が十八世紀に自己満足をもって書くことになった、「度を過ごさず決着を付けない戦い」（temperate and indicisive contests）の時期までは、である。

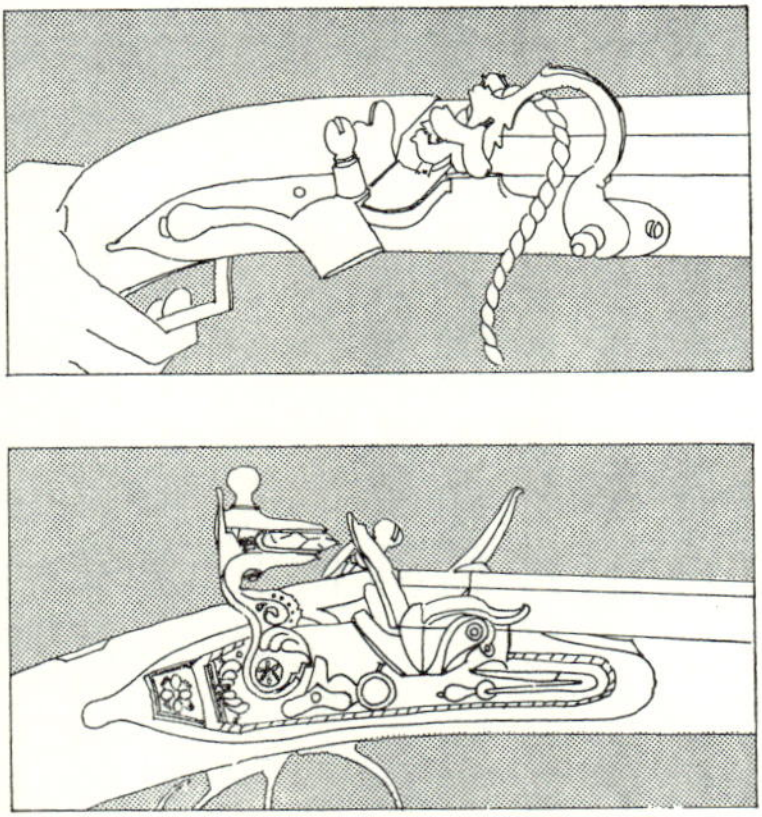

図—13（上）火縄式マスケット銃（下）火打ち石式マスケット銃

それまでに、兵器技術のうえに、さらに二つの変化が起こっていた。一つは、厄介で気まぐれな装塡方法をもつ火縄式マスケット銃に、火打ち石式マスケット銃が取って代わったことである〔図—13〕。その簡単で頑強なメカニズムは、一分間に三発の発射と、斉射能力をもつ三列編制を、普通の歩兵隊形とすることを、可能にした。もう一つの変化は、輪付き銃剣の発明で、これによって歩兵はそれぞれ自分自身の槍《パイク》手になることができ、その結果戦場から槍《パイク》をまったく除くことを可能にした。これら二つの発達は、十七世紀の最後の二十年間に起こった。そこで、十八世紀のはじめにマールバラの下で戦った兵士たちは、百年後ウェリントンが利用できたものと、事実上同じ兵器をもって戦った。それは、連続発射ができ、地歩を占めている限り騎兵の襲撃に対して不死身である、長くて薄い横隊——フランス人のいわゆる l'ordre mince ——で展開した。

しかし、これらの隊形が敵の火力で壊されると、歩兵は、騎兵の思うままであった。そこで、剣あるいはサーベル——東ヨーロッパからの輸入品——あるいは槍《ランス》で武装した重騎兵は、依然として有効な兵種であった。また、トルコ軍との戦争で常に必要であった小競合いと偵察のための軽騎兵は、ハプスブルクの軍隊を経由して、東ヨーロッパから伝わってきた。他方、機動力のある火力は「竜騎兵」(dragoons)によって提供された。竜騎兵とは、彼らが武装した軽いマスケット銃に因んで命名された騎兵で、名前が意味するように、国内威圧のためにも使用された。

大砲について言えば、グスタフ・アドルフ以後の改良の経過は、十八世紀までは非常にゆっくりとしたものであった。十八世紀にフランス人はまた他に先んじた。砲兵監ジャン＝バティスト・ド・グリボーヴァル(Jean-Baptiste de Gribeauval)の監督下に、大砲は標準化され、部品は互換性を持たされた。装薬の改良は射程を、照準器の改良は正確性を増大し、また、軽い砲架は動かすのに必要な牽引力を大幅に軽減することによって、いかなる必要な地点にも集中することができるようになり、大砲は戦場の内でも外でもまことに順応性のある兵器になった。しかし、どんな技術的進歩よりも重要だったのは、砲兵自身に生じたものであった。彼らは、その邪悪な技術の不可解な専門的事柄にのみ関心がある、文民の専門家集団だとは見なされなくなった。戦争に対する彼らの姿勢が多少科学的だとしても、彼らは、ヨーロッパの全軍隊において、他のものと同様に制服を着用し規律をもった軍隊の統合された一部門となった。ブリアンヌ士官学校の砲兵候補生の優等生の一人が、若いコルシカ人ナポレオン・ボナパルトであった。

官僚制と軍隊

兵器技術の発達だけでは、グスタフ・アドルフの時代からフリードリヒ大王の時代までのヨーロッパの戦争に表われた変化に関する、適切な説明にはならない。本当に重要な変化は、軍隊が使った道具の中にではなくして、軍隊自体の構造と軍隊を使った国家の構造の中に起こった。もし兵器の改良を十分に利用することができる専任の専門家がいなければ、そしてまた、一層重要なことであろうが、もし兵器の開発について決定し、それらの生産と補給を調整し、その支払をする地位に、専任の国家官吏がいなかったならば、実際、兵器の改良がそもそも起こったかどうかさえ疑わしく、ましてや十分に開発されたものははるかに少なかったであろう。

すべてこのことの開拓者はフランスであった。グスタフ・アドルフが与えた青写真を取り上げたのはブルボン王家であった。彼らは、十分な機能を発揮する軍事機構を、世紀の末までに発展させた。ヨーロッパ各国も、彼らに圧倒されないためには、彼らの真似をしなければならなかった。

王家は破産しその社会は半世紀の内乱から十分に回復していないフランスが、ヨーロッパでまたリードを取ることができるなどとは、一六三一年にグスタフが死んだときには、あり得ないことのように思われた。ヨーロッパ政治という点からすれば、フランスは取るに足らないものであった。しかし、フランスが達成したような回復は、内乱を終わらせるという点ではアンリ四世の成功と、対外紛争を回避する――もしこれが不可能であれば、代理人によって戦う――という点ではリシュリューのお蔭であった。中でも最大の代理人であったグスタフが死んだとき、リシュリューが覚ったことは、もしスペインとオーストリアというハプスブルクの力がヨーロッパで支配的になるべきではないとするならば、フランスは軍隊を改良して自ら戦場に出る必要に直面している、ということであった。

それは恐るべき仕事であった。フランスの王座は、支配下にある雑多な地方に対して、ほとんど統制権を持っていなかった。それは、内乱の間に独立する習慣が根深いものになってしまったけんか好きの貴族からは、その名目的忠誠だけしか期待できなかった。行政事務組織を全然持たず、またとりわけ重要なことには、金がなかった。利用できるような金——三十年戦争を通じて一万二千を越える兵を養えるほどにはならなかった——は、連隊長に一括して渡さねばならなかった。連隊長は、連隊を召集し、部下への支払と装備には完全な責任を負ったが、当然のことながら雇主と自らの指揮下にある兵の双方をごまかした。そこで、フランスが戦場に投入することができた小部隊さえも、俸給の支払がないと、絶えず消散してしまった。上級将校は貴族たちであったが、彼らは王への忠誠を認めるのを嫌がり、しかも互いの指揮下で勤務するのを拒否し、戦場でも公然と時には派手にけんかをした。その中でも最も著名な人物であるコンデ公の行動——彼は、戦争の真最中にフランス王からスペイン王に、鞍替えをした——は例外的ではあったが、この種の行動は、奇妙なあるいは非難されるべきものとさえ、決して考えられなかった。不都合ではあったが、それは、本当の大貴族ならば取ると予期された行動であった。

破産、無規律、腐敗、これらは一六四八年以前には——実際には一六六〇年にルイ十四世が即位するまでは——、他の多くの軍隊と同じく、フランス軍の特徴であった。しかし、一六八〇年までに、フランス軍は約三〇万に達し、ヨーロッパの驚異になった。数年後、それは、ヨーロッパの全列強を包含する同盟に対抗して、四半世紀もの間、光輝と献身をもって持ちこたえることができるようになった。このことはどのようにして達成されたのか。

基本的には、それは二人の有能で疲れを知らない官僚の仕事であった。ミシェル・ル・テリエ（Michel le Tellier）は、一六四〇年代と五〇年代に、この仕事の基礎を築き、彼の息子のド・ルヴォワ侯爵（Marquis de Louvois）は、ルイ十四世の下でそれを続けた。彼らの仕事は決して完全ではなかった。彼らの生涯は、完全には克服できなかったが、濫用に対する絶えざる攻撃から成っており、それらの多くは彼らの死後に再び力をもり返して現われた。しかし、一七〇〇年までに、王の支配は有効に主張されるようになった。独立し規制もできず非能率的な部隊の寄せ集めの代わりに、何十万の兵を戦場に投入してそれを何年も維持する力をもつ、単一の中央集権的管理機関を持った規律的で統合的な組織ができた。

もちろん、彼らの成功の完全な説明には、コルベールによってかくも丹精を込めて育てられたフランス社会の増大する富を、考慮に入れねばならないであろう。農工業、内外の通商、能率のよい課税と物品税によって金を手に入れることができた財政制度の発達、などの改良であった。しかし、金は、それ自体では軍の有効性を改良できなかった。実際、軍事管理機関が改良されなければ、より多くの金が、連隊長や、軍隊の必需物資を供給する契約者の手に、着服されただけであろう。ル・テリエとルヴォワも、これらの連隊長を作戦の主体とはした。彼らは、連隊を召集し俸給を支払い、そのことに関わるすべての財政的リスクを担う仕事をした。しかし、彼らは、連隊長がその俸給を契約した兵が本当にいるかどうかを確かめるために、できあがった結果を調べた。そして、装備と供給および作戦遂行の両方に対する責任を、連隊長の支配からはずした。王は、戦場で連隊を指揮する中佐と、より重要な隊形を指揮する将軍を任命した。これらの将校の間の反抗は、王による免官によって罰せられた。解任される前に辞めることでこの不名誉を避けようとした二、三の貴族の指揮官は、大逆罪（lèse-majesté）でバスティーユに送られた。将校は、とにかく任命される前に、近衛部隊でマスケット銃手として勤務しなければならなかった。そして、歩兵全体にわたる演習、規律、訓練の規準は、模範連隊によって作られた。その連隊の連隊長は、軍全体の監察総監（Inspector General）として行動し、彼の名声は、不愉快にも、フランス語と英語の単語――「やかまし屋」（martinet）はド・マルチネ氏（M. de Martinet）に由来――を増やした。

しかし、最も重要な革新は、軍を管理する文民官僚制の創設であった。当時何かを管理する正規の官僚制がなかったことを考えると、注目すべきことであった。王は、通常、官職を即金で売るか、自分がしてもらいたいことと交換に個人あるいは団体と契約した。してもらいたいこととは、税金を徴収することとか、軍隊を召集したり装備したりすることとか、兵器を作ることとか、あるいは、前章で見たように王の敵を痛めつけるために私掠船を装備することとかであった。この官僚制――経理部（intendance）――は、リシュリユーの時代に、査察官あるいは監督官という正規の制度として始まった。彼らは、軍を訪問するか駐在し、補充を検査し、食糧と弾薬と金の規則正しい支給をできるだけ確保し、陸軍大臣に報告した。ル・テリエは、これを完全な行政機構に拡大し、それを息子が使うことになった。これらの官吏は、食糧と兵器と装備のためのすべての契約を、交渉し取締まった。装備には「制服」が含まれたが、これも、国家がこのように大規模に衣類を供給する責任をとるとなると、当然の避けられない発展であった。彼らは、フランスを、経済的潜在力によって査定されて決められたいくつかの地域に分割し、その各地域において、軍隊に食糧と宿舎を与えることがしっかりと組織され、恒久的倉庫と兵器庫が作られた。二か月ごとに、彼らは、各連隊を訪ね、それらの力、兵站部、俸給を調べた。戦役にあたっては、彼らは、軍隊に随伴し、できるところでは倉庫から、できないところでは現地調達によって供給した。現地の住民は、これらの官吏の調達を不愉快に思ったが、兵士が自分で調達するのに任せるよりはずっとましであった。監督官は、彼らによってプライドを傷つけられる上級指揮官をはじめとして、その勘定を調査される下級士官にいたるまで、軍のあらゆるレヴェルで当然ながら嫌われた。しかし、不平を言っても無駄であった。彼らの後ろには精力的で無情なルヴォワがおり、そのまた後ろには、上級指揮官の諫言と下級指揮官の悪口に対して、彼を支持する王がいたのである。

しかし、経理部の仕事を過大評価してはならない。フランス軍の能力は、今日の標準ではなくて当時の標準に照らして、判断されなければならない。偉大なセバスチャン・ル・プレストル・ド・ヴォーバンは、フランスにその国境を防衛する完全な要塞制度を供したが、それは、フランスに軍隊を供したルヴォワの業績と同じように、顕著なものであった。彼は世紀の末頃に、「豚のように住み、半分裸で、しかも餓死しそうな」フランス軍の状態を考えると、王家が心配だ、と書いている。一人の強力な人間の意思、あるいは一群の強力な人々の意思さえも、後の十九世紀に大官僚組織の行政的専門技倆を極度に伸長させることになる諸困難を、克服できなかった。腐敗がなおさかんで、補給体制もこわれていた。そうした場合に苦しんだ人々は、軍隊が宿泊した土地の、不幸な農民や町の住民であった。さらに、ヨーロッパが一層秩序だって繁栄するようになり、農業、商業、工業、知的職業などに一層多くの魅力的な出世の道が開かれるにつれて、社会的脱落者や犯罪者や知的障害者以外は、誰にせよ軍隊の隊伍に集めることはいよいよ困難になった。これらの人々は、厳しい規律によってやっと統制下におくことができ、機会があれば残忍な蛮行をしでかしかねなかった。われわれは、ロココ時代の軍隊の外見の優雅さにだまされてはならない。それらは乱暴で浅ましい組織であり、戦争は、戦争に巻き込まれる人々にとってはなお、野蛮で恐るべきことであった。

しかし、フランス軍は、その欠点にもかかわらず、ヨーロッパがそれまでに見たうちでは、最も優れた国家権力の具であった。前述のフランスの軍事制度は、イギリスも例外ではなく西ヨーロッパの他のすべての国々によって、地方的差異はあったが、真似られた。フランスの建築、美術、ファッション、宮廷儀礼、料理などとまったく同様であった。しばしば軍隊を最も売れ口のある財産としていたドイツの小君主たちは、ひたむきな正確さで、フランスの模範を真似た。不毛で貧乏で政治的に重要でないブランデンブルクの選帝侯領の支配者たちほど、まじめにあるいは見事にフランスを真似た者はいない。彼らは、十八世紀の初めに、皇帝に対するその忠誠によって、プロイセン王の称号を得たのである。

プロイセンの発展

ドイツの勝利と悲劇の世紀を振り返るとき、ホーエンツォルレン家が、いかにして全くの弱者であったその地位から世界強国への長い道程を上り始めたかを、正しく認識することは容易ではない。フランス王家は、十七世紀の初頭には、非常に弱かったように見えたかもしれないが、少なくともその国土は緊密で肥沃であった。それに対し、ブランデンブルク選帝侯の領土は、でたらめな相続の経過で縫い合わされ、ヴィストラ川からライン川までのドイツ平原を横切ってとぎれとぎれに防衛不可能なほど延びていた。それらは、ユトレヒト同盟諸州やハンザ同盟自由都市との通商上の成長可能性という点ではもちろん、自然の富という点でも、隣りのザクセンやバヴァリアの領土にさえ、匹敵できなかった。戦略的には、それらは、ラインラントとバルト海というヨーロッパの二つの騒乱の中心につながっていた。たとえ一方が平和でも、他方ではほぼ確実に対立のおそれがあった。さらに、その領土は、ヨーロッパで最も頑固に独立的な都市と不従順な貴族の一部とを含んでいた。選帝侯がその領地の外れにある地方で戦わねばならなかった紛争のためにはもちろん、自分たちの住む地方の防衛のためにさえ、これらの身分制部会の疑い深い代表者を説得して軍隊に金を出させることは、至難であった。彼らが何をしようと、ホーエンツォルレン家が、他の者にはもちろん自分の臣民に対しても勝てないことは、確実だと言えたのである。

後から振り返ってみると、大選帝侯フリードリヒ・ヴィルヘルムがこれらの困難を克服するために取った手段は、はなばなしくて無法な長期計画を示す証拠のように見えるであろう。実際にはそれらは、よくあることだったのだが、その時どきの必要に応じて取られた場当り的措置であった。一六五三年、選帝侯領の北と東の領地が巻き込まれたバルチック戦争の初めに、彼は、現行のすべての特権の確認と引きかえに、数千の軍隊を召集するためのわずかな上納金を彼のすべての領地から得た。貴族は、領地内での全面的な司法権と安全を、また世俗的・宗教的役職における昇進の保証を与えられた。都市は、司法的免除およびギルドの制限について確認された。しかし、身分制議会は、軍隊に対する寄付金を用意するのに必要な税を査定し取り立てるため、領地内に王の役人たる総軍事監督官(Generalkriegskommissariat) を入れることに同意するように説得された。ここに、彼らは、この重要な点で、すなわち自分で課税するという伝統的権利——彼らの独立性の本当の保証——を失った。後に彼らはそれを悔んで暮すことになる。

もちろんこの上納金は、戦争のますます増え続ける必要に足るものを到底生み出さず、翌年には、選帝侯は次の手を打たねばならなかった。当時、ドイツ諸侯は、神聖ローマ帝国の代表機関であった帝国議会の宣言には、注意を払うのが通例であった。それは、今日主権国家が国際連合総会の決議に注意を払うのと同じようなものである。一六五四年帝国議会は、「帝国のあらゆる国家の住民と臣民と市民は、要塞やその他の必要地点を占領し守るために、彼らの君主や領主や修道院長に対して従順に援助を与えるべきである」と主張した。この痛み止め的勧告は、フリードリヒ・ヴィルヘルムによって、「現在と将来における国の安全と平和と静穏のために臣民に要求できるあらゆるもの」[3]を寄付するように強制する権限を与えてくれるものと受けとられた。この怪しげな法的強制力と新しい官僚制と小さな軍隊の組合せが、より大きな軍隊を召集するのに必要な全機構を彼に与えたのである。一六五五年に、中央部と東部の彼の領地であるブランデンブルクとクレーヴェが、彼らには無関係だと考えられたバルチック戦争に関する寄付を拒否したとき、彼はこの軍隊を使って、実力で税を徴収し、しかも税を継続的な基礎の上に確立した。八年後、プロイセンの身分制議会が同じことをしたとき、彼らもまた武力で圧迫された。彼らは、ユトレヒト同盟諸州とフランスの間に敵対行為が切迫したとき、選帝侯のラインラントの領地の防衛に対して寄付するのを拒否したのである。彼らは、彼らの本来的指導者である貴族が寄付から免除されていたので、いとも簡単に圧迫された。ブルジョワジーと農民は、彼らの間で寄付を分担しなければならなかった。これらの手段のおかげで、フリードリヒ・ヴィルヘルムは、一六七八年までに四万五千にも上る軍隊を召集し、彼とその後継者の治世を通じて、軍隊はこの水準を維持した。それは、壮観な規模ではなかったが、ブランデンブルク・プロイセンを国際社会——そこでは唯一の究極の強制力は軍事力であった——において考慮される力にするという、彼の目的を達成するには十分であった。

この軍隊は、自然的資源がほとんどないほんの二百万程度の住民の社会に、かなりの緊張を課すのにも十分であった。この軍隊を維持するための寄付を集める責任を負う王の官僚は、さらに多くのことをすることに巻き込まれていた。都市では、金は物品税によって得られていたが、彼らはすべての工業と商業の活動にその支配を拡大した。田舎では、収穫物と小作料と一般税に対する同様の監督を行なった。フランスの経理部と同様、これらプロイセンの官吏——租税監督官（Steuerkommissäre）や地方管区長（Landräthe）——も官僚機構を創った。それは、臣民の経済活動と資源に対する王の支配を一段と強め、また、地方の権利と各州の自立主義を次第に除去して、ベルリンに集中する効率的な中央政府を作り出していった。実際に、国家すなわちプロイセン国家は、プロイセン軍に関する王の必要を供するために作られたものであった。

これらの揺ぎなく作られた基礎のお蔭で、大選帝侯の孫のフリードリヒ・ヴィルヘルム一世（一七一三年―四〇年）は、ヨーロッパ第四位である八万の軍隊を作り上げることができた。それは、彼の領地の弱い経済にできるだけ負担を課さないように、この上ない注意をもって組織された。善良で支払いのよい納税者であるブルジョワジーは、まったく軍役につかなかった。列兵は、できるだけ、外国人と、種まき時と収穫時には農場に返される農民とから召集された。彼らは、わずかな給料が支払われ、兵舎で商売することで給料を補足するよう奨励された。そして、彼らはあまりに貴重だったので、危ない戦闘をすることは許されなかったことは言うまでもない。将校はほとんど貴族からだけ集められたが、彼らは事実上王への奉仕義務に基づいて召集されたのである。すなわち、貴族の家族は、将校の主流がそこから引き出される候補生団に、少なくとも一人の息子を送ることを強制された。プロイセンの貴族は、すべての彼らの特権の確認の代わりに、王への義務に拘束されていた。荒々しく不従順な独立状態にあった隣人ポーランド人と対立していた貴族は、数世代のうちに、ホーエンツォルレン家の従順な柱石となり、二百年後王家が崩壊するまでそうであった。例えば、フォン・アルフェンスレーベン家（the von Alvenslebens）、フォン・トレスコウ家（the von Tresckows）、フォン・ファルケンシュタイン家（the von Falkensteins）、フォン・マントイフェル家（the von Manteuffels）、フォン・クライスト家（the von Kleists）などである。

十八世紀的軍隊

プロイセン将校団はヨーロッパで多分最も社会的に排他的であり、ホーエンツォルレン家もそれを維持した。一部には、われわれが今なら社会契約と呼ぶものの履行のためであり、また一部には、戦場における勇気と王の指揮への服従の双方を守るという、名誉と忠誠に関する貴族の規準を彼らが特別によりどころとしていたためである。フランスでは、貴族は、将校の任命に対する彼らの優先的要求を主張して、つらい目にあっていた。他のヨーロッパの王家と同じく、ブルボン家は、貴族（武官貴族）に宮廷や軍隊や教会の仕事を与えることによって、彼らの政治的独立を去勢した。しかし、ブルボン家は、連隊長の資格としては、金の一杯入った財布の方が貴族の血統よりも一層重要な資格だと考えた。そこで金のあるブルジョワジーは将校の地位と共に社会的流動性を買うことができ、プロイセンのユンカーに相当する貧乏な地方貴族には維持できない生活様式を始めた。このようにして、十八世紀のフランス軍の上層部は、裕福な平民（rôturiers）と上流の宮廷貴族の息子たちで一杯になる一方、両親に富も影響力もない俊敏な若い貴族は昇進がふさがれているのを知った。その結果、多くの者は、体制からますます疎外されるようになり、ライン川の向こうで供せられたスパルタ的だが貴族的な能率のよい例や、一七七六年以後大西洋の向こう側で発展するようになった一層興奮させる戦争形態にさえも、あこがれたのである。

それでもなお、フランスの豊かな将校団を見ようと、貧乏で尊大でひたむきなプロイセンのユンカーを見ようと、あるいは、もっと小さなヨーロッパ諸国に発展した中間的諸例を見ようと、それらの間には相違よりも共通する特徴の方が多い。古参が経験を伴い、若い貴族が普通の冒険軍人と一緒に槍《パイク》を引きずったりマスケット銃を担ったりする、かつての傭兵ののんきな友情は、厳格に分かれた階層的構造に代わった。一方は、「将校」(commissioned officers) で、王に対して直接的で個人的な関係にあり、生まれにかかわらず貴族的生活様式を採用した。他方は、「兵卒」(other ranks) で、将校とはまったく違う階層の存在と見られ、全ヨーロッパから強制徴募か懸賞金で募集された。彼らは、下士官 (non-commissioned officers) という番犬階級によって秩序づけられ、やたらに鞭《むち》を使うことで規律づけられた。そして戦場においてさえ、長い動かしにくい戦線に機動性を与える入念な隊形変化をロボットのように遂行するように、あるいはまた、より重大なのは、敵が直射距離から彼らに発射する間何時間も動かずに立っているように訓練された。

実際、戦闘はあまりに破壊的であり、また専門兵士を補充することがあまりに難しかったので、十八世紀の将軍は、二世紀前の傭兵の先輩と同じように、交戦するのを嫌がった。ザックス元帥 (Marshal Saxe) は、その著『戦争熟考』(Rêveries de Guerre, 1732) の中に、よく引用される文句を書いている。「特に戦争の初めには、全力をあげての戦闘を好まない。有能な将軍であれば、生涯、そのような戦闘に追い込まれずに戦争をすることができる、と私は確信している」。それは、フリードリヒ大王が一七四七年の『将軍への訓令』(Instructions for his Generals) の中で共感を示した見解であった。「戦争の最高の極意そして有能な将軍の名人芸は、敵を飢えさせることである。飢えは勇気よりも確実に兵を消耗させ、戦闘によるよりも少ない危険で成功するであろう。しかし、戦争が倉庫の占領で終わることは極めて稀であり、事態は大きな戦闘でのみ決せられるから、この目的を達成するためには全力を振るうことが必要である」。「戦争は戦闘によってのみ決せられ、戦闘による以外では終わらせられない。かくして、戦闘を行なわねばならないが、それは時宜を得たものであり、またあらゆる点で諸官の側が有利でなければならない。……得られる好機は、敵を供給から遮断するときであり、また有利な地形を選ぶときである」[4)]。

これらの引用は、十八世紀の戦略の性格と問題と目標を、かなり示している。敵国内で軍事行動するとき、食糧と飼糧と弾薬をたえず供給しながら約七万の軍隊を維持するという問題が、将軍の習得しなければならない第一のものであり、それ以上の問題はほとんどなかった。次の戦闘に対する十分な補給物資が前線の要塞に集積されるまでは、戦闘を始められなかった。そして、馬とラバの飼糧が運動中の軍の主要な必需品であったから、春の終わりまでは動きがとれなかった。そこで、前進速度は、重い荷を積んだ軍隊が悪路を一日で行軍すると期待される距離だけでなく、後方の通信線に沿って倉庫が作られる速度と、補給部隊が基地から倉庫へ、倉庫から前線へ動くのに必要な時間とによっても、制限された。実にこの時代に、基地（base）、翼側（flanks）、通信線（lines of communication）、内線と外線（interior and exterior lines）などのような表現が、軍事用語に入り始めたのである。

せいぜい数日で前進軍は敵の要塞に遭遇した。指揮官は、それを迂回するか攻囲するかを決定しなければならなかった。攻城は夏中掛かった。しかし、背後に要塞を放っておけば、通信線がたえず脅威をうけ、要塞を「封じる」のに十分な兵力を割くのでなければ、それは論外であった。少数の分遣は、主力を弱化し、敵軍の思うがままになった。含まれる危険を慎重に計算し、迅速な進軍ができるように軍隊を訓練した大胆な指揮官だけが、秋雨で道路が通れなくなる前に使える二、三か月以内に、決定的結果を望むことができた。大抵は、一つか二つの上出来の攻城を行ない、翌年戦役を始めるのに都合のいい地点を占めることができれば、幸運だと考えた。つみ重なる重圧と財政的消耗が相手に講和を結ぶように強いるまで、このような小さな成功を重ねることの方が、数年間掛かって集められた有利な地歩を数時間で捨てるような戦闘にすべてを賭けるよりは、好ましく思われたのである。特に、戦争が行なわれた政治目的そのものが、このような出血をともなう解決を正当化するようなものではなかったからである。

このようにして、十八世紀後半までのヨーロッパの軍隊は、主として、攻城、築城、行軍、補給の問題に関わった。それらの問題のすべてについて、多くの著述が出た。クラウゼヴィッツの言葉にあるように、軍隊は、「暴力の要素が次第に消え失せてきた国家の中にあって、一つの国家のように」なった。軍隊は、多くの場合、極めて平和なうちに過ごした。戦時でさえも、年に四ないし五か月しか会戦しなかった。外の世界に対しては、それは国家権力の象徴であった。軍隊は、それだけで、自己充足した世界であり、独自の慣例、儀式、音楽、服装、習慣をもつ下位文化《サブ・カルチャー》であった。「軍隊生活」として知られるまったく単調だが取りつかれた生活様式は、現代に至るまで、イギリス陸軍に生き残っている。戦時にせよ平時にせよ、軍隊の活動に対して、社会のその他の者は、ほとんど関心を持たず、また持つようにも促されなかった。イギリスでは、戦争——とくに海戦——に対する人々の支持は、戦争が社会を富ませるうえに人口のほんの一部しか巻き込まなかったので、いずれの国にも劣らなかった。そのイギリスにおいてさえ、ローレンス・スターン(Laurence Sterne)は、イギリスとフランスが交戦中なので彼は旅券を携帯しなければならないということを、誰も彼に気づかせないうちに、感傷旅行でパリまで行き着くことができた。大陸では、通商、旅行、文化的で学問的な交流は、戦時にも、ほとんど妨害されずに続いた。戦争は王の戦争であった。善良な市民の役割は税を払うことであり、健全な政治経済学も、これらの税を払うための金を作るように、市民は放っておくべきだと指示した。若い冒険心で促されなければ、市民は、戦争を引き起こすような決定をすることにした。

参加したり、戦争が起こったときそれに参加したりすることは、要求されなかった。これらの問題は、王の秘密(arcana regni)、すなわち主権者だけの関心事であった。

何世紀もの間ヨーロッパの無防備な人々を餌食にしてきた狼の群を、訓練された従順な猟犬の状態——ある場合には、ほとんど、プードルの役をするだけだった——にしたのは、ヨーロッパ文明の少なからざる功績であったと言えるであろう。しかし、この非常な成功は反作用を引き起こした。ヨーロッパの富が発展するにつれて、ブルジョワジーの繁栄と自信も大いに発展した。彼らは、彼らの社会における、貴族の将校と脱落者の兵をともなう軍事的要素を、およそ共感など持たずに見ていた。良くても、自分達には関係ない問題の専門家集団として、悪ければ、嘲笑と軽蔑の対象として見ていた。啓蒙運動の人々は、もはや戦争を、人類の必然的運命すなわち忍耐と勇気で耐えるべき宿命だとは、思わなかった。十八世紀の経済学者たちも、戦争を、十七世紀の先輩にはあれほど明瞭で必要に見えた、富の唯一の源泉だとは見なかった。富は商品の自由で妨害のない通商から得られるとますます信じるようになった。慈み深い摂理は商品を世界中に非常に巧みに分配していたので、人々は、商品の交換を通じて、調和と平和の絆でますます結ばれるようになる、というのである。フランスの重農主義者たちやイギリスの偉大なアダム・スミスの弟子たちは、そう教えた。戦争は間違った法と誤った認識と既得権益との結果であって、もし世界が人間と社会の行動の本性をまことに理解した明察な人びとによって支配され組織されれば、戦争は起こる必要はない。ヴォルテールや百科全書派の人々は、そう教えた。彼らにとっては、軍人は、過ぎ去った時代の生き残りであり、啓蒙化した人々がそこから解放されようとしている、そしていつか（もう間もなく）人類が完全にそこから逃れ出ることになる、生活様式の代表者であった。

これが、専門軍の成長に対する、一つの反作用であった。しかし、まったく別のもう一つの反作用もあった。これらの堅固に組み立てられた制度は、戦争遂行を社会の他の部分から切り離していよいよ特殊化された難解なものにしてしまった結果、次のような大きな社会的・政治的力にとっては不十分な具となった、と見る人々がフランスにはいた。それらの力とは、十八世紀後半の静かな表面下で力を集め始めたもので、新しい種類の軍事組織、新しい戦争方式にその表現を見出さねばならない力であった。これらの代弁者の一人がジャック・ド・ギベール伯（Comte Jacques de Guibert）であり、彼の『戦術概論』（Essai générale de tactique）は一七七二年に公刊され、同時代の戦争遂行に対する痛烈な攻撃で始まっている。「われわれは、十分に召集されてもいず適切に支払われてもいない軍隊をもって、戦端を開く。勝つにせよ負けるにせよ、双方の側は等しく疲弊する。国債は増し、信用は低下し、金は消失する。海軍も陸軍ももはや兵を見つけられなくなる。双方の側の大臣たちは、交渉の潮時だ、と感じる。講和が結ばれる。二、三の植民地や州の所有者が変わる。しばしば紛争の原因は未解決のまま残り、どちらの側も廃墟の中に坐し、借金を返すことと武器を研ぐことに忙殺される。

しかし、次のような国民がヨーロッパに生まれることを仮定してみよ。その精神においても資源においても政府においても活力ある国民。厳格な徳と国民的市民軍とが一緒になって決定された膨脹政策に向かう国民。その目的を見失わず、いかに安く戦争をするか、いかに勝利によって生活するかを知り、財政的必要から武器を棄てることをよぎなくされない国民。そのような国民が、まるで北風が柔らかいアシを揺り動かすように、隣国を屈服させ、その脆弱な体制を打倒するのを、われわれは見ることになるであろう」[5)]。

ギベールは、このような出来事が実際に起こるとは、期待していなかった。「ヨーロッパには、強力であると同時に新しい国家はもはや存在しないから、このような国民は生まれないであろう。ヨーロッパ諸国は、同じように成長し、互いに堕落させあっている」と、彼は悲し気に続けている。ギベールは、一七九一年に死んだ。彼の注目すべき予言が、現実になり始めるのを見るには、彼の死は一年ほど早すぎた。

第5章　革命の戦争

ナポレオン革命

十八世紀の最後の十年間に、ヨーロッパ社会の社会的・経済的・政治的・軍事的枠組は、根底から揺り動かされた。十八世紀ヨーロッパは、国境がはっきり限定され、支配者がその領域内では絶対的主権者である諸国家から成る体制であった。それらの相互関係は、国際法の明確な原則に従う厳格な外交慣習に則って、行なわれた。それらの間の戦争は、全ヨーロッパから召集され、ほとんど同じようにヨーロッパ全土に親類関係をもつ貴族が将校となった専門的軍隊によって、外交慣習と同様に明確な慣習に従って行なわれた。今や以上のことがすべて疑問視され、あちこち、変更されることになった。この変化は大体において、革命フランスとその隣国との間で、一七九二年から一八一五年までの二十五年間にわたりほとんど間断なく続いた戦争の結果である。その戦争は、蛮族の侵入以来、未曾有の規模のものであった。しかし、それらの戦争は、革命的変化の原因であったのと少なくとも同程度に、その兆候でもあった。

十八世紀の戦争の性格は、それを行なう社会の性格と非常に深く結び付いていたので、一方の革命は他方の革命を引き起こさざるを得なかった。君主がいかに勤勉で国民の利益に献身しても、国家は王朝的君主の「家産」とは見なされなくなった。その代わりに、国家は、自由とか民族性とか革命とかいうような抽象的概念に捧げられる、強力な力の具になった。これらの抽象的概念によって、国民の大多数は、国家の中に、そのためにはいかなる代価も高過ぎずいかなる犠牲を払っても惜しくはない、絶対善の具現化を見ることができるようになった。そうなると、ロココ時代の「度を過ごさず決着をつけない戦い」は、馬鹿気た時代錯誤のように思われてきた。この時代を通じて生きたカール・フォン・クラウゼヴィッツ（Carl von Clausewitz）が認めたように、戦争は、国家政策と別個の活動ではなくて、その具体的表現すなわち他の手段をもってする国家政策の実施であった。国家がその性格を変えるにつれて、国家の政策も変わるだろうし、戦争もまた変わるであろう。

旧体制を壊し、短い間ではあったが、ヴィストラ川から大西洋にまで達する新カロリング朝を創建したフランス軍を考えても、それらの業績の秘密を説明するような新兵器は見出し得ない。ナポレオンの武装は、フリードリヒ大王のものと、ほとんど同じであった。いくつかの重要な戦術的革新はあったが、革命戦争以前の数十年間に軍事理論家や指揮官たちによって、広く論ぜられなかったり、ある程度実施されなかったりしたものは、何もなかった。しかし、これらの革新の中から、四つのことを選ぶことができる。第一に、軍を自律的な師団（divisions）に分けたこと。それら師団は、数条の道路に沿い同時に運動できたので、軍事的運動に大きな速度と柔軟性を与えた。第二に、自由に動き自由に射撃できる斥候兵——「軽」歩兵あるいはライフル兵——を採用したこと。第三に、ある地点で火力の優越を得るため、戦場で砲兵を一層柔軟に使用すること。最後に、横隊ではなくて、攻撃縦隊の使用。それは、防御火力よりも攻撃的衝撃を強調した隊形、すなわち、薄い隊形（l'ordre mince）から深い隊形（l'ordre profonde）への変化であった。

これらの発展の最初の二つのものは歩兵兵器の改良によって可能になったが、その改良は十七世紀の末に早くも起こっていた。当時導入された火打ち石式マスケット銃と銃剣は、個々の歩兵に対して、火力を発射することにも自分を守ることにも格段に大きな独立能力を与えた。そしてこれらの兵器で武装した小集団が、前衛、後衛、あるいは側衛として主力から分遣させることが可能になった。救援されるか撤退できるまで、優勢な部隊に対しても地歩を維持できる分遣隊である。世紀の中頃までに、哨戦（guerre des postes）のためのこのような分遣は普通になっていたが、七年戦争後にやっと、フランスの将軍ピエール・ド・ブルセ（Pierre de Bourcet）は、全軍がこの線に沿って組織されるように提案した。遠隔の分遣隊をともない一つの塊となって運動する軍の代わりに、ブルセは、『山地戦の原則』（Principes de la Guerre des Montagnes, 1775）の中で、軍隊を、すべての兵種から成る自律的「師団」に分けることを提案した。各師団は、各々の前進路に沿い運動し、相互に支援するが、各々持続した運動をする能力を持つ。このことは、はるかに速い運動速度ばかりでなく、新しい柔軟な機動性を可能にした。

そこで、攻城と補給という伝統的知識に、新しい戦略的計算が、加えられねばならなかった。それは、師団が相互支援に来る速度と、いろいろ異なった戦力の部隊が独立で抵抗することが期待される時間の長さとに、基づいたものである。そして、この種の展開にはさらに有利な点があった。脇道に沿って進む小部隊は補給線に全面的に依存しなくてもよく、ある程度国から離れても生存できた。そのことがそれらの運動をさらに迅速なものにした。そして、十八世紀後半の繁栄した西ヨーロッパでは、道路網は改良され、一層多くの土地が開拓されたので、軍のこのような運動の機会は増大した。

主力の周辺の森林や部落での小部隊戦である哨戦が、十八世紀の戦争では一層一般的になったので、それを行なう専門家の必要性が大きくなった。この種の行動は、自律性、機敏性、信頼性を必要としたが、それらは、将校の看視下に横隊で戦うように慣らされた軍隊の中には見出せなかった。これらの才能の持主が最も多勢いた軍隊は、南東ヨーロッパでトルコ軍との長い戦役を経験していたハプスブルク帝国の軍隊であった。国境防御のため、帝国陸軍は、地方に特有の才能ある人々を召集した。例えば、クロアチアの民兵（pandours）、ハンガリーの軽騎兵（huszars）、アルバニアの軽騎兵（stradiots）などであり、主として偵察と襲撃のための軽騎兵であった。一七四一年、女帝マリア・テレジアがオーストリア継承戦争でプロイセンとフランスの侵食に対し西の領土を守らねばならなかったとき、彼女はこれらの軍隊を非常に有効に使った。彼女の敵は、帝国軍主力のはるか前方や翼側で独立して作戦するこれらの軽装部隊を、山賊や人殺しと同じだと泣言を言ったが、それへの対抗手段を取らねばならなかった。そこで、フランス軍もプロイセン軍も、山地あるいは森林で戦うことができ、起伏の多い土地で獲物を追うことに慣れている狩人による、猟兵大隊（battalions of chasseurs or jägers）を召集し始めた。フリードリヒ大王は、自分の軽騎兵を召集し、また、まったく意に反して、哨戦をするための自由大隊（Freibattailonen）を創設した。しかし、彼は、それらを、「正規軍の歩兵を強いものとしているまさにその規律を欠くということだけでその歩兵とは区別されねばならない、冒険者・脱走兵・放浪者だ」として、軽蔑のうちに解散させた。小部隊戦のもう一つの学校は北アメリカの森林であった。そこでは、イギリスとフランスとアメリカの部隊は、どれも同じように、正規のヨーロッパの戦術の価値が限られたものであることを学び、「不正規」戦が急増した。革命戦争の前夜までには、しばしばカムフラージュのために狩人独特の緑色の服を着た、いろいろな種類の軽歩兵隊が、ヨーロッパのすべての軍隊で認められた一部となった。[1)]

砲兵に関しては、フランスの大砲を標準化し機動化し正確にしたジャン＝バティスト・グリボーヴァルによって、一七六〇年代にフランス軍に導入された改革については、既述した。戦場でのそれらの実際の用法は、ジャン・デュ・テイユ騎士（Chevalier Jean du Teil）によって分析された。彼は、兄弟のジョセフ・デュ・テイユ男爵（Baron Joseph du Teil）とともに、若いナポレオン・ボナパルトの後援者兼教師の一人となった。デュ・テイユは、その著『野戦における新しい砲兵用法』（De l'usage de l'artillerie nouvelle dans la guerre de campagne, 1778）の中で、攻城戦においてなじみのある考えがどのように戦場で使えるか、特に、敵線に突破口を作りそれを利用するためにはどのように砲火が集中できるかを示した。彼は、火力と運動の相互依存性や、正面射より側射の利点というような戦術的要素を強調したが、常に、兵力を集中することの必要性に戻った。「われわれは、敵を破ろうとする地点に、最大数の軍隊とできるだけ多くの大砲を、集めねばならない。……われわれは、勝利を決すべき攻撃点で、わが砲兵を増加しなければならない。……このように聡明に維持され増加された砲兵が、決定的な結果をもたらすのである」[2)]。

伝統的な戦闘線の対決から起こる不経済な行き詰まりを打破するために、兵力を決定的に集中したいという願望は、スペイン継承戦争以来フランス軍に続いていた歩兵の攻撃縦隊（深い隊形）の採用の主張の背後にあった。フランス軍は、プロイセン軍のようには、鉄の規律と非の打ち所のない訓練が必要な薄い隊形を好きにならなかった。これは、実際、有効に行なうためには、非常に特殊な軍隊を必要とした。十八世紀初期のフランスの指導的軍事著述家ド・フォラール騎士（Chevalier de Folard）は、攻撃縦隊すなわち火力よりも衝撃力を最大化するように工夫された深い隊形をあまりに好意的に論じたので、彼の教えはフランス革命までフランス軍の中で影響力を保った。オーストリア継承戦争においてそれを実行しようとした悲惨な試みは、世紀が進むにつれて、修正され精妙になった。その戦争では、フランスの縦隊は、敵線の火力によって、予言できたように、ずたずたにされたのである。最も有効な修正はギベールによって導入されたものである。必要に応じて横隊に展開する小さな大隊縦隊という、彼の柔軟な混合隊形（ordre mixte）は、一七九一年のフランス軍教令の基礎となり、少なくとも革命軍の公式の原則となった。

フランス革命とナポレオン戦争

しかし、一七九二年に革命が敵の侵入軍に対して自衛しなければならなかったとき、正式の軍事原則を実施する機会はなかった。元国王軍のほんの一部しか革命政府に忠誠ではなく、その一部分さえも信頼できないと考えられた。アンシャン・レジームの戦術を実施するのに足る数の訓練され規律ある歩兵を、もはや利用できなかった。隊伍における空所は、たとえ教えこむ時間があったとしても、伝統的訓練を受ける気がない、義勇兵で埋めなければならなかった。かくして、革命軍はやむをえず、「自然人」というルソー信奉者の考えを指導原則に高め、旧秩序の人為性に背を向けた。彼らは、自由を守るため、自由人として戦っていた。そして、自由人にとっては、個々の小部隊戦と、「突撃」（à la baionnette）という叫び声に応じた巨大な攻撃縦隊との組合せは、自然な戦闘方式であった。実際のところ、それは、戦闘の一日か二日前に初めてマスケット銃を操作したばかりの軍隊にとって、唯一の可能な戦闘方式であった。しかし、それは必ずしも失敗ではなかった。忘れてならないことは、革命軍は、旧秩序の下では彼らに否定されていた責任と機会をよろこんで受けとった正規兵や下士官や青年将校のまことの強化を含んでいたのであり、また、宮廷貴族の間ではあまり人気のなかった砲兵と軽歩兵部隊の間では、これが他のどこよりも当てはまった、ということである。革命を救った一七九二年九月ヴァルミーの戦いで連続砲撃をしたのは、旧軍隊の正規の砲兵であった。翌年、フランス軍は、旧秩序と新秩序の正式の混成として再編制された。一正規大隊は義勇兵の二箇大隊とともに旅団に編制され、かつての国王軍の制服の白は、新しい国民軍の赤と青の間にはさまれて、三色旗に入った。新しいフランス軍の成功の秘密は、アンシャン・レジームの専門主義と武装国民の熱情との組合せにあった。

まず第一に、熱狂的に全体主義的である体制によって組織されなかったならば、第二に、アレクサンダー大王以来最大の軍事的天才によって指揮されなかったならば、これらの部隊は、あれ程見事には戦わなかったであろうし、間違いなくあれ程長くは戦わなかったであろう。もしそれらが、数における優越で敵の専門的有効性に対抗できなかったならば、勝って生き残ることはもちろん、革命戦争の最初の二、三年を生き残ることもまずなかったであろう。アンシャン・レジームの王家は、非常に注意深くその軍事的予算を計算しなければならなかった。正規軍の維持は、その国庫にとって、重い負担であった。しかし、革命軍にとっては、数は問題ではなかった。一七九三年までに、義勇兵の補充は尽きた。そこで八月二十三日法は、「今日から、敵がわが共和国領土から撃退されるまで、すべてのフランス人は恒久的な兵役義務が課される」と布告した。敵は一年もかからずにフランス領から一掃されたが、徴兵はその後二十年間にもわたりますます容赦なく徴集された。一七九四年の終わりまでに、フランス革命軍の組織者であったラザル・カルノ（Lazare Carnot）は、武装した百万以上の兵を手にしていた。彼は、あらゆる戦場で圧倒的な数の優越を得るために、彼らを使った。「常に一団となって行動せよ！」（Agir toujours en masse!）が、彼の合言葉であった。「機動も、軍事技術もいらない。火力、鋼鉄、愛国心だけでいい！」十八世紀にはほとんど見られなくなった、戦争におけるあからさまな狂暴性という要素が、今や支配的となった。カルノは書いている。「戦争は暴力的状態である。徹底的にそうせよ、さもなければ家に帰れ。」恐怖が当時の国内秩序である限り、戦場ではなおさらそうあるべきであった。「われわれは、最後の最後まで、皆殺しをしなければならない」[3]、と彼は強調した。戦争は、もはや、穏やかでも非決定的でもなかった。

もし人間を徴集できるならば、彼らを武装し装備し衣服を着せ給養するための国家の資源も、徴収できるはずであった。そうするため、カルノとその同僚達は、ギロチンの恐怖に基づいた、計画的戦争経済を作り出そうと試みた。すべての収穫は、地方の消費に必要と考えられるものは別にして、徴用された。国定パンすなわち「平等パン」（pain d'égalité）が作られ、配給カードと引換えに分配された。すべての消費物資に対して、最高価格が決められた。ぜいたく品のストックは戦争物資の輸入のための輸出用に徴収され、すべての外国貿易は中央委員会によって規制された。すべての輸送と工業生産は国営化され、戦争の必要に充てられた。買いだめあるいは闇市場での取引によるこれらの規制の忌避は、死刑にされた。兵器と弾薬と制服と装備の生産は、国家的規模で、組織された。科学者さえも、兵器製造に関連する冶金、爆発物、弾道、その他の問題で仕事をするため召集された。研究所がムドンに建てられ、そこで最初の偵察気球が工夫された。手旗信号が、パリと前線の間で作られた。初めて科学が、国家的規模で、戦争に応用されたのである。

しかし、行為は思想に付いていかなかった。（外国軍の）侵入という直接的脅威が終わるや否やもうその気がなくなった人民に対して、当時利用できる手段をもってしても、全体主義政府を強要することはできなかった。ロベスピエール支配下の恐怖と徳の政府が一七九四年熱月《テルミドール》にひっくり返されると、兵器供給の仕事は、私企業に戻った。通常このような問題を規制する責任がある「経理部」という機構は、このような巨大な規模で活動を統制するにはまったく不十分であったから、腐敗が横行した。軍の契約者たちは、総裁（Le Directoire）時代および帝国時代にけばけばしい「成り上り者」（nouveaux riches）となり、初めはフランスの次いでヨーロッパの納税者たちが搾取され、彼らの懐を肥やした。ナポレオンの軍隊について、その成員は三つのカテゴリーに分かれる、とよく言われた。まず、上級将校で、名誉と富があった。次は、下級将校と兵で、名誉はあったが富はなかった。最後に、兵站将校で、富はあったが、名誉はなかった。[4)]

一七九四年以後、これらの巨大な軍隊を復員するという問題はあり得なかった。そうすることは、フランス内部に混乱を作り出すことになったであろう。しかし、それらがフランス領内に存在するという問題も、同様にあり得なかった。かくして、フランスと革命の防衛のための戦争として始まったこの戦争は、最初は略奪の、次いで征服の、戦争に変えられた。フランス軍とその将軍たちが外国にいる限り、フランス軍がどこに向かおうと、時の総裁政府にはどうでもよかった。若いボナパルトは、飢えたぼろぼろの軍隊を、略奪という約束だけで、一七九六年にイタリアに入れた。それによって、それ自体の弾みを得た征服の道を、開始することになった。なぜナポレオンの軍隊が、イタリアばかりでなく、エジプト、ドイツ、ポーランド、そしてついにはロシアまで、彼に付いて行くようになったのであろうか。もしわれわれがそのことを問い、しかも、ますます多くの惨めな若い徴集兵が他に選択の道がなかったためにそうしたということ、彼らには国内に止まっていられるならばその方がはるかによかったのだということ、を認めるならば、次のようなことがわかる。その答えの一部は、略奪品を得る見込みにあり、一部は戦場における昇進の希望にあり——というのは、ナポレオンの軍隊は非常に有効な社会的流動の手段であった——、また一部は冒険を求めるということにあった。つまり、そのすべては、栄光という考えに要約できた。アンシャン・レジームの固定した型が崩れると、個人の武勇と知恵と好運が勝ち取るものに限界はなかった。ウェリントン公は次のように述べている。

「(ナポレオン)は、軍隊の最高指揮官であったばかりでなく、国家の主権者であった。国家は軍事的基礎の上に作られた。その制度はすべて、征服を意図した軍隊の形成と維持という目的のために作られた。国家のすべての官職と報酬は、まず第一にそして専ら軍隊のためにとってあった。将校は、一兵卒でさえも、その勤務に対する報酬として王国の主権に期待を寄せた[5]」。

その時代の芸術の多くを刺激した浪漫的英雄主義の精神は、大陸軍(Grande Armée)においても、戦利品へのよりあからさまな関心と、うまく共存した。それは、フランス人が何世代にもわたり、階級に関係なく、ノスタルジアをもって振り返るのも無理のない時代であった。

これらは、ナポレオンが手中にしていることに気づいた、思想でもあり手段でもあった。彼は、軍事的であると同時に政治的でもあったその天分をもって、それを使った。彼の先人達の中では、多分、マールバラだけが、会戦を、個々の攻城と戦闘の連続としてではなくて、全体として捉える能力の点で彼に匹敵し得た。その能力とは、すなわち、すべての軍事作戦が行なわれるその目的を認識する能力である。それは、一七九六年ピエモンテとの場合のように動揺する敵に対する遮断と懐柔であろうと、一八〇六年プロイセンとの場合のように強敵の全面的破壊と除去であろうと、である。このように、政治的目的が戦略計画を指示した。そして戦略計画は、敵の陣地に決定的地点を見分け、それを抵抗できない兵力で攻撃すること、に向けられた。ナポレオンは、テイユから、また砲兵候補生としての自分自身の研究からも、多くを学んだ。彼は書いている。「戦略計画は攻城に似ている。一点に対して火力を集中せよ。突破口ができれば、均衡は崩れ、その他のすべてのことは使い道がなくなる」[6]。数で優越した敵に対する決定的な点は、敵の兵力を分断する点であり、各個撃破を可能にした。それは、実際に、一七九六年にイタリアで起こり、またワーテルローではもう少しで起こるところであった。劣勢の敵に対しては、決定的な点は、敵の通信が最も脆弱な点であった。その結果、敵は、不利な状態で戦わなければならないか、一八〇五年ウルムで不運なオーストリアの将軍マック（Mack）がしたように、屈辱的な降服をしなければならなかった。

この決定的集中は、初めの兵力の「分散」（dispersal）から起こった。これは、非常に広い展開であったので、ナポレオンがどこで攻撃しようとしているか、あらかじめ見分けることができなかった。一八〇一年から一八〇五年までの平和の四年間――これは、彼の戦争の合間の、まさにほんの息つく間であった――に、ナポレオンは、次の一世紀半の間ヨーロッパのすべての軍隊が採用するようになるパターンによって、フランス軍を組織した。一人の最高指揮官の下に、ほとんど無制限の分散を可能にするパターンである。軍は軍団に分けられ、各軍団は、おのおの八千名の歩兵と騎兵から成る、二ないし三箇師団から成った。各師団は二旅団から成り、各旅団は二箇連隊、各連隊は二箇大隊から成った。一八〇五年に、これらの軍団は、西ヨーロッパ全体——北フランス、ネーデルランド、ハノーファー——に宿営させられ、ウルムでオーストリア軍を包囲するように、完全なタイミングで集結させられた。次いで、それらは、再び分散し、アウステルリッツでオーストリア軍とロシア軍に対し集結した。翌年、それらは北進し、勢子のように広がり、イエナでプロイセン軍を撃破した。いろいろな道路を使い、起伏の多い地方を通る何十万の兵の運動にともなう複雑な計算——後にその算出のために大きな参謀部が作られることになるが——を、ナポレオンはその大きな頭で行なったのである。

これらの戦略機動の目的は、戦闘を開始するのに最もよい地点に、フランス軍を導くことであった。戦闘は、せいぜい必要な悪としてではなくて、全会戦の大きなクライマックスと見られた。このために、ナポレオンは、革命軍の戦術を採用し洗練した。前哨斥候兵と射撃上手の一群が、敵の抵抗を混乱させるため、主力より前を進んだ。砲兵は敵線を掃射し、数千から成る歩兵縦隊は、弱点が露呈するまで敵の防御に対し銃剣で繰り返し熱心に突撃し、その弱点に対してナポレオンは火力を集中し予備隊を放った。イベリア半島やワーテルローでのイギリス軍のように、しっかりした、よい位置を占めた正規軍に対して使用を誤ると、このような戦術は自殺的となった。しかし、イエナのプロイセン軍は、それほどにはしっかりしておらず専門的でもなかった。そして、見ることさえできなかった敵からの数時間の砲撃と小競合いの後に、規律まで崩壊した。それから、防御線がついに崩壊したとき、ナポレオンは、敵と敵国の破壊を達成するように企てられた追撃に、騎兵を放った。敵国民の間にパニックを広げ、立て直しの希望をまったく破壊する、深い侵入である。

ナポレオン戦略と十八世紀的戦略

しかし、戦争が継続し徴兵の質が低下するにつれて、ナポレオンの戦術は、正直すぎる乱打戦にすぎなくなった。一八〇六年以後に召集された軍隊は、行軍することも機動することも教えられず、兵器を発射するのがやっとであった。彼らが必要とした初歩的技倆は、行軍のとき仲間から習った。一八〇九年、アスペルン・エスリンクで、ナポレオンは、最小の準備しかせずにオーストリア軍に対して彼の縦隊を戦闘に投入し、その結果、当然の報いの敗北を受けた。その後、彼は、砲の数を増加することによって軍隊の貧弱な質を補おうとしたが、それでさえも、いよいよ大きくなる損害を蒙りながら、やっと勝利を手に入れたのである。アスペルンの仇は数日後にワグラムでとったが、彼はその過程で三万人を失った（アウステルリッツでは八千人であった）。一八一二年ボロディーノでは、彼は、ロシア陣地に対して何らの策略も試みず、まともに突撃し、無駄にする余裕のない三万の損害を払ってついには攻め落としたが、クツソフ軍を撃滅することには完全に失敗した。ワーテルローではウェリントンの戦線に対して拙劣な攻撃を繰り返したため、フランス軍は、兵力の三分の一、つまり七万二千のうち二万五千を失った。

ウェリントンが勝たなかったとしても、ナポレオンの全戦略は破滅した。彼は補給の問題を無視せず、各会戦の初めに注意深い準備をしたけれども、彼の軍隊を動かす速度は速すぎて補給縦隊が追いつくのは困難だった。かくして、軍隊は、三十年戦争のときに先人達がしたように、大体、その地方で現地調達しながら寄食しなければならなかった。ナポレオンも彼の軍隊が同じようにすることを期待し、軍隊は実際そうした。しかし、その過程でフランス軍はその革命の大義をあまり人気のないものにしてしまった。ただ軍隊の大きさが十万台になると、ほんの短期間で、しかも軍事行動を続けている限りにおいてのみ、現地調達は可能であった。それより長期の扶養のためには、戦闘の後に敵の倉庫を占領することと、破った国に軍隊を養うことを強制することによった。しかし、一八〇七年に、ナポレオンが、ヨーロッパのあまり肥沃でない地域――アイラウの戦いの後のポーランドやイベリア半島――に侵攻し始めると、補給は厄介な解決しがたい問題になった。イベリア半島におけるウェリントンの成功の秘密は、フランス軍の補給の困難性を利用し悪化させた冷酷な無情さにあった。もちろん、ウェリントン自身の軍の補給には問題がなかった。一八一二年のロシア軍の成功は、ナポレオンに対して決戦をすることを拒否し、彼がその補給活動の能力範囲をはるかに越えてロシア国内に進軍することを許した、ロシア軍の能力にあった。冬と飢えが残りの役を果たした。ナポレオンに残されたそれからの三年間、彼は、より伝統的な範囲の作戦に、引き籠もらざるをえなかった。その結果、彼の相手の軍隊に残っていた伝統的な技倆が、一層有効なものに見えるようになった。

ナポレオンの没落は、結局、相手の努力によるよりも、彼自身の方法の欠陥によって、もたらされた。しかしそのように主張することは、彼の相手の功績を過小評価するものではない。彼の方法は、フランスの資源と彼自身の運命に対してあまりに乱暴な要求を課したので、因果応報は早晩彼を襲う運命であった。オーストリアのカール大公やウェリントン公のような古い型の冷静な司令官が得た成功は、良い補給線と戦場における固い規律を強調する十八世紀の戦略的・戦術的原則がなお持続する価値を持つことを示した。しかし、ナポレオンの方法に直面して、十八世紀の決まりきった型に考えなしに固着することが、破滅的であったことも同様に明らかであった。このことが、十八世紀の戦争を最も有効なものに仕上げた国家であるプロイセン王国の場合ほどに、明らかなところはなかった。

一七九二年から九五年にかけての第一次対仏同盟戦争におけるプロイセンの短い経験と、一七九六年から一八〇一年までのボナパルトによる諸戦役の観察とによって、プロイセン陸軍の若い将校グループは、彼らが戦争における何か新しいものに直面していることを確信した。すなわち、フランス革命において明白だった民族的エネルギーの解放は、一時的現象ではなくて根本的変化であるということであった。その変化は、ヨーロッパ諸社会の政治的・軍事的関係をともに変え、従って、それに対しては彼ら自身の国家も軍事的ばかりでなく、政治的な改革で対応しなければならなかった。一八〇六年のイエナの破局は、これらの人々の考えの正しさをはっきりと立証した。これらの人々とは、ゲルハルト・フォン・シャルンホルスト（Gerhard von Scharnhorst）、ヘルマン・フォン・ボイエン（Hermann von Boyen）、アウグスト・フォン・グナイゼナウ（August von Gneisenau）、カール・フォン・クラウゼヴィッツらのことである。彼らのリーダーのシャルンホルストは、プロイセン軍を再編するためにイエナ戦の後で作られた、軍再編委員会の長に任命された。師団組織と軽歩兵採用のようなフランスの隊形や技術を機械的に真似ることでは、明らかに不十分であった。プロイセン陸軍が、軍人以外の同国民から軽蔑され鞭でしか秩序づけられない長期服務の徴兵から成る限り、思い切った軍事改革は不可能であった。陸軍は、自らを国家の守護者と見、社会のその他の者からもそのように見られる、真面目で有能で信頼できる愛国者から成り立たねばならなかった。しかし、まず、グナイゼナウがあっさりと言ったように、「国民が有効に祖国を守るべきであるとするならば、国民にまず祖国を与える」ことが必要であった。祖国とは、ホーヘンツォルレン家の単なる世襲財産にすぎなかったのだろうか。それはむしろより広くより崇高な概念たるドイツではなかったのか。

これらは危険な思想であった。ホーヘンツォルレン家、ハプスブルク家、そしてそれらに追随した貴族達は、まさにその種の思想を抑圧するためにフランスと戦っている、と考えていた。この種の思想で他の危険思想と戦うことは、あまり人びとの賛同を得られそうになかった。シャルンホルストとその協力者達は、宮廷からも軍隊の内部自体からも、激しい反対に直面することになった。ある者は絶望して断念し、クラウゼヴィッツのようにロシア軍に勤務した。しかし、一八一三年、ロシアでナポレオン軍が崩壊してから、状況は変わった。ドイツ中で、階級の如何を問わず、愛国的熱情が爆発し、以前あった障碍の多くは打ち壊された。徴兵が導入され、国民服務部隊の一つである後備軍（Landwehr）が作られた。それは独自の将校を決め、そこでの服務は、軍に召集されなかったすべての兵役適齢者に対して、強制的であった。陸軍と後備軍の双方で、初めこそ動きが鈍かったが執拗で勇敢な約六十万の兵を、戦場に送り込んだ。彼らは、一八一三年のライプツィッヒにおけるナポレオンの撃破に、一八一四年には彼の退位を強要したフランス侵攻に、一八一五年には彼の最終的打倒に、遺憾ない働きを示した。ナポレオンの侵攻は、ドイツに、武装国民を呼び覚ましていた。しかし、ドイツ民族は、単一の国家という媒体を通じて現われることができなかったので、大きな問題は将来に残ったままであった。

ナポレオン戦争とイギリス

ワーテルローにおけるナポレオンへの止めの一撃（coup de grâce）は、ブリューヒャー元帥（Blücher）によって指揮されたプロイセン軍と、ウェリントン公によって指揮された主としてイギリス軍によって、共同で行なわれた。後者は、前者と同じく、軍事的ルネッサンスの産物であった。十八世紀を通じて、イギリスの島国という地位とその海軍力のため、陸軍はぎりぎりまで縮小され、その維持のためには、疑い深い議会から毎年許可を求めねばならず、その許可も不承不承与えられた。平時には、それは、最も厄介なアイルランドを含めて、主として海外領土に駐屯することに従事した。戦時には、新しい連隊が特別に召集され、平和が来ると解散された。十八世紀の法学の最高権威者ブラックストン（Blackstone）の言によれば、王の正規軍は、「王国の恒久的な法の一部としてではなくて、国家の異状から生じた一時的な異常生成物としてのみ、見なされるべき」[7]であった。イギリスの支配階級は、王国を守るためには、第一に海軍に、次いで田舎のジェントリーがその支配下においていた在郷軍（Militia）すなわち「合憲的軍隊」（Constitutional Force）に期待した。一六八八年に自らの力を拡大するために常備陸軍を使おうという意図のあらゆる徴候を示した、王権に対する不信がなくなるには、非常に時間が掛かった。革命戦争によって必要となった陸軍の拡大――一七九三年の四万弱から一八〇一年の十五万寸前へと

——は、用心深い議会により、一歩一歩吟味された。この期間に王の最高司令官ヨーク公によってなされた、陸軍の有効性を大陸の状態にまで引き上げようとする企ては、ホイッグ党にも急進派にも攻撃された。将校の教育のため士官学校を創設しようという開拓的企ては、生まれようとしている専制政治の証拠だと見なされた。実際、陸軍は原則上王に忠誠の義務を負っていたが、ジェントリーは次のような手段によって陸軍に対する有効な支配を維持した。すなわち、それほどの額ではないが富と社会的自己選択とが将校召集の決定的要因であることを確保した、将校職購買制度と連隊組織の維持によってであった。

このようにして、イギリス陸軍は、ナポレオン戦争を通じて、その社会の安定した階級構造を忠実に反映する、十八世紀的軍隊であった。将校は、大体は小貴族とジェントリーから、ごくわずかが専門職や商人の中産階級から任用された。他の列兵は、社会の最下層から、賞金によって召集された。これら二つのものは、下士官を通じてしか連絡されず、それぞれ別々の世界に交わらずに存在していた。二、三の指導的軍人は、中でもサー・ジョン・ムーア（Sir John Moore）とサー・ラルフ・アバークロムビー（Sir Ralph Abercrombie）が主だったが、そのような形を壊し、フランスの制度の柔軟性と独立性のいくつかを導入しようとした。しかし、支配的人物はウェリントン公アーサー・ウェルズリー（Arthur Wellesley）であった。彼は、十八世紀のすべての穏やかな確信を具現化し、それを十九世紀の後半にまで持ち込んだ人物である。彼は変化が必要だとは考えなかった。

彼は十八世紀的戦争のまさに達人であり、彼が戦うことを求められた会戦の限定された性格は、何か他のことを考えることを不要にした。当時のフランスの一将軍は、イギリス歩兵は世界で最良であり、その数が極めて少数であることはありがたいことだと言った、と記されている。しかし、正確には、それは非常に少数であったが故に、それほど優れていたのである。もしイギリスが大陸的規模の陸軍を作らなければならなかったとするならば、彼らははるかに真剣に大陸のモデルを真似なければならなかったであろう。その代わりに、それは、イギリスの社会構造に対して、はるかに広範囲にわたる影響を及ぼしたであろう。

彼らが大陸的規模で陸軍を召集する必要がなかったのは、十八世紀末まで天下無敵の専門的戦闘力だった、その海軍によって確立され維持された優越性のおかげであった。この優越性は、十八世紀を通じて、フランス軍により挑戦された。一七五六年から六三年までの七年戦争におけるイギリス海軍の勝利は、北アメリカとインドでの植民地競争相手として、フランス人を除去した。しかし、フランス海軍は自らの誤りを突き止め、二十年後には、極めて優れた専門的能力で、イギリス軍に一連の敗北を与えることができた。その敗北は、アメリカ植民地の反乱を制圧しようとするイギリスの企ての放棄を、イギリス人に強いることになった。

しかし、革命はフランス海軍の優秀性が依存していた専門的幹部組織を破壊し、革命的熱情は軍艦の航行には限られた有効性しかもたらさないことを証明した。フランス海軍の指揮体系と補給体系の双方は崩壊した。イギリス海軍の方はと言えば、一七七八年から八三年にかけての彼らの屈辱となった欠陥について深く反省した。議会は、陸軍に対してよりも海軍に対して、はるかに気前がよかった。講和条約締結後の最初の二年、つまり一七八四年から八五年まで、海軍を回復させるために、全国家支出五千万ポンド中二千万ポンドが使われた。海軍本部の行政の積弊は、新しい監督官サー・チャールズ・ミドルトン（Sir Charles Middleton）により一掃された。提督サー・チャールズ・ダグラス（Sir Charles Douglas）は、フランスのグリボーヴァルのそれに匹敵する砲術の改良を導入した。彼は、海軍の射撃を柔軟で迅速かつ正確にし、また、イギリスの軍艦に対して、離れて火力で掃射するのではなく、敵に肉薄し接近してそれを撃滅するように鼓舞した。

海軍の指揮官は、新しい信号体系によって、はるかに大きな率先性と柔軟性と統制力を得、従ってこの肉薄戦闘は古い乱戦（mêlées）のような混乱にはならなかった。陸戦の場合と同じように、十八世紀の海戦を完全に支配していた、戦闘線の厳しい硬直性は、第二次アメリカ独立戦争で既に壊れはじめていた。今や、イギリスの提督達は無限に変わる戦術的隊形と方策を使う能力を持ち、賢明な海軍本部はそうするように彼らを促した。ロドニー（Rodney）、ハウ（Howe）、ジャーヴィス（Jarvis）、特にネルソン（Nelson）は、相手を当惑させる専門的技倆と戦術的才能を新しい技術と組み合わせる方法を示し、スペイン軍とオランダ軍とフランス軍というイギリスの伝統的な敵の艦隊すべてを次々に撃破し、二十世紀まで一貫して続くことになる世界の海に対する支配を確立した。

大陸封鎖はナポレオンの敗北に大いに貢献したが、イギリスがその大陸封鎖ができるようになったのは、一八〇五年のトラファルガーの戦い以後完全になった、海の支配によるものであった。ヨーロッパ諸国が食糧では大体自給自足であった当時の経済状況下においては、イギリス軍とフランス軍が互いに課した相互封鎖は、当初どちらの側も、相互飢餓の企て——二十世紀の世界戦争ではそうなった——だとは見なされなかった。それは前述した「商人の戦争」、すなわち交易の略奪により財政的に相手を亡ぼそうとする重商主義的企てへの逆戻りだ、と考えられていた。アミアンで一八〇二年に締結された英仏講和条約が非常に短命であった一つの理由は、ナポレオンが、フランス実業界のかなりの支持を得て、イギリスの交易に対するコルベール流の重商主義的戦争を再現しようと決意したことである。イギリスの交易に対するそのような戦争は、アダム・スミスの自由貿易原則を実施しようとするウィリアム・ピット（William Pitt）の勇敢な試みであった、一七八六年のイーデン条約によってしばらく中断されていたのである。フランス人は、アンシャン・レジームの国内関税障壁から免除され、新しく併合されたベルギー地方の石炭と鉄を得て強化され、今や危険な競争相手であった。相互封鎖は、第一次・第二次対仏同盟戦争で大きな役割を果たした。フランスは、一七八〇年から一七八三年の間のように、イギリスによる封鎖の主張に抵抗して、北欧の商業諸国を武装中立同盟に統合することができた。このようにして、一八〇六年に、トラファルガー（の戦）でイギリスは海の支配を、アウステルリッツとイエナ（の戦）でフランスは陸の支配を、それぞれ確保した。そうしてからナポレオンはベルリン勅令を出し、彼の支配下にあるすべての土地から、イギリスの商品とイギリス統制下の商品を禁止したのは、既定の政策の延長としてであった。

イギリスの反応は、フランスの交易を破壊するためではなくそれを統制することを目指す封鎖を、課すことであった。当時のイギリスの政治家が言ったように、「フランスは勅令で、イギリスとの全交易を止めると決意した。それに対してイギリスは、イギリス以外にフランスとの交易はさせないと答えたのである」[8]。中立船は、イギリス人によって課せられた条件の下でのみ、フランス帝国との交易を許された。その制限は直ちに摩擦となり、ついには一八一二年アメリカとの戦争になった。大陸の市場は、生地と金属のようなイギリスの商品ばかりでなく、イギリスが今や全面的に独占していた木綿や染料や砂糖やコーヒーのような植民地の産物を切望していた。従って、イギリスの封鎖は、大規模な密輸で辛うじて緩和されたが、ほとんど耐えがたいほどの欠乏を、大陸側に課すことができた。フランス政府は、その密輸を、やむなく黙認したばかりでなく、それに参加さえしたのである。

その結果、ヨーロッパの人々は、フランス革命の主唱者たちによってもたらされた政治的利益についてよりも、不適切に統制された経済的圧迫と腐敗について、一層意識するところとなった。自ら課した封鎖を機能させるために、ナポレオンは、さらに支配を拡大せざるを得なかった。スペイン、ポルトガル、イタリアが、一八〇八年に、「大陸体制」に加入させられた。こうしてこの体制は、地中海にも、イギリスへの支持を生み出していった。オランダと北ドイツが一八〇九年に、スウェーデンが一八一〇年に加入させられた。ナポレオンは、手を握りしめながら、イギリスがいなければ軍隊を復員させて平和に暮らせるのに、と不平をかこった。もし、一八一二年までに大陸ヨーロッパ全体が、フランスでさえも、不満にわきたっていたとするならば、名声の多くは、初期の勝利で可能になったイギリス海軍によるはなばなしくはないが忍耐強い封鎖の功績に与えられなければならない。ティルシットで五年前に大陸体制に加入したロシアのアレクサンドル皇帝は、その年、イギリスとの木材と穀物の交易に対する阻止には耐えられないとして、挑戦的にもイギリスとの通商関係を再開した。ナポレオンは、武力で服従させる以外には、他に方法がなかった。

しかし、この絵にはもう一つの側面があった。イギリス経済も、封鎖の影響を受けずに、うまくいっているわけではなかった。戦争は、百年前のように、交易や利得と同義ではなかった。フランスの植民地交易を獲得した商人はうまくやっていたが、製造業者は深刻であった。彼らの生地や金属製品は、彼らに対する市場がとにかくいまだ制限されていたヨーロッパには、それほど簡単には密輸できなかった。一八〇八年の供給過剰危機は、ナポレオンがイベリア半島に侵攻した際、スペインとポルトガルの両帝国の市場がイギリスの交易に対して開かれたことによって、一時的に緩和された。南アメリカへの輸出は一八〇五年の八百万ポンドから一八〇九年の二千万ポンドに増加し、こうしてできあがった交易パターンは第二次世界大戦まで続くことになった。しかし、これは、悲喜こもごもの恵みであった。熱狂的な投機は、一八一〇年、市場の崩壊になった。同時に、イギリスの大陸封鎖に報復するアメリカは、イギリス商品をボイコットしたし、その上、ヨーロッパへの輸出は、一八一〇年の七百七十万ポンドから一八一一年の百五十万ポンドにまで低下した。イギリスの倉庫は売れない商品であふれ、労働者は解雇され、反乱と機械の打ち壊しが始まった。イギリス人のこのような苦しみに加えて、一連の不作によりパンの値はつり上がった。イギリス陸軍は、次の四十年間、いかなる外戦よりも忙殺されるようになる任務の遂行に出動させられた。それは、同じイギリス人の不満者を、鎮圧することであった。

このように、革命とナポレオン時代のはなばなしい軍事的出来事の背後で、二つの相対立する経済体制の間の闘争が起こっていた。後者の闘争は、結局、前者に劣らず決定的であり、戦争の将来にとっては一層重大でさえあった。戦争は全体的になりはじめたのである。すなわち、軍隊の対立ではなくて、国民の対立になりつつあった。この傾向は、技術的発達によって著しく強められ、ウィーン会議での条約締結後数年のうちに、ヨーロッパ大陸を変革し始めることになった。

第6章　民族の戦争

王政復古期

ヨーロッパの支配階級は、二十五年にわたる革命と侵略によってほとんど追い払われかけていた権力の座に、不安のうちに戻ってきた。一八一四年以後、彼らの主な関心は、ナポレオンの経験を繰り返さないということ、すなわち、十八世紀のヨーロッパを安定した均衡状態に維持していた政治的・社会的均衡の回復と維持を確保するということであった。この均衡の回復は、フランス革命によってヨーロッパ社会の表面下に存在することが暴かれた、政治的エネルギーと軍事力の新しい資源を開発することよりも、はるかに重要な目的であると見なされた。もしナポレオン的規模の軍事的有効性が社会全体の革命的変化に基づくものであるなら、それは、王政復古の諸王朝には、払うことのできない代価であった。ナポレオン戦争が、ヨーロッパの国際体制の打倒を試みる勢力にとってはいかなる価値を持ったとしても、その体制を維持しようとする政治家にとっては何の価値もなかった。

　そこで陸軍は、半世紀の間、社会の他の部分から隔絶された貴族的将校と長期服務専門軍という十八世紀的形態に、できるだけ逆戻りしようとした。ナポレオンの挑戦に対処するため、軍事機構を最小限あるいは一時的に調整した諸国――イギリス、ロシア、ハプスブルク帝国――は、問題なく、伝統的方式に戻った。プロイセンの場合、シャルンホルストと彼の同僚によって導入され、しかも一八一四年の陸軍法によって確立された改革――現役三年予備役二年の徴兵、および有産者が互選によって将校となったそれとは別の後備軍――は、全面的には廃止されなかった。しかし、改革者達は左遷あるいは退役に追いやられ、後備軍は一地方クラブに低落し、徴兵はできるだけ限定的に慎重に用いられた。その結果、貴族は再び将校団内部で全面的支配権を確立できた。フランスでは、アンシャン・レジームへの復帰はそれほど全面的にはできなかった。フランスの軍事制度は、旧ナポレオン陸軍の枠組の上に、建てられねばならなかった。その仕事は、一八一八年にナポレオンの元副官グヴィオン・サン・シール（Gouvion St.Cyr）によって、また一八三二年にはスルト（Soult）によって遂行された。彼らの軍事立法は、徴兵の原則を維持した。しかし、実際には徴兵を貧乏で免除を買えない階級にだけ適用し、しかもそれを七年間続けることによって、革命時代の武装国民とは非常に違った長期服務専門陸軍を作ろうとした。それは、貴族ではなくて、専門家によって統率された。彼らは、下級レヴェルでは大体兵卒から採用され、一般の世界とはほとんどつながりを持たず、また、十九世紀前半のフランス政界を特徴づけた頻繁な体制交代の間にあっては、彼らの最も賢明な道は彼らの階級的上級者に絶対服従することであることを学んだ。フランス陸軍は、イギリスやプロイセンやオーストリアやロシアのそれと同様、社会的・政治的秩序の防衛手段として頼れることを示した。これら諸国の軍隊はすべて、四十年間の大半を、相互に戦うことあるいはその準備をすることよりも、国内の反乱と革命を鎮圧することに忙殺されていた。

しかし、その正式な存在意義は、国家の防衛であり、その結果必要ならば大戦（la grande guerre）を戦うことである軍隊が、ナポレオンの経験を無視することはできなかった。ナポレオン戦争の間あるいはその後、すべての主だった好戦的諸国は、将校の専門教育と参謀将校の訓練のため、軍事学校を創建あるいは再建した。イギリスは一八〇二年に王立士官学校（Royal Military College）、フランスは一八〇八年サン・シール（St. Cyr）に、プロイセンは一八一〇年ベルリンに士官学校（Kriegsakademie）、ロシアは一八三二年に帝室士官学校（Imperial Military Academy）。そして、最新の戦役の教訓がそれらの教科の中に入れられた。軍事的文献は、革命前にも既にかなりあったが、戦中と戦後には、あらゆる階級あらゆる国の軍人が慌ててその経験を記録し、そこから引き出される結論について勿体ぶって話をしたため、始末がつかないほどの量になった。最も尊敬された戦略家たちは、古い型の戦争と新しい型の戦争の間の継続性を強調した人々であった。彼らは、ナポレオンとフリードリヒ大王の専門的技能を結びつけ、これら二人の偉大な指揮官の成功の基礎となり、将来も有効であり続けると確信をもって期待された、基本的原則を示した。例えば、プロイセンの将軍フォン・ヴィリゼン（von Willisen の『大戦理論』Theorie des grossen Krieges, 1840）、イギリスのエドワード・ブルース・ハムリー（Edward Bruce Hamley の『作戦論』Operations of War, 1866）、そして中でもスイスのアントワーヌ・ド・ジョミニ（Antoine de Jomini の『戦術概要』Précis de l'Art de la Guerre, 1838）などである。

彼らの著述においては、ナポレオンの戦争は、十八世紀の戦争と同じように、自軍を防衛しながら敵の翼側と通信線を脅かすとか、決勝点で力の優越を確保することとか、単なる機動の問題になってしまった。当時の最大の軍事的著述であるカール・フォン・クラウゼヴィッツの『戦争論』（Vom Kriege, 1832）の大部分も、基本的戦略原則に対する同じような探求にとらわれていた。しかし、クラウゼヴィッツは、革命の戦争とアンシャン・レジームのそれとの間の類似点を強調するよりも、その間の相違点を分析し説明することに、一層の関心をもった。彼が強調したところによれば、戦争は、軍事的専門技術の問題であるのと少なくとも同程度には、精神的・政治的諸要因の問題でもあり、また、フランス革命によって引き起こされたこれら諸要因の変化こそ、それまでの戦争の性格を明らかに変え、アンシャン・レジームの軍隊を仰天させたのであった。全面的勝利を求めて国家のエネルギーの総力をもって行なわれる戦争は、制限された目的のために制限された兵力をもって行なわれる戦争とは、必ず違った形を取るはずであった。前者の戦争形態である「絶対戦争」は、もしヨーロッパが革命期にそれらを実際に経験していなければ、プラトン的理念すなわち考察のための抽象的規範にすぎない、と思われたであろう。このような紛争は繰り返されないと主張するのは軽率だ、とクラウゼヴィッツは結論した。「何が可能かを知らなかったということにのみ実際依拠していた障壁が壊れると、それを再建するのは容易なことではない。少なくとも大きな利害が問題になる場合には、相互の敵対は、現在と同じような形を取るであろう」[1)]。

敵にとっても自分達にとっても危険であったこのような民族的熱情の爆発こそ、王政復古の政治家たちが、生きて再び見たくないと望んだものであり、事実彼らは三十年以上も首尾よくそれを阻止することができたのである。それほど長い間ヨーロッパに平和と秩序を維持することに彼らが成功したことによって、工業と技術の発展が可能となった。しかし、そのことは結局、戦争がいったん起こった時には、それはナポレオンの経験さえもささやかなものとするほどの規模になることを確実にした。

管理革命

一八一五年のナポレオン戦争の終結から四十年後のクリミア半島の戦争までの年月に、蒸気機関の発達によって、陸海の輸送は変化をみた。海戦に対するその効果は、次章で論ずる。陸上では、鉄道の導入と戦闘へのその応用の結果は、ときに数週間も続く長い行軍を不要にした。この行軍によって、相互に接触するまでに最も頑強な専門的軍隊でさえも、多くの死者を出した。イギリスでは、一八三〇年に、一箇連隊が、マンチェスターからリヴァプールまでの三十四マイルを、行軍では二日ないし三日かかるのに、二時間で鉄道輸送された。同時に、ラインラントのドイツ軍は、復興しつつあるフランスがすばやく大軍を集結して、ナポレオン的侵攻を再開し得るその速度のことを、不安のうちに考慮し始めた。実は、イギリス軍もフランス軍も当初は、大都市における反乱鎮圧のために軍隊を輸送する手段として、鉄道に関心を持った。新しい輸送体系から非常に利益を受けるようになったのは、中部ヨーロッパに不規則に広がった領土を鉄道網によって効果的に結ぶことができた、プロイセンの経済的・軍事的力であった。

鉄道の価値を証明したヨーロッパで最初の戦争は、一八五九年の北イタリアにおけるフランスとオーストリア帝国との戦争であり、そのとき総勢十二万のフランス軍は、その距離を行軍すれば二か月もかかったところを、十一日で戦場に着いた。しかし、その会戦は、また、鉄道輸送の問題点をも示した。兵と馬は迅速に移動されたが、備品は別問題であった。フランス軍は、弾薬、医薬品、飼糧、架橋あるいは攻城装備がなく、首尾よく戦えたのはただただオーストリア軍がこれに劣らずよくなかったためであった。プロイセンの参謀本部は、最大の仮想敵国である両国の間の会戦を深い関心をもって研究し、その教訓を逃さずに鉄道部を創設した。それは、一八六六年の対オーストリア戦争では失策をおかしたが、一八七〇年の対仏戦争では未曾有の能率で機能することとなった。既にその時までに、アメリカの南北戦争は、鉄道輸送が戦略家達に呈した問題と可能性についての、一層豊富な例を提供していた。

運動速度は、実は、鉄道によってもたらされる軍事的利益のほんの一つにすぎなかった。それに劣らず重要だったのは、鉄道が戦場の軍隊に与える持久力であった。軍隊は、もはや、一会戦のために前進倉庫に貯えられた補給品に頼らなかった。今や国家全体の経済を調節して、不断の補給をすることができるようになった。第二に、軍隊は、力にあふれ肉体的に良い状態で戦場に着いた。たとえ軍隊の主要な部分が市民生活から徴集されたばかりの予備兵だったとしても、軍隊が良い状態で戦場に着くことは重大なことであった。ただし、かつては前線へのつらい行軍を通じて会戦の厳しさを体得していったが、それはもはや期待できなかった。第三に、軍隊を良い状態に維持することができたこと。傷病者は基地の病院に移すことができ、健康な兵と交代できた。もし戦争が長引けば、軍隊は休暇で往き来できた。もはや戦争は、市民にとって、短い政府声明や事件のはるか後の兵士達の話からのみ知る、遠いことではなくなった。そして、戦場と国内基地間の接触は、当時開発の進んだ電信によって一層密接になった。電信は、首都の政治指導者と戦場の軍事指揮官の間のみならず、新聞が確立されて野心的になるに従い、編集室と軍隊付特派員との間でも、即座の通信をもたらした。イギリスの民衆は、一八五四年から五五年にかけてのクリミア半島における会戦を、イベリア半島におけるウェリントンの会戦よりは、はるかに詳細に、その結果はるかに批判的な関心をもって見守ることができた。そして彼らは、世界のさらに離れた地域における自国の軍隊の活動についても、ほとんど同じように知らされていた。

かくして、ヨーロッパの人々——彼らはますます読み書きができるようになり、都市化され、政治的な自覚を持つようになってきた——は、十九世紀の前半に起こった通信革命によって、軍隊の活動に対してそれまでにない親密さと関わり合いをもつようになった。もっとも、政府は軍隊を、一般民衆の関心から引き離しておこうと考えていた。なぜなら、それは軍隊を激励するよりも腐敗させやすいと心配されたからである。しかし、軍隊とその母体たる社会との関わり合いを増大させてきたその同じ変化が、同時に、軍隊を支えるために、今までより以上に社会の諸資源に頼ろうとする政府の軍事的要請を生み出してきた。

十八世紀には、戦場で首尾よく展開できる軍隊の大きさには、厳しい制限——補給の問題によって決められた制限——がある、と一般に認められていた。十八世紀の指揮官が八万以上の軍隊を動かしたことは、極めて稀であった。既述したように、これらの限界は、組織的なあるいは勝手な略奪によって正規の補給源を補った、革命時代のフランス軍によって超えられた。しかし、一八一二年ナポレオンがロシアに入れた約六十万の軍隊を襲った災厄は、この無情の即興にさえも、限界があることを示した。しかしこれらの限界は、鉄道の導入によってなくなった。一八六〇年代にプロイセンの参謀本部が熟達したように、鉄道で軍隊を動かす管理上の複雑さがいったん習熟されると、軍隊の大きさを制限するものは、社会における兵役適齢期の人口数、徴兵に対する政治的・経済的制約、軍隊を訓練し装備し動員するための管理能力、だけであった。一八七〇年、北ドイツ連邦は、ナポレオンがロシアに入れた兵員数のちょうど二倍の百二十万を、フランスに対して展開した。一九一四年までに、ドイツの数字はさらに倍増して三百四十万にも達したが、隣国の間でも同じ位の増加があった。世紀の終わりまでに、大陸諸国の安全は、全面的ではないとしても主として、戦場に投入可能な軍隊の大きさに依存する、と見られるようになった。

この仮定は、一八六六年と一八七〇年のドイツ統一戦争の経験に、大いに依拠したものであった。その際、プロイセンは、ほんの数週間のうちに、まずオーストリア軍を次いでフランス軍を撃破した。後者の場合には、まさしくナポレオン式のやり方で敵の首都を占領し、まったく絶望した敵に対して自らの条件を命じた。クラウゼヴィッツが予言したように、「絶対戦争」は再現した。それは、クラウゼヴィッツの弟子であるプロイセン参謀総長老ヘルムート・フォン・モルトケ（Helmuth von Moltke）によって、ヨーロッパに呼び戻された。

プロイセンの軍事的有効性の基礎は、義務兵役制度であり、それは一八一四年の導入以来減退はしたけれども、全面的に放棄されることはなかった。それが新しい力を与えられたのは、初め摂政として次いでヴィルヘルム一世として、一人の君主が一八五八年に即位した時である。彼は、プロイセン軍事力の再建を自らの第一の目的と決め、その目的達成過程において議会との正面衝突を引き起こした。彼の陸軍大臣アルブレヒト・フォン・ローン（Albrecht von Roon）は、兵役の要件を、現役三年予備役四年と再び定めた。予備役後、訓練された兵は、後備軍――後備軍は独立の地位を失い、正規軍の統制下に入れられた――に移った。組織は管区単位の軍団によって管理され、軍団司令官は、徴兵と予備兵と後備兵の召集、その訓練と装備、および特にその動員の速度と能率に、責任を負っていた。動員にあたっては、正規軍は、十分に訓練された予備兵で補充され、動員用備品で装備され、また、参謀本部（General Staff）が予め作成した計画に基づき、主戦場としてどの前線が選ばれても、そこへ慎重に計画された鉄道網によって派遣された。

この参謀本部は、多分、十九世紀の偉大な軍事的革新であった。プロイセン参謀本部は、シャルンホルストによって創設されたが、モルトケが一八五七年に参謀総長になったとき、彼によって全面的に再編された。大軍に補給し大軍を展開するという問題は、かなり以前から、作戦参謀の任務の拡大と、また、たとえ十分に専門化されていなくともよく訓練された参謀将校の全軍への配置とを、必要とした。鉄道の発達によってもたらされた軍隊の規模の拡大とともに、平時の準備と戦時の指揮統制の問題が非常に増加した。フランス、オーストリア、イギリスの諸軍では、実際の重要性より低く見られていた参謀将校は、連隊の同僚から共感も得られず軽蔑される、軍事官僚にすぎなかった。これに反して、モルトケは、彼らを、最も有望な連隊将校から選抜し、自らの監視下に訓練し、その経歴がますます責任を負うようになった参謀と指揮官のポストに限定される、エリートに変えた。プロイセン陸軍においては、そして一八七一年の勝利から生まれたドイツ帝国陸軍においては、参謀将校は、単なる事務局長ではなく、専門的助言者でもあった。彼らの司令官は、ますます彼らの見解によって、左右されるようになった。一八七〇年は、プロイセンの兵力にとってと同様、その官僚的方法にとっての勝利であった。それは、まったく新しい種類の社会的能率の基準をつくった。第二帝国の軍隊に復活し、また多くのフランスの将軍が戦果をあげた小規模の植民地戦争でさかんだった、ナポレオン時代のロマンチックな英雄主義は、戦争を科学的計算と管理計画と専門技術の問題にした体制によって押しつぶされた。一八七一年以後、プロイセンの諸制度——徴兵制度、戦略的鉄道網、動員技術、特に参謀本部——は、大陸ヨーロッパのあらゆる諸国で真似られた。三十年後、イギリスとアメリカは、南アフリカとキューバでの不幸な経験をしてから、そのモデルを自らの必要に適合させるにいたった。

技術革命

この管理革命とならんで、技術革命が進行した。十五世紀から十九世紀までの間は、ヨーロッパ社会の安定した経済的枠組の中で、兵器体系の発展がいかにゆっくりとしていたかは、既に見た通りである。大砲が機動性を増しわずかだが一層正確になったのも、歩一歩と漸進的であった。また、火縄式が火打ち石式に、槍《パイク》が銃剣に変わった適応も、射程の著しい増大があったわけではなく、人間や馬の能力そのものによって課せられた機動性の限界を越えるものではなかった。しかし、一八一五年から一九一四年までの間に、通信革命が戦略を変えるようになったように、兵器の技術革命は戦術を変えることになった。

既に一八七〇年までに、火器は一つの変化をこうむっていた。第一に、旋条することであった。旋条（rifle）とは、銃の砲身内部のらせん状の溝のことだが、それは射程と正確さを五倍も向上させた。この原理は既に十六世紀以来スポーツ用の銃には応用されてきたが、軽歩兵の専門家に使われるようになったのは十八世紀以後のことであった。しかし、前装のため、発射速度が非常に遅かった。こうしてライフル銃は、兵士全体に支給するにはあまりに精巧すぎる兵器だと、一般に見られていた。当時は、発射の量そのものの方が、射程や正確さよりも、歩兵戦においては重要だと考えられていた。しかし、一八四〇年代に、旋条されたマスケット銃が発達し、その弾丸は銃口を落ちて、発射されると溝にピッタリするように広がり、射程と正確さが増したことはもちろん、旧型マスケット銃と同じような発射速度が得られた。同時に、火打ち石式点火機構に対して、それよりはるかに信頼性の高い撃発雷管が取って代わった。フランス、イギリス、ロシア、オーストリアの軍隊が、一八五〇年代にクリミア半島とイタリアで戦ったのは、これらの兵器を用いてであった。

プロイセンは、これらの戦役では、何の役割も果たさなかった。したがって、一八六六年の対オーストリア戦になるまでは、二十年にわたって歩兵に装備してきたドライゼ(J. N. von Dreyse)式撃針銃の有効性が、評価できなかった。これが最初の旋条した後装銃であったが、不細工な兵器でもあった。前装銃ほど射程がなかったうえ、銃尾からガスが大量に放出されるので、射撃するのがひどく不快なものであった。しかし、それは、前装銃の一発に対し三発発射することができ、しかも伏射できるという圧倒的利点があった。戦史では初めて、歩兵は、自らが標的になることなく、数百ヤードの距離で相手を殺傷することができるようになった。一八六六年にプロイセン軍があまりに効果的にその利点を発揮したので、他のすべてのヨーロッパ陸軍もたちまち自分なりの改良型後装銃を手に入れることになった。

砲兵でも、同じ発達があった。一八六〇年までに、すべてのヨーロッパ陸軍は、一千ヤードから三千ヤードまでの射程をもつ各種の前装旋条の火砲で装備された。この点では、プロイセン陸軍は、オーストリア軍からもフランス軍からも後れをとった。しかし、一八六六年における彼らの火砲の不満足な実績が契機となって、急速な戦術革命を進め、またフリードリヒ・クルップ（Friedrich Krupp）が発達させた新型の鋼鉄製後装砲を導入した。これらの火砲は一八七〇年の戦場を支配した。ドイツ軍は緒戦においてフランス軍の優れたシャスポ（A. Chassepot）式ライフル銃によって阻止されたが、その後プロイセンの将軍たちは、歩兵をその銃の射程外に止め、火砲を使ってフランス軍を連打し屈服させた。

かくして、既に一八七〇年までに、攻撃軍が敵と近接戦をすることは困難になりつつあった。フランス陣地を攻撃するプロイセンの歩兵と、プロイセン陣地を攻撃するフランス騎兵は、恐るべき損害をこうむった。つまり、戦場におけるプロイセンの勝利は、一部には砲兵により、一部には数の優越によって可能となった包囲戦術によってであった。一八七〇年以後、この困難さはさらに一段と増大することになった。一八八〇年代に、リダイト、コルダイト、メリナイトという高性能火薬の発達があった。これらの物質は、それまでの火薬とは違い、全面的かつ瞬間的に燃焼し、従って射撃の位置を暴露する煙を出さないばかりか、発射速度を損なう砲身内のかすも残さず、また、すべての兵器の射程をそれまでには考えられなかったほどに増大させた。歩兵のライフル銃は今や一千ヤードまで有効射程となった。口径は小さくなり、軽く正確になり、歩兵は一層多くの弾薬を携行することができるようになった。さらに、弾倉と金属薬筒が、装塡の簡易さと迅速さを向上させた。これらの改良兵器の成果さえ、十九世紀の末頃の、毎分数百発も発射する、弾帯で送り込まれる水冷式機関銃の導入で、小さく見えることになった。このような兵器で守られた陣地を、どのようにして首尾よく攻撃できたのであろうか。

戦術の著述者たちは、十九世紀の終わりに、皆一致して、攻撃側は防御側よりも一層強い火力を発達させることによってのみ成功すると述べた。同時に起こっていた砲兵の発達によって、これは可能となるように思われた。野戦砲は射程が伸びたため、一八七〇年の場合のように、二、三千ヤードの射程で敵の眼にさらされながら射撃をする必要がなくなった。五マイルも離れた、しかも隠れた陣地から射撃して、戦闘に参加できた。一方、無反動砲架は、毎発射後火砲を点検することを不要にし、射撃の迅速性と正確性の双方を向上させた。重砲は、二十マイルあるいはそれ以上、例外的な巨大なものの場合には五十ないし六十マイルの射程を得、既存のすべての要塞を粉砕できた。一八七〇年は、一九一四年から一八年にかけての大戦が確認することになったこと、すなわち砲兵が戦場で中心的かつ多分決定的な武器になるということ、を既に示していた。一九一八年までには、地歩をとるのは砲兵で、それを保持するのが歩兵となった。そして、地歩の重要性は、砲兵の観測のための便宜性によって決まった。

最後に、最も古くて最も誉れの高い兵種たる騎兵はどうであったか。急襲と偵察に対するその重要性は問題なかった。実際、新しく拡大した戦場では、その重要度は以前より高かった。火力を運ぶその機動性も問題がなかった。「騎乗歩兵」すなわちかつての竜騎兵の価値は、南北戦争の戦場ではもちろん、南アフリカの広大な戦場では、非常にはっきりと示された。しかし、騎兵は、戦闘で決定的衝撃を与えるという、彼らが歴史的に自らの存在意義だと見なしていた役割ではなくて、将来はこのような補助的役割に限られるだろうという示唆に対して、抵抗した。増大した歩兵の火力が、改良された砲兵の火力によって帳消しになることを、彼らは望んだ。カヴァーすべき距離が一層大きくなって、改良された馬種が無駄にならないよう望んだ。かくして、一九一四年には、ヨーロッパのすべての陸軍はいまだに、戦場で襲撃し突破口を利用するように訓練され槍《ランス》とサーベルで武装した、騎兵の完全な常備編制を備えていた。連続した戦線が作られない東ヨーロッパの広い戦場では、騎兵は二十世紀でも十分に有効であった。しかし西ヨーロッパでは、一部の騎兵指揮官を除くすべての者に、重騎兵は金のかかる時代錯誤のものだということが、数週間も経たないうちに明らかとなった。偵察におけるその役割でさえ、自動二輪車と装甲車に直ぐにとって代わられた。

軍事思想家は、一般に、新兵器によって引き起こされた諸問題を過小評価しなかった。一八七〇年の経験は、一八七七年から七八年の露土戦争、一八九九年から一九〇一年の南アフリカのボーア戦争、そして一九〇四年から五年の日露戦争によって強化された。これらの戦争のすべてでは、よく準備された陣地の穴に立てこもり、攻撃軍に耐えがたい損害を与える兵器で武装した歩兵の能力を、いよいよはっきりと示した。独特の観察者だったポーランドの銀行家イワン・ブロック（Ivan Bloch）は、兵器の性能の注意深い分析に基づいて、その著『将来戦』（La Guerre Future, 1898）を著したが、その中で、攻撃が成功するのは今や統計的に不可能であるので、戦争はもはや政策の実行可能な手段ではなくなった、と結論した。軍事指導者たちは、もちろん同じ結論を引き出しはしなかったが、準備を整えた陣地に対して正面攻撃を始める軍隊は甚大な損害を覚悟すべきである、ということを否定しなかった。他方、一八七〇年ドイツ軍が行なった種類の包囲機動は、巨大な兵力を必要とした。どちらの場合も、最大の人的資源をもつ軍隊が決定的優位を握ったため、一八七一年から一九一四年までの間各国の参謀本部は、この問題の解決策として競ってより大きな軍隊を要求した。

最も緊急にそれを実行した人々は、ベルリンの軍事計画立案者たちであった。ドイツ参謀本部は、フランスとロシアの双方に対して、二正面戦争を戦うことを計画しなければならなかった。一八九〇年以後ロシア帝国内における鉄道網の発達にともない、ロシア軍がヨーロッパでその兵力の一層多くを展開できるようになるにつれて、彼らドイツ参謀本部の問題は、年を追って大きくなっていった。ロシア、オーストリア＝ハンガリーの両帝国と友好関係を続けることによってフランスを孤立させるというビスマルクの政策が、その後継者たちに放棄されると、しかも一八九一年フランスとロシアが協商を成立させるや、ドイツ参謀本部は戦争を単なる時間の問題と考えた。彼らの問題は、どちらの戦線に最初に兵力を集結するか、であった。セダン型の決定的勝利は、西ヨーロッパの限定された区域においてのみ可能であると考えられた。しかし、フランス国境は当時極めて強力に要塞化されていたので、このような決定はいずれも問題外に見えた。ドイツ参謀総長アルフレート・フォン・シュリーフェン伯（Alfred von Schlieffen）が提案した解決策は、よく知られている。それは、ベルギーを通る広大な包囲運動であって、フランス軍を背後で突き、彼らの防御物で動きをとれなくさせ、「明日なき戦闘」（Schlacht ohne Morgen）でそれを殲滅《せんめつ》する。そうなれば、ドイツ軍の大部分は、大きいが緩慢な動きのロシア軍の脅威に対処するため、東方に輸送することができるであろう。シュリーフェンは、一九〇五年に退官するときこの考えを後継者達に残したが、後継者たちには、それは調べれば調べるほど、実施困難だと思われた。兵站上の問題は、非常に大きいが、解決不可能ではなかった。根本的困難は十分な人力を得ることであった。こうして、一九一二年に、ドイツ軍の規模をさらに増大するために、新陸軍法を通過させることが必要であった。

フランス軍も、当然ながら、徴兵の服務期間を延長するという同じやり方で、それに応えた。しかし、フランス参謀本部は、近代戦争における防御側の力について、ドイツ参謀本部ほど懸念を持たなかった。まず第一に、彼らは、一八七〇年の敗北の大半の原因を、当時の将軍たちがナポレオン方式に忠実に従って先手を取り敵前で勇敢に機動する代わりに、陣地を守ろうとしたその消極性のせいにしていた。第二に、既述のように、十八世紀においてさえフランス陸軍の伝統は攻撃側のものであり、指揮官の側では、防御施設の背後に隠れて、敵が攻撃で消耗するのを許す気はなかった。戦争では精神的なものと物質的なものとの比率は三対一だというナポレオンの格言を常に肝に銘じており、フランスの軍事指導者たち――中でもフェルジナン・フォッシュ将軍（Ferdinand Foch）――は、攻撃側が火力の決定的優勢を取れる限り、最強の防備でさえ英雄的指揮による大量攻撃によって攻略できる、と信じ続けた。かくして、彼らは、一九一四年に、攻撃によって先手を取ることでドイツ軍の動きを粉砕しようと計画した。攻撃ではひどい損害が予期されたが、意思の強い指揮官は決してひるみはしないはずであった。

将校の非貴族化と兵士の大衆化

さて、一九一四年のかなり前から、ヨーロッパのすべての国家は次のことを認めていた。つまり、各国がその相対的な力と地位を維持するために依拠していた軍事的有効性は、小さい専門的軍隊の有効性にではなくて、国民の「人力」と戦略的に適切な「鉄道網」との組合せに掛かっている、ということであった。これらの二点で決定的優位を有する国家は、他のことが等しければ、ほとんど一夜でヨーロッパの政治地図を変えることができるということであった。そこで、人力の利用と福祉が、かつてなかったほどに、国家の関心事となった。出生率は軍事力の指標となり、フランス軍は、一八七〇年以後の出生率の低下を、ライバルであるドイツの急騰する数字と比べて、深い懸念をもって見守った。徴兵が健康であることも重要であった。イギリスの社会政策は一八五〇年代の経験に多くを負っていた。その当時、ロシアとの戦争のために現役に召集された在郷軍兵士が、驚くべき高率で、軍務に不適で不合格とされなければならなかったことが判明した。基礎的教育水準もまたそうであった。近代陸軍は複雑な組織となってきたので、階級のごく低いレヴェルまで読み書き算数の能力が要求された。皮肉屋は、将校よりもかえって下士官の方に読み書き能力が必要だ、と主張しかねなかった。普仏戦争を勝ったのはプロイセンの学校の先生達だとよく言われるが、その内容は、ワーテルローの戦闘はイートン校の運動場で勝利が得られたという、ウェリントンの作とされる寸評とは、非常に違ったものを意味していた。

けれども、貴族の伝統的特性――勇気、率先性、独立心、指導性――が戦場で一様に不必要になった、というわけではなかった。戦場は非常に大きいため、上級将校はごく全般的な言葉でその意図を述べるだけで、後は下級将校に状況が許す限りそれを実行に移すように任せることしかできなかった。非常に優秀な将校を大勢持つ必要があった。十九世紀後半における地価の低下の結果、地主階級が経済的救済手段の一つとして軍職に対し新しい関心を向けたこともあったが、将校は貴族階級からだけでは供給不可能であった。貴族が彼らの伝統的存在意義であったカリスマ的指導性をなお提供できたとしても、専門的軍人としてのその他の特質がますます要求されるようになった。少なくとも、技術面の理解と第一級の管理能力が、その中に含まれた。新しい種類の専門主義が正規将校達の間で発達してきた。英雄的指導者になることを止めずに、さらに管理者と技術者になることを学ばねばならなかった。

　このスタイルの変化は、フランスではあまり困難なく達成された。フランスでは、将校団は、革命以後、大体が中流階級の制度であった。ハプスブルク帝国では、貴族制は常に柔軟で折衷的であった。ロシアでは、陸軍のために十分な将校を見出すという点では、貴族に何ら問題はなかった。ロシア陸軍は、中流ないし下層中流階級出身者で、士官候補生《ユンカー》として知られる士官学校の卒業生によって、大体のところ指導されていた。しかしドイツの状況ははるかに柔軟性を欠いていた。既述のように、そこでは、将校団と帝室とが特に親密な相互忠誠関係にあった。すなわち、将校は、ドイツ皇帝に忠誠を誓い、その代わりに彼らの特権の確認を期待した。その世紀も波瀾の多い中葉に入ると、プロイセン将校団は、外敵に対する帝室の守護者としてばかりでなく、国内の分裂的勢力に対する社会秩序の守護者として、自らを考えるようになってきた。彼らは、参謀本部が彼らに加えた陸軍拡張の軍事的必要性を認めたけれども、彼らの指導者達は次のような経過を不安のうちに眺めていた。それは、自由主義的背景を持つ中流階級の成り上り者によって将校連中が圧倒され、また、社会主義思想にかぶれた青年によって列兵が満たされる、という経過である。

彼らは心配するには及ばなかった。反抗の時代（Erhebungszeit）の知的・政治的興奮を推し進めた一八二〇年代と三〇年代の中流階級の急進主義者たちは、一八四八年には確かに革命的であり、一八五〇年代にも厄介な反対を続けていた。しかし、ビスマルクは、プロイセン帝室に対してドイツ・ナショナリズムの主張を信頼するよう説得することによって彼らの毒針を抜いたため、一八七一年には彼らは誰にも負けず大声で「皇帝万歳」を叫んだ。その後、プロイセン軍事体制を支持し、それと一体化したドイツ・ブルジョワジーは、将校の予備役に地位をせしめて喜び、また工業プロレタリアートの間に社会主義が成長するのを、他の者と同じようにおびえた。この成長は、軍事当局にとって、とりわけ心配すべきことであった。ルールとラインラントの新しい大工業都市の労働者たちは、貴族がいまだに土地の大部分を所有しているブランデンブルクやプロイセンの純朴な農民とは異なり、封建的主君への忠誠という伝統をもたなかった。しかし、これら都市人口は急速に増加しており、従って軍事的人員増はまさにそこから徴集しなければならなかった。だがこれらの人びとは、必ずしもフランス軍に対してばかりでなく、自国の同胞に対しては、どの程度信頼できるのだろうか。ドイツの上流階級が心配をつのらせてきた革命に対して、社会秩序を守るように要求された場合、彼らは信頼できるだろうか。

プロイセンの将校団が心配したところは、カール・マルクスとフリードリヒ・エンゲルスが望んだところであった。二人とも軍事問題に関する熱心な研究者であり鋭い論評家であった。特に、エンゲルスの著作は、彼を十九世紀における第一級の軍事批評家の一人にしている。それらの著作は、現在もそうだが、軍事上の専門的問題に関する詳細な把握と、軍事的発展と社会的変化との間の根元的関係についての深い理解との双方を示している。どちらも、「ブルジョワ的平和主義」に共感を示さなかった。その平和主義は、啓蒙思潮から、イギリスとフランスの自由主義者達が受け継いだものであった。しかしイギリスでは、非国教会のさらに一層古い根に遡るものであり、リチャード・コブデン（Richard Cobden）やジョン・ブライト（John Bright）のような指導者によって表明された時には、かなりの政治的意義を達成することができた。彼らは、一八三〇年代の浪漫的な革命主義者達には、与しなかった。これら革命主義者たちは、エリートによって鼓舞された反乱が既存の社会秩序を転覆することができる、と信じていたのである。マルクスとエンゲルスは、軍事力は常に人事における変化の具であったし、これからもそうだろう、また、そのような変化はある一定の客観的法則に従ってはじめて生起しうるのだ、と信じていた。革命的状況は、進展するのに時間が掛かった。しかし、軍隊において、大衆自身が火器と軍事的戦術の使用について訓練を受け、これら大衆がそれまでは旧秩序の手中にあって絶対確実な抑圧の具であった専門軍人に取って代わるということは、来たるべき革命にとってこの上ない前兆であった。

マルクスとエンゲルスが希望し、プロイセンの将校団が恐れたことは、少なくとも一九一七年のロシア革命までは、起こらなかった。その時、ロシアの社会構造は、文字通り耐えがたい緊張におおわれていた。それに対し、ドイツ陸軍は転覆されはしなかった。かえって、ドイツでもその他のところでも、一般兵役制は軍国主義化の有効な手段であることが明らかとなった。

軍国主義的ナショナリズムと大衆

「軍国主義」は、「ファシズム」と同様、あまりに一般的で無学な使われ方をされる言葉になってしまったので、研究者は注意して使わなければならない。ここでは、軍国主義とは、ただ、軍事的下位文化《サブカルチャー》の価値を社会の支配的価値として認めることを意味する。すなわち、組織における階序制と服従の、また個人的行動における勇気と自己犠牲の、さらには極度の緊張状況における英雄的指導の必要性の、強調である。すべては、国際関係における武力紛争の不可避性と、それを行なうのに必要な諸特性を発展させるという当然の必要性とを、認めることに基づいていた。十九世紀の末までに、ヨーロッパ社会は、著しく軍国化された。戦争は、封建的支配階級や小集団の専門家の問題だとはもはや考えられず、国民全体の問題だと考えられた。軍隊は、王家の一部ではなくて、民族の具体的表現だと考えられた。君主は、可能な限り軍服を着て現われることによって、民族的指導者としての役割を強調した。軍事パレード、軍楽隊、軍事的式典は「民族」のイメージをもたらし、このイメージの中ではすべての階級が一体となることができたのである。

というのは、軍国主義的ナショナリズムは純然たるブルジョワ的現象ではなかった。マルクスが労働者は国家を持たないと書いたとき、彼は実は初期産業革命の労働者について語ったのである。彼らは、田舎の安定した社会から引き離され、都市に惨めな状態で群がっていたが、都市はいまだ一体感を発展させておらず、彼らを搾取する社会からまさしく疎外されていたのである。しかし、五十年後、国家教育、合法化された強力な労働組合、そして多分最も重要であった、安価で煽情的な新聞が、この状況を一変させた。二十世紀の初めまでに、労働者階級は、社会主義の刺激と少なくとも同じように、ナショナリズムの刺激に対しても進んで反応していた。その両方の主張を混ぜ合わせられる者が、最も成功した政治指導者となった。国境を越える階級統合の訴えは、一九一四年に一たびラッパが鳴り始めるや、雲散霧消してしまった。

一部の歴史家が示唆したところによれば、二十世紀初頭の熱狂的で軍国主義的なナショナリズムは、革命から大衆の支持を引き離して、彼らを既定の秩序の方に引き付けるように教え込もうとする、反動的支配階級によって引き起こされたものであった。しかしこれは粗雑な機械論である。ナショナリズムを最も信じなかったのは、実は、支配階級の中の最も反動的な人々であった。ヘーゲルとマッツィーニの思想はそれ独自の価値と主張を持っていたし、デモクラシーとナショナリズムとは互いに養分を与え合っていた。国事への参加意識が大きければ大きいほど、国家は国家を生み出した唯一無比の価値体系の具現化だと見なされるようになり、国家を守り国家に奉仕する責務はいよいよ大きくなった。その上、組織宗教の力が低調になってきた時代には、民族が人びとの忠誠の焦点として現われてきたのである。奇蹟の時代は卒業したが、流行歌スターの時代にはまだ入っていなかった人々は、国家によって、目的、生彩、刺激、威厳を与えられた。しかし、民族は、自らの価値と力の優劣を、他の民族に照らしてしか、測ることができなかった。いかにその目的が平和的でその理想が高尚でも、その最高の運命は戦争である、という結論を避けることはいよいよ困難になった。そして、世紀の変わり目の思想家たちには、その結論を全然避けようとしない者がますます多くなったのである。

このことは、一九一四年の最も驚くべき現象を説明するのに多少役に立つ。その現象とは次のようなものであった。（大戦の勃発と同時に）興奮した群集がヨーロッパのあらゆる大都市の大通りを埋めたのである。イギリスの志願兵は、騒ぎが終わる前にフランスに行こうと、召集所に群がった。フランスの士官学校生は、白手袋と前立で正装した古めかしい制服を着て、戦闘に進軍した。前の夏には大学生だったドイツの予備兵が、ランゲマークで、腕を組んで歌いながら進み、イギリスの機関銃手によって射殺された。さらには、当時の文学に表われた、ほとんど忘我の意識などもそうである。一九一四年は、一七八九年と同じく、ある者にとっては一つの体制そして多分一つの文明の破局的な崩壊と見られたが、他の者にとっては達成と逃避の瞬間であった。一七八九年と同じく、欲求不満の巨大なエネルギーが放出された。軍事専門家に命じられた兵士の大群は、あり余る善良さをもって前進した。彼らは、シュリーフェンの不可能な目標を達成するため、長い進軍をした。彼らはジョッフル（Joffre）の攻撃戦略を達成するため、不平も言わずに、生命を投げ出した。彼らは前進し続けた。一九一四年を通じてヨーロッパの大衆的軍隊を支えた情熱は、二年後になってやっと、退潮し始めた。その時でさえ、少なくともイギリスとドイツに関しては、その情熱は頑固で不屈の忍耐となって定着したのである。

この情熱は、軍隊だけではなくて、軍隊を生んだ社会を通じても広がったが、それは大衆新聞に反映され、それによって掻き立てられた。このことをただ支配的エリートによる宣伝と操縦のせいに帰するのは、やはり粗雑で機械論的で歪曲された説明であろう。イギリスとフランスでは、戦争初期に権力を握っていたアスキスやヴィヴィアーニのような伝統的政治家は、現在ならば急進的右翼とでも呼ぶような風潮に一層たやすく対応できたロイド・ジョージやクレマンソーのようなより民衆的な人物によって、押しのけられてしまった。一九一七年最高統帥部によって文民宰相ベトマン＝ホルヴェーク（Bethmann-Hollweg）の失脚が仕組まれたドイツにおいてさえ、次のヒンデンブルク（Hindenburg）とルーデンドルフ（Ludendorff）の軍事独裁は、祖国戦線という強力な組織によって支持された。この組織は、社会の全階層を代表するが、その支持の大部分は下層中流階級から得ていたのである。

すべてこのことは、あることを可能にした。あることとは、社会の全資源を、何年も続く長期間の戦闘のために、全面的に動員することである。そのようなことの必要性さえ先見の明あるほんのわずかな予言者しか予見しなかったが、ましてそれが可能だと信じた者はさらに少ししかいなかった。戦前の思想家達は、大衆戦争は短期的で決戦的にならざるを得ないと考えていたので、二十世紀の戦争は当然そうなるものと信じていた。兵役適齢期のすべての人が軍服を着れば、誰が畑を耕やし工場の勤務につくのであろうか。財政機構は、戦争継続に必要な莫大な資金を見つけるように強制されれば、すべて崩壊してしまわないであろうか。国際的枠組が戦争で引き裂かれれば、その内部で作動している世界の貿易と財政の体制は崩壊せざるを得ないのではなかろうか。従って、戦争はクリスマスまでに終わらせなければならなかった。誰も、終わらないときはどうするかについて、何の計画も立てていなかった。

しかし、実際には、終わらなかった。西部戦線が手詰まりになったばかりでなく、東部戦線の目覚ましい運動戦も決定的な結果を生まなかった。君主に対してしか責任を負わなかった十八世紀の政治家達ならば、一九一四年のような結着もつかないし金もかかる会戦の後では、翌年の初めには集まって、満足のいく平和解決を作り出したであろう。しかし、一九一四年に解き放たれてしまっていた民衆の熱狂と期待と憤慨の力は、一七九二年と同様、簡単には制御できなかった。既にこの時までに、ヨーロッパの諸国民は、勢力均衡の微調整をするというだけのために、武器をとらずひどい犠牲に耐えてきていたのである。ロシア人は、新しく作られた代議制度を通じ、東南ヨーロッパにいるスラヴの子分衆への保障（これはハプスブルク帝国の崩壊をもたらす）ばかりでなく、ロシア外交政策の歴史的目標であるコンスタンチノープルを要求した。ドイツ人は、勇敢な少数の社会主義者だけを除いて、想像可能ないかなる敵の連合に対しても、彼らドイツ人を永久に安全にしてくれるような領土的獲得を要求した。そしてイギリス人は、アスキスの言によれば、「プロイセン軍国主義」の脅威が最終的に絶滅されるまで、すなわち、ドイツの政治組織をドイツの敵が実際に改造できるほどドイツが軍事的に完全に敗北するまで、剣を鞘《さや》に納めないと誓った。

かくして、戦争は続くほかはなかった。一九一五年に、交戦国は再び戦場で決勝を得ようと試みた。ドイツ軍は東部で深い侵入と包翼機動によって、フランス軍は西部で正面攻撃の継続によって、そしてイギリス軍は、ダーダネルス海峡に対する海陸共同の側面攻撃という形で海軍力利用を試みることによって、である。その年の終わりまでに、軍人がそれまでの百年間育てられてきたナポレオンの原則、すなわちドイツ人のいわゆる殲滅《せんめつ》戦略(Niederwerfungsstrategie）は、もはや有効でないことが、明らかとなった。十七世紀と十八世紀の戦争の方が、かえってよく当てはまった。すなわち、この当時の戦略の目的は、敵軍の殲滅ではなくて、敵の経済資源の消耗すなわち消耗戦略（Ermattungsstrategie）であった。しかし十八世紀には、消耗戦略は、戦闘の回避によって、最も首尾よく遂行できたのだが、二十世紀においてはそれは戦闘を挑発することによってなしとげられた。すなわち、何か大きい戦術的成功を必ずしも期待しないで敵に攻撃を加え、敵に対して自分達よりも早く資源を使いきるように強いるのである。そのようなことが、一九一六年ヴェルダンに対するドイツの強襲の背後にあった考え方であり、また一九一六年と一七年における西部戦線へのイギリス軍の攻撃が、自分達で始めたのではないにせよ、長引いた理由である。イギリスの一将軍が無遠慮にも言ったように、最も大きい財布を持つ側が勝つ、というわけである。

そこで、陸軍は、もはや、戦争している国家の名代でも擁護者でもなかった。陸軍は、それによって交戦国が互いに資源と人間を搾りとり合う道具であった。同時に、もう一つの伝統的武器である海軍による封鎖は、その目的においては、さらに冷酷なものになった。海の主要交戦国であったイギリスとドイツは、それまでの三百年間の海戦において効果があり、また一九〇九年のロンドン協約で再確認されたばかりの制限を、直ぐさま放棄した。その制限によれば、封鎖は、交戦国の戦争遂行を可能にする資源だけに、厳しく限定されていた。さらに的確にいえば、イギリスとドイツは、すべての資源は戦争目的に向けることができ、また現に向けられている、という仮定に基づいて行動したのである。両国は、その結果、互いに攻囲状態を押しつけ合うことになった。平和の招来は、戦場での勝利の結果であるよりは、経済的・心理的消耗の結果であった。

この種の戦争が市民に課した負担は、不平もなく受けとめられた。巨大な戦時公債が集められた。婦人が工場と畑で男に代わった。市民は、ぜいたく品を没収され、必需品のますます厳しい割当に従い、消費物資が店頭から姿を消すにつれてズボンのベルトを詰めた。このような経過の中で、基本的変化が、交戦している社会自体のうちに起こった。政府は、社会経済生活の新しい分野に対して、支配権を獲得した。政治に対する一層広い参加を求める圧力が増大し、またそれは大体認められねばならなかった。労働組合も政府のパートナーとして受けいれられねばならず、従って、組合は（二世紀前に貴族がしたように）社会内部の特権と地位の承認という形で代価を強要した。戦争税は、古い秩序に固有な富の大きな不均等を、水平化した。もし本当に社会の軍国主義化が古いエリートの用意周到な計略であったのならば、彼らは非常に悪い取引をした。というのは、彼らを滅ぼすようになったのは、不可能な勝利を求めてあらゆるものを犠牲にした、他ならぬ愛国的な民衆であったからである。それまで五百年間も支配的な王家と有力な貴族が生き長らえてきたヨーロッパの王朝的諸国は、一九一四年から一九一八年までの四年余のうちに、忘れ去られてしまったのである。

しかし、これらの王家に仕えた専門的軍隊は一掃されなかった。一部の諸国では、それらが政治権力をとった。その他の諸国では、その専門技術は次の体制の用に供された。そして、それらの軍隊はすべて、平和が来ると（もし政治的支配者が戦争に訴えることをもう一度適当だと考えるならば）、将来の戦争はいかにして、一層巧みに、一層消耗せずに、特に一層決定的に戦えるだろうか、という問題に注意を向けた。

第7章　技術者の戦争

第一次世界大戦とヨーロッパ

ヨーロッパの諸列強は、合計約一千三百万の死者を出したヨーロッパ史上最大の戦争を行なってから二十年後の一九三九年に、再び紛争に巻き込まれることになった。この紛争は、ヨーロッパ社会にさらに大きな破壊をもたらし、また世界におけるヨーロッパの優越を決定的に終わらせたのである。このようなことが一体どうして起きたのか、不思議に思って当然である。これは、第一次大戦に勝った連合国がその大戦を「戦争を終わらせるための戦争」にしようと心に決めたことの皮肉な結果であったのだが、そのようなことが一体どうして起こったのであろうか。

この問いに答えるためには、われわれは、第一次世界大戦を注意深く考察しなければならない。前章で、十九世紀における兵器の発達が、戦争の破壊性ばかりでなく、戦争を遂行する国家が人力に対して課そうとする要求のいずれをも、いかに増大させたかを述べた。しかし、この厳しい様相の反面、同時代の輸送と医学の進歩が、前工業時代の戦争に付きものであった恐怖の少なくともいくつかをいかに緩和したかも、注目すべきである。一八七〇年までは、軍隊における病死者は、通常約五対一の比率で、敵の行動による死者をしのいでいた。一九一八年までに、この割合は逆転した。同様に、一八一五年までは、戦闘中に負傷したこれよりはるかに多数の者が数日中に負傷から死ぬか、せいぜいよくても一生身体が不自由になった。その後、完全に回復する負傷者の割合は、急速に増大していった。そのことから、即死した者あるいは負傷から死んだ者と、任務に戻った多数の軽傷者――場合によっては、悪化することもなく損害表に何度も数えあげられたかもしれない者も含めて――とを区別するため、第一次世界大戦の惨たんたる「損害表」は注意深く吟味することが必要である。

輸送の改良によって、少なくとも西ヨーロッパでは、どの軍隊も、一時にぎりぎりのところ二、三週間以上極度の苦難に会うようなことはまずなくなり、また、休息と回復のための手配も可能になった。最後に、市民兵達は、恐ろしい例外もあるが、戦場における一般市民や敵を扱う際の人道的規準を、軍事生活に持ち込んだ。十九世紀中葉の諸戦争以来、戦争遂行をより人道的にするための基本原則を規定しようとする、勇敢な試みがなされてきた。国際赤十字社は、一八五九年の仏墺戦争後に創設された。一般市民と負傷者と捕虜の扱い、および（それほど成功しなかったが）使用兵器の致命性を規制するため、国際会議が、一八六四年と一九〇六年にジュネーヴで、一八九八年と一九〇七年にハーグで開催された。これらの人道的活動とそれが表明した精神が不断に作用したこともあって、「大衆戦争」の開始も暴虐への逆戻りにはならなかった。赤十字社は概して敬意を払われた。負傷した敵は人道的に扱われた。相互の警告と国際査察が、戦争捕虜の公正な扱いを保証した。

その結果、前線地域でさえ兵士はしばしば、昔の者ならばうらやましいと思うような状態で、生活した。彼らは、規則正しく適切に、給養を与えられた。彼らの多くは、補助的軍事サービスのおかげで、国内で市民生活をしているよりも、よい世話を受けた。その後ヨーロッパで広がった、ほとんど救いようのない恐怖の時代としての大戦のイメージは、戦後の世界に帰ってきた兵士の多くの者が持ち得なかったイメージであった。戦後の世界は、兵士の多くの者にとって単調で失望させるものであり、兵士の一部の者にとってはまさしく欠乏であった。戦後の連隊会で、彼らは——多分年をとるにつれてますます容易に——、戦友愛、冒険、挑戦、勝利、経済的保証、家庭の責任からの解放、などのあった戦争が本当に彼らの人生の最も幸福な時代であった、と信じることができた。[1] 安全と地位と目的から成るこの失われた世界へのノスタルジアは、一九二〇年代にいろいろな形のファシズムを生み出すことになる混乱した政治的運動において、重要な要素となることになった。

というのは、大戦の経験は多くの国々で戦前の軍国主義に対する深く広い反作用を生み出したが、この反作用は決して普遍的ではなかった。民族的忠誠と伝統的価値による外見上安定した世界から混乱と敗北と革命の世界へと出てきてしまい裏切られたと感じた者、スケープゴートを求めた者、新しい人民組織の中に軍事的階序制の活気と安全を再生しようとした者、あるいは暴力の行使の中に国内および国際政治の双方における権力への道を見た者などが、多勢いたのである。イタリアの原型から「ファシズム」という包括的な名前を得た、これら急進的右翼の運動にとっては、戦争は、国策の実行可能な手段だったばかりでなく、人類の正当な活動であった。それらの運動は、戦前のヨーロッパではまさに風土病だった軍国主義的ナショナリズムに対する反作用であるどころか、戦争をさらに強烈に肯定した。

しかし、戦前のナショナリズムは、自由、平等、友愛というフランス革命の理想と非常によく両立し、民族は大体それらの理想の名において市民の忠誠を要求したが、ファシズムは露骨にそれらに反対の自己主張をした。それは、自由の美徳ではなくて指導と従順の美徳を、平等の美徳ではなくて支配と服従の美徳を、友愛の美徳ではなくて人種的優越の美徳を宣言した。そうすることによって、ファシズムは、ヨーロッパ社会の次のような人々に訴えることができた。彼らは、世俗的にせよ教会的にせよ権威から成る古い体制の中に、心理的欲求の満足を見出していたが、その体制が壊されるまでは気付かなかったのである。革命と敗北によって特に脆弱な社会になっていたドイツでは、新しい体制がこれらの欲求の操作によって権力についた。国際政治体制に対するその衝撃は、革命期のフランスと変わらぬほど破壊的であった。それは、ヨーロッパの諸国家間に存在した勢力均衡に、挑戦したばかりではない。国際体制全体が基礎を置いていた、イデオロギー的合意をも否定したのである。

同じような否定は、もちろん、既にロシアから起こっていた。そこでは、一九一七年の革命が、レーニンによって修正されたカール・マルクスの教義に基づき、ブルジョワ世界とは恒久的な戦争状態にあると考える体制を、政権の座に就けていた。しかし、革命の結果直ぐ起こった初期の介入戦争後、ソ連は、西側の隣国と疑い深い共存の状態に入った。隣国の方では、深刻な軍事的脅威というよりも、ロシアがこれら諸国の共産党を操作することによって現体制の国内的安定を脅やかす危険がある、と考えたのである。両大戦間期にヨーロッパの支配階級を悩ませた恐怖は、ソ連の侵略という恐怖よりも、国内における「ボルシェヴィズム」の恐怖であった。それがあまりに強かったので、彼らの中の多くの者は、左翼からの脅威に対する同盟者としてファシズムを歓迎し、国内的・国際的安定に対するファシズムのはるかに直接的な危険を見抜けなかった。

このようにして、戦後のヨーロッパは、三つの対立するイデオロギーの間で引張られるようになった。一九一八年は、表面上では、次のような諸国の勝利だと見られていた。それらの諸国は、啓蒙思潮から出た自由民主主義の原則を信奉し、また、国際法を確立して戦争を国策の具とすることを放棄するために、その勝利を利用することを提案した。その思想は、十九世紀の間にイギリスと北アメリカという平和で繁栄した風土の中で、発芽し結実したものであった。しかし実際には、大戦は、ヨーロッパ社会の伝統的枠組の多くを破壊することによって、左右両翼の革命的勢力を強化した。左翼は、国内的・国際的な一層の武力紛争がなくては千年王国は来ないと信じ、また右翼は、国際的紛争の継続の中に人類の必然的運命を見た。もちろん、戦勝国は、もしそうする力がありさえすれば、彼らのイデオロギーを強制できる地位にあったのである。しかし、アメリカが欠けていたので、その力はなかった。その結果、ヴェルサイユ条約の十五年後、ヨーロッパの諸民族は再び戦争準備をすることとなった。

ファシズムが栄光化した戦争は、戦線のはるか後方にいる将軍によって命令され、付いていない多数の徴兵によって戦われる、という類の戦争ではなかった。それは、飛行士、戦車乗組員、突撃隊員など若い英雄たちの小さなチームによって行なわれる戦争であった。彼らは、勇気と暴力によって、緑色の毛織物をはった机を囲むフロック・コートのもうろく老人達から、人類の運命をもぎとり、一層純粋で一層栄光にみちた将来を作ろうとする「スーパーマン達」であった。彼らが望んだのは、戦争が将来はエリートのための仕事になる、ということであった。彼らは必ずしも間違ってはいなかった。十九世紀に大衆の戦争参加を可能かつ必要にした技術が、二十世紀には、高度な資格をもつ技術者の手中に、ますます増大する権力をもたらすようになった。第二次世界大戦は、大衆の参加と、技術専門家同士のひどく隠微な戦いとの、奇妙な混合を見ることになった。二十世紀の後半までには、ヨーロッパの諸国民は、紛争からはほとんど全面的に除外されることになった。もし紛争が起これば、それは、ほとんど考えられないほどの規模で破壊力を振るう、比較的少数の軍事技術者によって戦われるということになった。

どのようにしてこのことが起こったかを理解するためには、われわれの足跡を回想し、前章では扱わなかった十九世紀の戦争におけるある発展を、考察しなければならない。

技術的変化と海軍

十九世紀の技術は、ますます効果的で操作し易い兵器の大量生産を可能にした。歩兵については、弾薬筒が火薬と弾丸を操作する必要を除き、後装が槊杖（ram-rod）を除き、弾倉と遊底が発射速度を増し、照尺が正確性を与えた。これによって、あらゆる徴兵は、数週間以内に、フリードリヒ大王の近衛隊の最も熟練した精鋭も競争にならないほどの名手になった。砲兵についても同様であった。後装と無反動砲架が、毎発射後砲口を掃除し砲を置き直すという、冗長な作業を取り除いた。このため、旧式の大砲は、たとえ熟練者の手にかかっても、のろくて気まぐれな兵器になってしまった。数回の演習、表を読む簡単な計算、高性能爆薬の弾丸の十分な供給があれば、一野戦砲兵連隊は、一九一四年には、数百平方ヤードの目標地域に対して、ナポレオン戦争の全期間中に双方がすべての砲で発射したよりも大きな破壊力を、一時間で発射できた。すべてこのことは、数か月の訓練の徴兵で可能であった。そして、これらの兵器の大量生産は、兵の大量育成を必要とした。

ヨーロッパ社会のように経済的に密接に結ばれた社会においては、技術的に優越した兵器の保有によって与えられる利益は、従来一時的であって、それだけでは決定的になりそうもなかった。数量が問題であった。しかし、今や、火力の射程と破壊力はそれだけで勝利を得るのに十分だ、という段階がやってきた。すなわち、数で優っていても技術的に劣った力は、その戦闘能力を示す機会を持たず、戦闘が始まる前にさえ、結果がどうなるか明らかとなったのである。

そのような利益は、十九世紀の植民地戦争において、ヨーロッパの列強が経験したところであった。第3章で、十六世紀の初めにポルトガル人が、火砲の独占によって、インド洋の交易体制に押し入り、それを支配することができたことを既述した。しかし、火器の使用が世界中で一般的になると、火器からヨーロッパ人が得ていた利益は消えた。十八世紀に、例えばインドでヨーロッパの陸軍にこのような優越を与えたのは、それらが装備していた兵器よりも、補給体制への注意深い配慮と相まった、訓練と規律という専門的特性であった。しかし十九世紀には、バランスは、技術的に優越した諸国に決定的に有利に揺れた。鉄道はアフリカとアジアの内部を拓き、規模の小ささを補う機動性を軍隊に与えた。

それは、ヨーロッパ列強の帝国主義的拡大にとってと同様に、ロシアによる中央アジアの植民地化においてもアメリカの西進においても、重要な要因であった。ヨーロッパの大砲、後装ライフル、機関銃のため、戦闘の結果は、戦う前からほとんど分かり切ったものであった。*

しかし、ヨーロッパの紛争には、十九世紀後半に、技術的発展によってひどく不安定になりはじめた一つの領域があった。そこでは、技術的発展が、戦闘のみならず戦争に勝ち新しい政治支配を樹立するに足るほどの、優位をもたらすかのように見えた。それは海戦であった。

もし後れていれば結果は国家にとって悲惨なものとなることを知って、思想と艦船と兵器と戦術を、ネルソンからフォン・ティルピッツ（von Tirpitz）の時代へ、ヴィクトリア号からドレッドノート号の規模へと、一世代の間に調整しなければならなかった十九世紀の海軍士官に、同情しないわけにはいかない。二十世紀には、彼らの苦境は、すべての軍に共通なものとなった。蒸気機関から核分裂にいたるあらゆる新しい技術的発達は、戦争に関わりをもち、したがって吟味され利用されねばならなかった。軍事的職業はますます多方面的とならねばならなかった。すなわち、それは、新しい大衆軍隊のための組織として行動するように拡大していくと同時に、新しい兵器体系を発展させ使えるようにするための、科学技術部門を作らねばならなかった。それらの部門の活動は、二十世紀には、ほとんど決定的な重要性をおびることになった。すべての科学的知識によく通じている現代の少将についてのW・S・ギルバート（W. S. Gilbert）による描写は、ヴィクトリア時代の読者を笑わせることであろう。しかし、技術的変化に後れずに付いて行き、味方にまずそれを利用することを保証するような知的柔軟性を欠いた将校には、軍職の高い地位に就く機会のないことが直ぐに明らかとなった。

十九世紀の海軍競争は、われわれが見慣れた様相を呈している。今日、核物理学とミサ

＊　ほとんどそうではあったが、完全にというわけではなかった。ヒレア・ベロック（Hilaire Belloc）の作中人物・ブラッド大尉の確信は、必ずしも絶対だったわけではない。

「何が起ころうとも、わが方にはあるのだ
　ガトリング銃が、だが敵にはそれがないのだ」

例えば、一八七九年イサンドゥルワナにおけるズールーの勝利からのイギリスの生存者や、一八九六年アドワにおけるエチオピアの勝利からのイタリアの生存者ならば、それを証言することができたであろう。優勢な武器でさえも、もし戦術的熟練を欠いて展開され、また指導性と勇気の点で優位にたつ部隊に対して使用されれば、必ずしも勝利を保証しなかった。植民地征服は、ヨーロッパ人の武器によるのと少なくとも同程度に、彼らのすぐれた団結力や組織力、とりわけその自信によるものであった。

イル技術における開発の成功は、ある国にその隣国に対する壊滅的利益——非常に壊滅的なので、全然戦うことなく隣国を破滅できる——を与えると見られている。それとまったく同じように、十九世紀には、発達しつつあった海洋工学と冶金と製砲技術をその海軍建造計画に最も有効に適用した国家には、一発も浴びずに犠牲者たる敵の艦隊を粉砕することが可能に見え始めた。既に一八四〇年代に、蒸気機関は、帆に対して、速度と機動の点で決定的優位を得た。帆の大洋航海能力があまり重要でないイギリス海峡や地中海のような狭い海では、特にそうであった。これらの場所では、ネルソンの海軍がフランス海軍に対して築いた優越性が過去のものとなったかのように、心配性のイギリスの政治家には見え始めた。造船に鉄を使うことが、木材によって課せられていた制限から自由になることを可能にした。ネルソンの艦はせいぜい二千トンの排水量であったが、一八六〇年代には鉄の艦は九千トンになり、その世紀の末までに二万トンになった。これは、大きさの増大だけではなくて、装甲板の厚さの増大に、原因があった。この厚さは、艦の大きさの増大にともなって搭載できる砲の口径と射程が増大したため、必要とされた。砲は、重くなりすぎて舷側で射撃するように搭載できないので、一八〇度まで旋回できる砲塔に入れて艦の中心線上に収められ、射程は二万ヤードにまで達した。

帆走戦列艦から装甲軍艦への進歩は、デザインの混乱になった。ロシア軍は完全に円型の艦を設計した。鉄と蒸気と十分な帆装を一緒にしようとしたイギリスのモデルは、転覆し、乗組員もろとも沈没した。そして、それは当然ながらかなり神経質に注目された。ロシア軍は、クリミア戦争の緒戦において、装甲軍艦が木造帆船の全艦隊を撃破できるということを示した。南北戦争中の一八六二年、ハンプトン水道におけるメリマック号(Merrimac)とモニター号(Monitor)の二隻の装甲軍艦の有名な遭遇は、イギリスの評論家をして、イギリス海軍全体が実際今や時代後れだと考えねばならないと論じさせるにいたった。こうして、十九世紀の後半には、一方にはイギリス軍、他方にはその主な帝国主義的競争相手であったフランス軍とロシア軍との間で、すさまじい競争があった。それは、砲の大きさと装甲の厚さと速度の競争であった。十九世紀のまさに終わる頃、ドイツ軍が、ヨーロッパで最も高度に発達したその全工業力を背景にして、この競争に加わった。そうこうする五年のうちに、日本軍が一九〇四年の対馬沖海戦で全ロシア艦隊を撃滅させた。これは、技術的に時代後れになることを放置した海軍を待ち受けている運命の、驚くべき実例を示した。本当の競争は、今や、海上にではなくて造船所にあった。ドイツ軍とイギリス軍は、新しい完全な巨砲艦――ドレッドノート型戦艦や超ドレッドノート型戦艦――を、競争して建造し始めた。海の支配は、そしてそれとともに世界の支配は、このような艦に依存するだろうと思われていた。

戦艦は、事実、国家の威信と力の一種独特な象徴であり、工業時代には陸軍よりもはるかにふさわしい象徴であった。戦艦は、国家全体の技術水準ばかりでなく、世界のどこへでも行ける能力と、その巨砲による計り知れない破壊力をも、同時に具現化していた。それは普遍的に有効なステイタス・シンボルであり、自らの運命を気遣う国家はいずれもそれなしには済ませられないものであった。

しかし、逆説的だが、それは、ヨーロッパのすべての国々がますますその継続的な所有を危惧するようになってきた権力の象徴であった。イギリス人にとっては、一八九七年に、海外の根拠地を一つも空にしないで、スピットヘッドのダイアモンド・ジュビリー（ヴィクトリア女王即位六十周年祝典）に五十隻の戦艦を集めることができたことを知ることは、大きな安心を与えるものであった。しかし、彼らは、百年にわたる世界支配を可能にした工業上のリードを失いつつあることを知っていたし、その軍艦が制海権を失えば彼らがどれほど脆弱になるかをも理解していた。フォン・ティルピッツ提督の軍艦は、第二ドイツ帝国の――すなわち、東部の軍事的地主というよりも、急速に勃興しつつあった西部ドイツの中流階級の――達成と希望の完全な具現化であった。しかし、それらは、一八七〇年以後復讐をうかがう執念深いフランスと巨大な潜在力を有するロシア帝国という二つの強力な敵にいつもはさまれている国民に、付きまとって離れない脆弱感を埋め合わせることはできなかった。戦艦も、人口の劣弱に悩むフランス人を、技術的後進性に悩むロシア人を、ナショナリズムが帝国に与える脅威に苦慮するオーストリア人を、元気づける役には立たなかった。そして、十九世紀最後の海戦と二十世紀最初の海戦が非ヨーロッパ海軍国によるヨーロッパ艦隊の打破であったという事実――一八九八年アメリカによるスペインの打破、一九〇四年日本によるロシアの打破――ほど、国際体制に現われようとする変化を、はっきり示す兆候はなかった。

一九一四年に戦争になった時には、イギリスとその連合国は、海軍競争では、まだ一歩先んじていた。ティルピッツの外洋艦隊は、まさに鬼ごっこをして相手を縛りつけておく以上のことはできなかった。しかし、ドイツの技術的独創力は、外洋潜水艦の開発によって、もう一つ別の方向に機会を開いた。潜水艦とともに、まったく新しい海軍戦史が始まった。

一九一四年においても、制海権は、かつてのネルソン時代のように、大きな主力艦隊の衝突によって決せられると、一般に予想されていた。このような遭遇における勝利は、海洋から敵の小型艦船と通商攻撃艦を追い払うことを可能にし、それによって交易と輸入食品に依存する人口稠密な敵国にとっては破滅的になる封鎖を課すことができる、と考えられた。これがアメリカの海軍史家で理論家のアルフレッド・セイヤー・マハン（Alfred Thayer Mahan）が唱道した原則であって、その著『海上権力史論』（The Influence of Sea Power on History, 1890）は、世紀の変わり目にはヨーロッパ海軍のバイブルとなった。交易の破壊が究極の目的だが、十七世紀と十八世紀にフランス軍がしたように、交易を直接攻撃するために海軍力を使用するのは誤りである、とマハンは説いた。海軍力の任務は「制海権」を獲得することであって、そのことが海洋を、自国の交易のための航路として、また同時に敵の航路への障害として、使うことを可能にするのであった。この制海権は、最強の主力艦隊だけが、手に入れられるものであった。

イギリス海軍は、ますます厳しさを増す封鎖——ティルピッツの外洋艦隊は弱すぎてこれに挑戦できなかった——を、ドイツに課すことができた。その限りでは、マハンの説は、大戦中の具体的な出来事によって立証された。その封鎖は、取るに足らない植民地との間ばかりでなく、ドイツにとって実に重要だったアメリカのように強力な中立の交易相手との間の自由な交通をも遮断した。もっともその経過は、百年前と同様に、英米関係をほとんど限界にまで緊張させた。しかし、ドイツは潜水艦を、もともと考えられていたような沿岸防衛用の短距離兵器から、数週間も信頼できる巡航能力をもつ外洋艦へと発達させた。こうしてドイツは恐ろしく効果的な報復ができるようになった。

しかし、潜水艦は、封鎖を課すことができたが、帆船時代に作られた捕獲法の原則に則っては作戦できなかった。すなわち、禁制品を運んでいると怪しまれる船を停船させ、捜索し、捕虜の乗組員を船内に整列させて最寄りの港まで船を連行し、そこの捕獲物審判所でその積荷の適否が判決されるのである。しかし、潜水艦は、餌食を捜し出し、その船を沈める前には、せいぜい、ボートに乗り移る時間を乗組員に与えることができるだけであった。とにかく、潜水艦にとって浮上することは、最小の武装商船に対してさえ、わが身を危うくすることであった。従って、見つけたら先ず撃沈し、その後で質問したいという誘惑は圧倒的であった。ドイツ軍は、人道というよりも慎重さという配慮から、潜水艦の指揮官を抑制していた。一九一五年におけるルシタニア号（Lusitania）を撃沈するというあまり類例のない事件（それは多分禁制品を運んでいただろうが、多くのアメリカ人を乗せていたことは確かであった）によって明らかとなったのは、無制限潜水艦戦がアメリカを既に多数に上っていたドイツの敵側に押しやるということであった。しかし、一九一六年の末までに封鎖によってイギリスを完全に打倒する見込みは非常に有望であり、また、陸上戦闘による決勝の見込みが非常に厳しかったので、ドイツ最高統帥部は、これはおかさねばならない危険である、と決断したのである。四か月後、アメリカは参戦した。

戦争の結果を決定したのは、一九一八年にヨーロッパに着いたアメリカ軍によってなされた物的貢献というより、アメリカの資源が連合国の自由な使用に供せられるという見込みによってもたらされた精神的支援であった。しかし、一九一七年にもし潜水艦が屈服させられていなかったならば、アメリカが救うべき連合国は既に存在しなかったであろう。対潜水艦戦の勝利は、爆雷や探索装置のような特殊装置の発達ばかりでなく、イギリス海軍思想の革命をも必要とした。攻撃よりも防御が潜水艦撃滅の一層有効な手段であること、防御のためばかりでなく囮《おとり》にするためにも商船は護送されるべきであること、駆逐艦のような軽い艦艇は大艦隊を守ることよりこれらの護送船団を護衛することの方が有効であるということ、を容認することであった。それには、通信技術や敵の通信の傍受技術の完成も含まれていた。無線の発明に基づく通信技術によって、戦争はまさに四次元化し始めた。

それ故、海戦においては、国民大衆の参加は的外れであった。海戦は、第一に、航空機――これは直ぐに潜水艦攻撃兵器の一つに加えられることになった――を含む艦艇に配置された専門的戦闘員から成る小グループの勇気と忍耐、第二に、兵器と通信体系の開発に責任を負う科学者と技術者と暗号学者から成るもっと小さいグループの才能、第三に、会戦を計画し実行する指揮官と参謀の競い合う技倆と判断、をめぐる争いであった。エレクトロニクスの技術は、少なくとも操艦術と同じように、重要であった。勝利は、究極のところ、自分の秘密を保持しながら敵の運動を探知し、その通信連絡を読むことができる側のものとなった。そして、第二次世界大戦までに、このことを可能にするレーダー走査と無線の傍受技術が発達した。潜水艦の乗組員と潜水艦狩りをする水上艦艇や航空機の乗組員とは、戦争の結果全体を決定し得る、恐ろしいかくれんぼゲームの具であった。

複雑な兵器体系を操作する高度に訓練された戦闘員と、互いに競い合う技術者と、非常に離れたところで指揮をとる指揮官とから成る小グループ間の闘争という、まったく同じパターンが、空の戦争の発展とともに現われることになった。

空軍の登場

航空戦は、第一次世界大戦の間に、航空機が偵察という主任務を果たす自由を求めて互いに戦うに伴い、陸上戦闘の補助的局面として始まった。航空機が航続距離と速度と武装を増大するにつれて、戦場の制空権を得た航空部隊は、砲兵の眼としてばかりでなく砲兵に代わるものとして、しかも戦場とその後方でのすべての運動を不可能にするような規模で行動した。そのことが明らかになるには、少し時間が掛かった。空軍力の有効性の認識については、海戦の場合もこれと同様であった。航空機は、偵察と、反復攻撃によって相手を悩ますことには、明らかに役に立った。しかし、航空機に対して展開されるあらゆる防御手段にもかかわらず、航空機が軍艦を、戦艦さえも、撃沈する能力をもつということは、当然ながら海軍の指揮官は認めたがらなかった。両大戦間期は、その兵器の能力を執拗に過大評価する航空部隊と、それらを傲然と過小評価し続ける海軍との間の口論でやかましかった。技術が発達する速度と、平時では実際行動の諸条件を有効に繰り返せないことを考えれば、やむを得ざる状況であった。航空母艦が海軍支配の第一の手段として戦艦に取って代わったことを結論的に示すには、一九四一年以降の太平洋における戦闘経験が必要であった。

海戦や陸戦における空軍力の可能性の理解は、多分、航空部隊の指揮官自身がその問題に十分な注意を集中するのを嫌がったことによって、さらに後れた。空軍力に対する初期の熱狂者達は、航空部隊が海陸での戦闘の性格を変えるというよりもそれを不要にする、ということを示そうと努めた。大戦の結果は、戦争がもはや伝統的な軍事技倆によって決せられないことを明らかにした、と彼らは主張した。大戦の結果は、戦場における陸軍は人力と弾薬が補給され続ける限り撃破されない、ということを示した。二十世紀の戦争は、過去に戦争がそうであったのとは異なり、軍隊だけの対立でも財力の対立でさえもなかった。それは、交戦国民の意志力と士気の戦争であった。戦争を究極的に終わらせたものは、軍事的勝利そのものではなくて、いまや「銃後」として知られるようになったものの崩壊であった。つまり、指導者の下における市民の団結、すなわち「戦争努力」が要求する欠乏と苦痛のもろもろの負担に耐え忍び続けようとする市民の意志である。平和は、戦場における勝利によってではなくて、革命あるいは革命の恐怖の結果としてやって来た、と人々は論じた。

そこで、もし戦争努力の重心が軍隊ではなくて市民だとするならば、もし戦闘の目的が敵軍を疲弊させることによって敵国民に耐えられない負担を課すことであるとするならば、勝者自身が敗者と変らないほどに消耗し破産するようになるよりも、直接その重心を攻撃する方が、より有効ではないであろうか。年単位よりも日や週の単位で計算される苦痛の総量の方が、はるかに軽いということはないのではないか。特に、いかなる防御もなくこのような打撃を受けるという恐怖は、平和の侵害を企てる国に対して、最も可能性の大きい抑止（deterrent）になるのではないであろうか。

これこそイタリアのジュリオ・ドゥーエ大佐（Giulio Douhet）の議論だったのであり、彼の著『制空権』（Command of the Air）は一九二〇年代に広く読まれた。イギリス空軍の創設者達、特に空軍元帥サー・ヒュー・トレンチャード（Sir Hugh Trenchard）の議論もまた、この議論を使って、陸海軍からまったく独立した戦略的任務をもつ軍の創設を正当化したものであった。大陸の飛行士たちは、国家の安全が伝統的にその成果に依存していた強力な陸軍に従属させられようとする、制度的圧力に抵抗するという一層大きな難問を抱えていた。しかしイギリスでは、平時の陸軍として任務を果たしていた在郷軍を第一次世界大戦中に大陸的規模で介入できる部隊に拡大したことは、いかなる状況でも繰り返してはならない不規則で不愉快な経験だと（少なからず兵士達自身によっても）考えられていた。そこで、一九三〇年代に、イギリスが嫌々ながら再武装を始めたとき、資源は、伝統的な地上会戦を戦うよう装備された陸軍に対してでなくて、敵の中心に恐怖を与える能力をもつ空軍に対して向けられたのである。その能力こそ、ドイツが戦争を始めるのを抑止すると、期待されたものであった。

あいにく、イギリスの航空産業はドイツに対抗できないことが露呈されたし、しかも、隣国の都市に対して直接的で不可避的な破壊を与えることが明らかに可能な空軍を最初に作ったのは、ドイツであった。ヒトラーは、その政策を遂行するときに、その脅威を効果的に使った。空襲に対しては防御はあり得ないということ、すなわち、スタンリー・ボールドウィン（Stanley Baldwin）の言によれば、爆撃機はいつでも目的地に到達できるということは、当然だと考えられた。また、一九一七年七月のロンドンに対する二回のドイツの空襲に大体基づいて、目的地に到達した爆撃機は耐えられないほどの大規模な破壊をもたらすであろう、とも考えられていた。事実は、これら二つの仮定が、嘘だとは言わないまでも、少なくとも非常な誇張であることを示すことになった。一九三〇年代後半に、防御軍は、急速に上昇する低翼単葉機と敵の攻撃をいち早く警報するレーダー要撃技術の発達によって、日中敵地に深く侵入しようとする爆撃機に対して、受けいれがたいほどの大きな犠牲を課すことができるようになった。攻撃軍が、夜間爆撃に訴えようとすると き、攻撃軍が正確な盲目飛行を可能にする方向表示電波の発射や、暗闇あるいは雲を通して地上の地形を見るための走査装置によって、レーダーを攻撃的に利用する方法を学ぶには、いくらか時間が掛かった。それでも、防御側は、夜間戦闘機を発展させ、攻撃側が頼る方向表示信号電波を混乱させる方法を学んだ。海戦と同様、航空戦は、戦術的・技術的才能の恐ろしく複雑な運用になった。そこでは、専門的戦闘員は、任務を達成するためには、自らの技倆に頼るのと少なくとも同様に、科学者の専門技術に依存した。戦争の最後の数年になって、すなわち、イギリス空軍ばかりでなくアメリカの全面的参加を要請する闘争の後になってようやく、連合国はドイツに対する制空権を獲得した。こうして連合国は、敵の本土に対して、空軍力に関する予言者達が予言していた程度の破壊を、課すことができた。それでも、（ドイツの）一般市民の士気は損われないままであった。ドイツ国民は、戦争のまさに終わりまで、冷静にそれぞれの任務を続け、政府に服従していた。

技術的変化と陸軍

地上の戦闘遂行に対する技術的変化の衝撃は、一層広範囲にわたるものであった。一九一四年戦争の勃発後数か月のうちに、内燃機関は、輸送だけでなく戦闘車輛を動かすのに使えることがわかった。二年のうちに、最初の「戦車」が戦闘に参加した。しかしこれら初期の装甲戦闘車輛のデザインと使用は、塹壕戦の要求に向けられていた。それらは、初め、攻撃側が敵の防衛線に侵入するのを支援する動く火力として考えられた。そして、最初の戦術的奇襲が終わると、それらに対抗する方法を発見することは、あまり困難ではなかった。一九一八年三月西部戦線に対してドイツ軍が行なった突撃が戦争で最もはなばなしいものであったが、それは、まったく戦車の成果ではなくて、歩兵の成果であった。ドイツ軍は、それまで習慣になっていたような小銃手の長い列にではなくて、迫撃砲と軽機関銃と手榴弾で武装した「突撃隊」という小グループになって展開した。それは、強い地点は迂回し、弱点を発見したところにはどこにでも侵入し、フランス革命初期の会戦における分遣隊以来ヨーロッパではほとんど見られなかった、独立性と柔軟性をもって戦った。しかし装甲戦闘車輛とこれら突撃隊の双方の価値は、それらが通信範囲と砲兵の援護範囲を越えると、限定された。前者は非常に脆弱な戦場電話線に頼り、後者は荒廃した戦場を移動して新しい目標に対し再び照準しなければならない野戦砲に頼っていた。

両大戦間期の陸軍が、装甲戦闘の予言者達による野心的な考えの採用をためらったのは、このような実際的問題のためであった。これら予言者達とは、イギリスのJ・F・C・フラー（J. F. C. Fuller）とB・H・リデル＝ハート（B. H. Liddell-Hart）、フランスのシャルル・ド・ゴール（Charles de Gaulle）、ドイツのハインリッヒ・グデリアン（Heinz Guderian）、ソ連のトハチェフスキー元帥（Tukhachevski）らである。これら思想家たちが描いたような、すべての師団が戦車から成るという絵は、興奮させるものであった。戦車は、敵の防御を突破し、後方の神経中枢を圧倒するため「水かさを増す奔流」となって突破口を通り殺到する。しかし、彼らは多くの問題を未解答のまま残した。これらの部隊はいかにして後方と連絡を維持するのであろうか。補給はどのようにして維持されるのであろうか。強い火力の支援はどうなるのであろうか。どうして包囲され遮断されないのか。戦車が戦線に突破口を作れるとするならば、反撃に使われる戦車は同じように効果的に突破口を閉鎖できないであろうか。技術的発展は、これらの問題のいくつかを解決するのに役立った。しかし、例えば、無線通信の発達がなければ、このような機動戦闘は問題外になったであろう。ドイツ陸軍の最高統帥部でさえ非常に懐疑的であったから、一九三四年に最初の機甲師団の開発を始めるには、ヒトラーの個人的介入が必要であった。このような師団の有効性さえ、一九三八年になっても、フランス陸軍の最高統帥部ばかりでなく、装甲戦闘の生みの親の一人であるイギリスの専門家B・H・リデル＝ハートによっても無視された。彼は、地雷原と対戦車砲と機甲部隊による反撃との組合せによって、それに対抗する方法を既に考慮中であったのである。

確かに、一九四〇年と四一年の電撃戦（Blitzkrieg）戦術は、実際そうであったように、うまく作用する必要はなかった。一九四〇年五月西部に対する攻撃にあたって、ドイツ軍は非常に大きい危険をおかした。危険は実際あまりに大きかったから、攻撃の背後にある戦略思想は、当初、ドイツ最高統帥部によって、手に余ると無視された。彼らがそれを受けいれるためには、再びヒトラーの介入が必要であった。冷静で有能な敵であったならば、アルデンヌ地方でドイツ機甲部隊の先頭が達成した侵入を封鎖したであろうし、会戦は悲惨なギャンブルとして歴史に残ったであろう。ナポレオンの勝利と同じく、その勝利は主として相手の士気阻喪に因ったのである。相手は、それ以前の戦闘のゆっくりしたペースの後では、圧倒的な速度と集中と奇襲に基づいた戦術に対して、自己調整できなかった。そして、一九四一年に、その三年前の将校団の大量政治粛清（épuration）によって既に混乱していたソ連軍に対しては、成功はさらに一層大きなものになるのである。

しかし、そのような戦術は、準備のない相手に対してのみ、迅速で決定的となることができた。懐疑論者は、結局、正しかった。たとえ戦車は攻撃をすることができたとしても、戦車は反撃することもできた。機甲部隊をほとんど役立たなくする環境は、地雷と対戦車砲で作り出すことができた。そして、何れにせよ、作戦の成功は、戦場上の制空権の維持にも大きく依存した。機甲部隊は、迅速に動くことができるよく訓練された歩兵との密接な協力がないと、ほとんど役に立たず、また砲兵も後れないようにその後を付いて動かさねばならなかった。このことはすべて何百もの車輛を必要とした。しかも、これらの車輛は、補給品や油や弾薬を必要とするため、さらに何千もの車輛の協力を必要とした。相互の補給線に対して作戦し、最小のコストで最大の得点を確保するための、小さくて迅速で有能な部隊という大戦間期の夢は、大きな「後方」をもつ巨大な陸軍という現実に変わってしまった。これは、敵の航空攻撃に対して非常に脆弱であり、また運動を続けさせるためには、かなりの兵站的工夫を必要とした。

こうして、第二次世界大戦時の陸軍は、第一次世界大戦時と同様、その有効性のためには、徴兵の人力に大きく依存した。それは、その規模のためというより、その複雑性のためであった。一九一四年から一八年にかけての陸軍は、限られた範囲の標準兵器で装備された、多数の歩兵から基本的には成り立っていた。その兵站的必要は、鉄道と、多くの場合かなり安定した前線と鉄道末端との間の単純な往復運行とによって、大概対応できた。

第二次世界大戦では、戦闘単位はひどく多様化した。単純な歩兵大隊の装備一覧表は、小銃と手榴弾ばかりでなく、二種の曲射砲、二種の機関銃、軽無限軌道車輛、対戦車砲、携帯用対戦車兵器、数種の地雷をも含んでいた。機甲部隊の必要装備はこれの数倍も複雑であり、水陸両用部隊と空輸部隊のものはさらに複雑であった。そこで西ヨーロッパのいずれの陸軍においても、人力の非常に大きな部分が、戦闘部隊に配置されるよりも、戦闘部隊にサービスし補給をすることに吸収された。すなわち、車輛や兵器や通信設備を修繕し維持することや、あるいは、補給車輛を操縦したり、補給処や病院に配置されたり、単調な集団全体が管理され給養され支払われるのを確保したりすることに吸収された。* 重大な技術的優位を得ようと知識の戦線で働く科学者達への依存度が、陸戦の場合は、かりに海戦や航空戦の場合ほどではなかったとしても、陸軍も、いやしくも機能し得るためには、すべての部門のあらゆるレヴェルで技術的有効性に依存していた。最良の戦士でさえ、無線通信が切れ輸送がとだえれば、絶望的だと感じたし、また、最も成功する将軍も、多く

＊　ソ連においては、非戦闘員（tail）に対する戦闘員（teeth）の割合は、かなり高かった。歩兵部隊の大半は、大戦時の西部戦線のそれに匹敵する規模と武器で作戦していたが、それらは殆んど全面的に馬による輸送にたよっていた。機甲師団や精鋭歩兵師団だけが、西側と同様の技術化に近づいていた。

は、その無線傍受活動によって、敵の意図に関する最も迅速かつ正確な情報を得ることができる将軍であった。

そこで、軍隊で召集される男女の非常に大きな部分は、平時と同じ活動――自動車整備士、無線通信手、ウェイトレス、あるいは料理人というように――に使用されるようになった。召集されなかったものは、大体のところ、制服を着てするよりも、例えば鉱夫、農業労働者、旋盤工、公務員、というような彼らの一般市民としての能力による方が戦争努力に一層貢献できると考えられたので、(召集されずに)そのままにされた。十八世紀と十九世紀には非常にはっきりしており、第一次世界大戦にも残存していた、兵士と一般市民の間の伝統的な区別は、再びなくなった。一般市民が、航空戦によって、軍隊の少数者を除くすべての者と同じように大きな危険にさらされてから、その区別は特になくなった。リヴァプールやハンブルクのドック労働者や店員よりも、兵站倉庫係や基地の将校食堂のウェイターの方が、一層安全のようであった。

このようにして、市民の熱狂的ナショナリズムによって支えられた大衆軍隊の時代は過ぎ去ったが、第二次世界大戦は、さらに一層深い意味で、社会全体の間の闘争であった。それは、暗黒時代の闘争とほとんど同じように、絶対的であった。その闘争では、あらゆる個人が、意思の疎通も妥協もあり得ない外国軍隊によって、自分達の身体的生存も価値体系も脅かされていると感じた。そのことは、東部戦線において、最も顕著に見られた。

東部戦線における第三帝国の指導者の目標は、千年前の先祖の目標――すなわち、新しい領土の植民と先住の人々の絶滅あるいは奴隷化――であった。事態を決定するのは、将軍の技倆あるいは技術上の奇蹟というよりも、侵入者に対して徹底抗戦するために、ソ連国民の心身両面の巨大な資源をとことんまで動員する、ソ連政府の能力であった。ナポレオンと同じように、ドイツ軍は、決定的勝利を得るには攻撃の純然たる勢いに頼っていたので、攻撃が失敗すると、資源の不足から、ソ連やアメリカのような規模の敵に対して長い闘争を維持することができなかった。

しかし、技術は、ナポレオン時代にはいまだ存在せず、また、過去との比較をすべて非常に疑わしいものにしてしまう、一つの要素を導入した。ドイツ人がジェット機の開発にもう少し集中していたならば、航空戦の経過が変わったかもしれない。もし彼らがミサイル技術にもう少し資源を振り向けていたならば、彼らはロケット兵器を生産し、それらはロンドン中心部を荒廃させ、連合軍のノルマンディー上陸作戦を失敗させたかもしれない。そして、もし、彼らの核研究がもう少し違った方向をとり一層大きな政治的支持を得ていたならば、彼らは核兵器を開発し、それに対しては、ソ連国民の英雄的行為も西側連合諸国の大量の軍隊も、オムダーマンでキッチナー（Kitchener）の軍隊に対したマハディの部族民の突撃のように、効果がなかったであろう。

実際には、最初の二発の原子爆弾が、一九四五年八月、アメリカによって日本に落とされた。どちらもかなりの大きさの都市を全滅させ、両方で十三万の人びとを即死させた。原爆は、ヨーロッパの国々がほんの付け足し的なものと考えていたヨーロッパ外諸国の間の紛争の終わりに、ヨーロッパ外の一国によってもう一つのヨーロッパ外の国に対して、使われた。これは、コロンブスとヴァスコ・ダ・ガマの航海が約五百年前に開いた、ヨーロッパの世界支配の時代の終わりを印した。原爆はまた、大衆戦争の時代の終わりを、すなわち、工業諸国の総動員された国民が互いに相手を圧倒することに全エネルギーを捧げる闘争の時代の終わりを印した。数年のうちに、水爆兵器が開発されることになる。その一つでさえ、地球上のどの地点にも分単位で運搬できるミサイルをもってすれば、有史以来人類が使ってきた破壊力の全量よりも、一層大きな破壊力を持った。このような核時代には、専門軍人の伝統的技倆や、あるいは、愛国的国民の忠誠を尽す参加にとって、何か出る幕があり得るのであろうか。一千年の間ヨーロッパで理解され実行されてきたような「戦争」は、もう終わったのであろうか。

エピローグ——ヨーロッパ時代の終焉

本著の主題は「ヨーロッパ史における戦争」であって「戦争の歴史」ではないので、読者諸氏は二十世紀後半の戦争についての概観がこれまでの章と同じ長さでなされると期待すべきではない。過去半世紀の間、ヨーロッパ諸国は互いに戦争し合うこともなかったし、今後もその可能性はありそうにない。しかし、たとえそうしたとしても、一九四五年をある時代の終焉を印すものだと見なす十分な理由が他にも存在する。

第一に、自己充足的国際体制としての「ヨーロッパ」は、一九四五年以後存在しなくなった。実際のところ、そのような意味での「ヨーロッパ史」は一九四一年十二月の最初の週に終わったとも言えよう。その時、モスクワ北方における赤露軍の最初の反撃によってソビエト連邦の巨大な力が明るみに出され、また、日本の真珠湾攻撃によってアメリカ合衆国が第二次世界大戦に完全に参戦するに至ったのである。これら両国は共に、その文化の起源をヨーロッパに負いながらも、ヨーロッパ諸国のすべてを合わせたよりもはるかに大規模な資源を自由にする能力を有し、新たな政治的・経済的体制を作り出すことになった。この体制は、カロリンガ帝国の東部国境線沿いにヨーロッパを分割した。この状況が継続する限り、ヨーロッパ諸国の間のいかなる紛争も、その強力な後ろ盾の参加を巻き込むことになっただろうし、その逆も言えた。ヨーロッパにおける戦争は、地球的規模の衝突の内部における局地的紛争ということになり、また、その文脈においてのみ考慮され計画されることになったのである。

第二に、ヨーロッパは自己充足的な国際体制ではなくなっただけではなかった。それは世界の政治体制の中心でもなくなったのである。十五世紀までは、ヨーロッパ体制は世界の他の多くの体制と共存していたが、それらの大部分との間の交流は断続的であるか、全くなかったかであった。その後、ヨーロッパは初めに地理的知識を、次いで交易を、最後に軍事力を拡大していった。遂に、十九世紀の終わりまでには、単一の地球的政治体制が生み出され、ヨーロッパは疑問の余地なくその中心であり、ヨーロッパの戦争によって影響されないままでいられるところはほとんどなくなった。事実、二十世紀には、ヨーロッパの戦争はその言葉のあらゆる意味において「世界戦争」であった。しかし、第二次世界大戦後、このようなヨーロッパ中心的世界秩序はもう一つの体制に席を譲った。この体制の複雑さは、「二極」とか「多極」とかいうような言葉ではまったく不十分にしか表現できなかった。この新しい地球的体制の内部において、ヨーロッパ諸国は、その大陸が今なお世界で最も豊かな地域の一つであるため、かなりの経済的重要性を維持することができた。しかし、二十世紀の終わりまでは、その政治的重要性は、主として、二つの「超大国」の最も不安定な接触点としての位置によるものであった。この不安定さそれ自体が紛争をほぼ凍結状態に保つことになった。戦争はヨーロッパを除いた世界のほとんどいたるところで起こることになった。

二十世紀の最後の十年間に、二つの「超大国」に対するヨーロッパの従属は、一九九〇年のソビエト連邦崩壊とともに終わった。かつて分割されていたドイツは再統一された。ソ連の支配から解放された東ヨーロッパ諸国は、急いで西側の隣国グループに加わり、その繁栄のみならず、復活した場合のロシアの脅威に対するアメリカの保護をも分かち合おうとした。前者はヨーロッパ連合（ＥＵ）によって、後者は北大西洋条約機構（ＮＡＴＯ）への加入によって、もたらされた。ＮＡＴＯは一九四九年以来西欧諸国に対して、アメリカの軍事的保護の傘を提供してきていた。しかし、どちらの組織も、世界という舞台での独立した軍事的行為者としてのヨーロッパの復活をもたらしはしなかった。ＥＵに軍事的次元を付与しようとする、主にフランスが先導した試みは、失敗を重ねてきた。十四から二十六か国へのＮＡＴＯ加盟国の拡大は、意思決定の複雑さを生み出しただけであり、それは組織を強化するよりもむしろ弱体化した。ＮＡＴＯは、一九九〇年代にユーゴスラビアの崩壊する領土に何らかの形の秩序を回復させようと介入した時、ほとんどあり得ないほど頭でっかちであることが明らかになっていた。今日では、ＮＡＴＯは、アメリカへの無様な補助部隊として生き残っているが、その貢献は軍事的というよりはむしろ政治的である。

この軍事的衰退の根底には、ヨーロッパ諸国民の文化における深刻な変化があった。彼らはもはや戦争を、人類の避けがたい運命であるどころか、重大な「政策の具」だとも見なさなくなった。第一次世界大戦の恐ろしい経験の後では、一九三九年においてさえ、ひどく復讐心に燃えたドイツという例外のために、彼らは本当に嫌々ながら武器を取り上げたのである。そして第二次世界大戦のもたらした出来事――ロシアにおける彼らの軍隊の壊滅や、空爆による彼らの都市の破壊――によって、ドイツ人は隣人たちよりも一層平和的となった。ロシア人たちは、一生の間に二度にわたる恐ろしい侵略を受けた後で、誰よりも次の戦争を恐れていたが、アメリカの核戦力によって支援された復活したドイツへの恐怖のため、動員状態を続けることになった。同じように、ソビエトによる侵略の恐怖によって、西欧諸国は平和が回復して数年も経たないうちに、再軍備をせざるを得なくなった。たとえそれが、アメリカによる保護の保障のために、支払うべき代価であったとしてもである。

しかし、核兵器の発達はヨーロッパの「通常型」軍隊の合理的根拠を問題視させるようになった。一九五〇年代の間にアメリカは、ソ連は直ぐに追い付いたが、広島と長崎を破壊した原爆の数千倍の破壊力を持つ水爆兵器を開発した。最初は長距離爆撃機によって、次いで大陸間ミサイルによって、瞬時に敵国の国民の大半を死滅させ、生存者に対しても組織的な生活を不可能にさせるに十分な核弾頭を、運搬することができるようになった。両超大国にとって、戦略は、いかに核兵器を効果的に使用するかではなくて、いかに相手にそれを使用させないように抑止するか、という問題になった。西欧諸国にとって問題は、同盟国アメリカが、自国の都市自体もソ連の核報復に対して脆弱であるにもかかわらず、ソ連が「通常型」軍隊によってヨーロッパを攻撃するのを抑止するために核兵器の使用によって間違いなく脅しをかけてくれることを、いかにして確実なものにするかということであった。英仏両国はそれぞれ自前の核兵器を開発することによって自らの安全を確保したが、ドイツ連邦共和国は核の脅威にさらされたままであった。戦略家たちは三十年もの間、いかにしてドイツ人をアメリカの核の保護について安心させて、彼らに独自の核兵器開発を思い止まらせるかということに、悩み続けた。ドイツ人がそうする可能性は低かったが、この問題によって生み出された膨大な量の文献は複雑すぎて驚くほど理解しがたいものになっていた。

結果として、中央ヨーロッパの軍隊は、アメリカの核反撃を発動させるための「仕掛け線」の役割にまで後退し、彼らがソ連の侵略を数日以上持ちこたえる能力を開発できるなどという期待はなかった。このような見通しは軍人たちの間におよそ熱意を掻き立てるものではなかったが、核による虐殺というまさにその可能性が市民たちの激しい反対運動を引き起こした。それらの運動が、核抑止という考え方に批判的であるのは理解できたが、それに代わる信頼できそうな代替策を提示できなかった。しかし、とにかくも、抑止は機能した。ヨーロッパは四十年もの間、いかに不安定だったとしても、平和状態を維持したし、その間に非常に豊かになった。一世代が軍事的事柄について、積極的に敵対的ではないとしても、無関心のまま成長した。徴兵制は軍事的理由よりもむしろ社会的・政治的理由から存続した――大多数の大陸の諸国には専門的軍隊を信用しない十分な歴史的理由がある――が、その負担を軽減するためのあらゆる措置がとられた。それは市民たちを軍事化するというよりも、むしろ軍隊を市民化するように作用した。イギリスは海外任務のために伝統的正規軍に逆戻りしたが、彼らにとってさえ一人の兵士の死は国民の強い関心事となった。

イギリスは、隣国のフランスも同様に、それぞれの問題を抱えていた。両国は共にその海外帝国における仕事を終えていなかった。イギリスは、経済的に疲弊し、ビルマの再征服によってさえも払拭できなかった屈辱を日本から受けたため、インド亜大陸の統治を続けることの不可能性をいち早く受けいれ、インドを彼らの自由に委ねた。その結果、彼らに地球的軍事力の地位を与えていたインド陸軍を放棄することになった。隣国のオランダも、インドネシアでの戦いで粘ったが、アメリカの支援を期待できないことが明らかになると、直ちにそこを離れた。しかしイギリスは、極東と中東という二つの地域で、その帝国的覇権を維持しようと試みた。アメリカの支持がある場合には、成功したが、それがない場合には、屈辱的な失敗をこうむった。

イギリスの失敗は中東において最も顕著であった。そこでイギリスは、一つにはその地域のますます重要性を増す石油への接近手段を保持するために、また一つにはそれへのソ連の影響を排除するために、駐留を続けようとしたのである。彼らは直ぐにパレスチナの支配を放棄したが、パレスチナでは、アメリカの財政的・政治的支援を受けた情け容赦のないユダヤ人の抵抗運動に抗うことは不可能であった。しかし、伝統的に大英帝国の「生命線」だと信じられていたスエズ運河には駐屯地を確保した。一九五六年にアブドゥル・ナセル大佐指導下の民族主義的エジプト政府が運河の支配権に異議を唱えたとき、イギリスは、フランスと組んだが、アメリカには相談せずに、エジプトの体制を打倒しようと悲惨な侵攻を行なった。アメリカは、その地域へのイギリスの植民地主義をソ連の膨脹と同類のものと見なし、イギリス軍を撤退させ、たちまちその地域における覇権国としての地位を得た。それ以降、イギリスはこれに匹敵するような軍事的冒険を、奇妙な一つの例外を除いて、試みたことはなかった。一九八二年、アルゼンチンの軍事政権は、フォークランド諸島のイギリス植民地を侵攻した。それはアルゼンチンの沿岸からほんの二五〇マイルのところに位置し、アルゼンチンは常にその領有権を主張していた。イギリスは衰弱した海軍の状態にもかかわらず、艦隊を派遣した。艦隊は、八千マイルもの大洋を横断し、部隊を上陸させ、二十四日間でそこを再征服した。アメリカ政府はうろたえていた――アルゼンチン政府の断固たる反共産主義のため、アメリカ国務省は同国を貴重な同盟国だと見ていたのである——が、国防省は極めて重要な軍事的支援を提供してくれた。この戦闘は確かに目覚しい成果ではあったが、それへの努力はあまりに例外的であり、周囲の状況もあまりに異常であったため、それが今後のこのような企てに対してモデルとなり得そうになかった。

極東においては、イギリスはもっと確実な成功の記録を示した。インドと同様、ビルマもその自由に委ねたが、マレー半島におけるイギリスの領土は経済的に貴重であったため、戦わずして放棄することはできなかった。当地では、その領土のどこでもそうであったが、イギリスの支配は、一つには外国支配への嫌悪によって、また一つにはモスクワよりもむしろ中国をモデルとする共産主義的イデオロギーによって鼓舞された、現地の運動による抗議を受けていた。前者の挑戦は、究極的自治を与えるという信頼できる約束によって、後者の挑戦は、共産主義ゲリラ活動への軍事作戦と、彼らが約束したあらゆる社会的・経済的利益を提供する社会改革の制度化との組み合わせによって、対処された。マレーシアにおける「人心」を勝ち得るためのこのような活動の成功は、イギリスの軍隊を二十年間も忙しく働かせることになった。この最終的な成功と、そこから直ぐ北でのフランスの経験とは、悲しい対比をなしていた。そこでフランスは、インドシナ——ヴェトナムの方が通りはいいが——における彼らの領土への支配を取り戻そうと試みたのであった。

第二次世界大戦での連合国側の勝利におけるイギリスの役割は、イギリスをより寛大に、すなわちより現実主義的にした結果、可能な限り優雅にその帝国的領土を放棄するという知恵の必要性を理解することができた。しかし、その戦争でのフランスの経験は悲しいほど違ったものであった。フランス軍は一九四〇年にこうむった敗北と、その後の数年間ヴィッシー体制の下で演じたいかがわしい役割との、埋合せをせねばならないと感じていた。極東において日本との間で行なった調停はその最たるものであった。フランスは、強力で見事に組織化された独立運動であるヴェトミンによる挑戦を受け、住民を苦しめる方法を用いるだけの軍事的再征服という政策を試みた。しかし、ヴェトミンは、ホー・チ・ミンという素晴らしい政治的指導者とヴォ・グェン・ジャップという傑出した将軍の下に、彼らの領土に対するフランスの政治的統治を掘り崩すことに成功したばかりか、一九五四年にディエン・ビエン・フーにおいてフランス軍それ自体に壊滅的敗北を与えた。かくして、フランスは国内的には常に極めて不人気であった戦争を止め、後をアメリカに任せたが、アメリカはそれから更に二十年もの間その戦いを継続することになった。

フランスの苦難はそれで終わりではなかった。革命的騒動は北アフリカのフランスの領土にまで広がってきた。ヴェトナムは世界の反対側に位置するため放棄されたかもしれないが、多数のフランス系現地住民を有するアルジェリアは放棄できなかった。アルジェリアは植民地ではなかった。それはフランス自体の国内行政の一部門として統合されていたのである。反乱は第二次世界大戦が終わる数週間の間に突然発生した。ヴェトナムでの敗北の後には、その勢いは非常に強まった。フランス軍はヴェトナムから教訓を学び、「対ゲリラ戦」の精緻な技術を工夫していたのだが、それらは役立たなかった。一つには、フランス政府は、最終的な独立を約束すれば、アルジェリアのフランス系住民の反感を買い、フランス本国での政治的騒乱を引き起こさざるを得なかったからである。さらには、フランス軍のやり方の残忍さが、本国のみならず、ヴェトナムには動員されていなかった軍の徴兵の間においても、動揺を引き起こしたからである。戦争は苦悩の深みに落ち込み、フランスはその過程で内乱寸前の状態に陥ったが、一九六二年に情け容赦もないシャルル・ド・ゴールによってようやく救われたのである。

ベルギーは一九六〇年にコンゴの植民地を放棄したが、その完全さの故に言及されるべきであろうが、その後の混乱は国際連合による処理に委ねられた。これに対して、ポルトガルは一九七五年に最も古いヨーロッパの植民地であったモザンビークとアンゴラの領土を手放した。ヨーロッパは、その植民地を脱ぎ捨てるや、一層健康的で幸福な場所となったと言えようが，かつてその植民地であった地域のすべてについては残念ながら同じことが言えそうにない。

海外での戦闘は、関係するヨーロッパ諸国には、自分たちの帝国的主権を守るための防御的活動だと見なされたかもしれないが、ワシントンでは、世界共産主義に対する全地球的戦闘の前線と見られるようになった。ヨーロッパにおけるソ連との衝突が動かしがたいものになる以前においてさえ、極東で戦争が始まった。その紛争によって、アメリカは、戦争態勢を続けることになったし、ヨーロッパの同盟国にも同じことを求めるようになった。その後二十年間、世界の紛争の焦点は極東にあり、ヨーロッパ諸国の主要な関心は、アメリカの注意があまりにその地域に取られてしまって、自分たちの大陸の防衛がおろそかにされないように保障を確実にすることであった。

第二次世界大戦中にアメリカの戦略家たちが、太平洋にあるアメリカの領土の回復や、アメリカの被保護者蔣介石への援助や、日本の攻略などに比して、ヨーロッパに与えた優先順位について、憤慨していた強力なロビーがワシントンには常に存在していた。日本は実際に攻略されたが、その直後に中国が「失われて」しまった。すなわち、共産党の指導者毛沢東は、一九三七年以来日本の占領に対して用いてきたゲリラ戦術を、蔣介石の腐敗し非能率的な体制に対して振り向けた。一九四九年には彼らを追い出して台湾島に亡命させ、彼らに代わって共産党の中華人民共和国を樹立した。ワシントンでは、そのことは大惨事だと見なされたが、さらに悪いことが続いた。大陸での日本の旧植民地朝鮮が三十八度線に沿って米ソ両占領軍によって分割され、占領軍はそれぞれ自分のイメージに合った現地体制を設立した。一九五〇年両者の間に、北側による南側への物理的侵入という形で、戦闘が勃発した。北側の指導者は間違って、アメリカは関与しないと信じていた。モスクワの彼らの後ろ盾も、彼らを思い止まらせようと試みなかった。アメリカは国連に訴えて首尾よくこれを侵略戦争だと非難することはできたが、彼らの準備不十分な軍隊は半島から危うく一掃されそうになった。老練なダグラス・マッカーサー将軍指揮下の見事な反攻によって、あっという間に北側の軍隊を中国国境線にまで追いやった結果、中国が戦争に介入し、アメリカを三十八度線まで押し戻した。両側の力は均衡していた。アメリカおよび他の国連加盟国（イギリスと英連邦諸国）の軍隊は制空権と優勢な火力を掌握していたが、中国軍は地の利を用いる巧みさや甚大な損害を物ともしない姿勢によってそれに対抗していた。この戦闘は多くの者に第三次世界大戦の始まりかと恐れられたが、マッカーサー将軍が我を通し、核兵器を使って中国へと戦争を拡大していたなら、そうなったかもしれない。実際には、戦争は限定されたものであり、最終的には一九五三年に板門店で締結された休戦協定によって戦闘は終結した。

その後二十年もの間、アメリカは中国と事実上戦争状態にあると見なし続けた。アメリカはヴェトナムを保持しようとするフランスの闘いを支援した。フランス人が一九五四年に撤退し、その国がハノイを本拠とする共産党の北とサイゴンを本拠とする西側寄りの体制との間に分割されたとき、アメリカは後者の権威を承認した。しかし、サイゴン政府は、もう一人のアメリカの被保護者蔣介石と同様に、住民の忠誠を保持する能力を持っていなかった。一九六〇年代までに、サイゴン政府は崩壊の瀬戸際に追い込まれていた。アメリカは、サイゴンを地球全体への共産主義の拡大に対する前線基地だと見ていたので、最初は経済的援助を、次いで軍事顧問団を、そして最終的には大量の軍事的支援を提供した。アメリカ陸軍はヘリコプターと対地攻撃機を使ってその地を支配しようと試みた。アメリカ空軍は前線ばかりでなく北ヴェトナムに対しても、第二次世界大戦に匹敵する規模で、大量の絨毯爆撃を行なった。しかし彼らの戦果はフランス軍と変わらなかった。西側の軍隊や産業化が進んだ都市に対しては壊滅的であったような空爆も、一握りの米で生き延びることができる軍隊には、大した効果はなかった。その米の運搬も人力に頼ったものであった。アメリカの軍隊は、その言葉も理解できず、その同情も当然ながら同国人に向かう村人たちを、満足には守れなかった。アメリカはいかなる熱意をもってしても、救いがたいほど無気力で腐敗しているように見える政府を、動機付けることはできなかった。アメリカ国内において、戦争はますます不人気になった。一九六九年、アメリカは戦争を「ヴェトナム化」した。実戦を南ヴェトナム軍に任せ、大半の自国の軍隊を撤退させた。更に五年間、彼らは「名誉ある解決」を求めて北ヴェトナム政府と交渉した。しかし、一九七五年南ヴェトナム軍の抵抗が大攻勢の前に崩壊したとき、損害の少ないうちに退く以外できることは何もなかった。

その結果は恐れられていたほど悲惨ではなかった。一度ヴェトナムが統合されると、地域的な勢力均衡が生まれた。その状況において、ヴェトナムは中華人民共和国を主要な敵と見なし、それに対する保護をソ連との同盟のうちに見出した。その世紀の終わりまでには、豊かな資本主義的近隣諸国――マレーシア、シンガポール、インドネシア、フィリピン――からの承認を求めるようになった。ヴェトナムでの長い闘争のお蔭でこれらの諸国は、植民地時代後の体制を固め経済を発展させるのに必要な、息つきの間を得ていたと言えよう。しかしそれでも、アメリカのヨーロッパ同盟諸国は、ヴェトナムへのアメリカの介入を全くの反対ではなかったとしても懸念を持ってみており、巻き込まれることは拒否した。

ヨーロッパ人にとっては、それよりも中東の出来事の方が心配であった。一九四八年、一九五六年、一九六七年と三度にわたるアラブ近隣諸国との戦争は、イスラエル国家の強化をもたらしたが、先住のアラブ人の多くを追放したため、イスラム世界のいたる所で怒りを生み出した。イスラエルのアラブ近隣諸国はパレスチナ難民を受けいれようとしなかったので、彼らは復讐を企てながらイスラエル国境線沿いの混雑した居住地に縛り付けられたままであった。彼らの若い活動家たちは、自分たちの窮状に世界の注意を引くために、弱者の武器であるテロに走った。ヨーロッパは、彼らが解放闘争を戦う、広い戦場の一部となった。最も悲惨な事件は一九七二年九月のミュンヘン・オリンピック大会のときに起こった。その時、パレスチナのテロリストたちはイスラエルの体操チームを拉致し、お粗末な救出作戦の間に彼らを殺害した。一九八五年には、もう一つのテログループがイタリ

ア の遊覧船アキレ・ラウロ号をハイジャックし、乗客を虐待し、一人を海に投げ込んだ。しかし、この頃には、そのようなテロ活動の目的は、パレスチナの解放から、イスラエルの後援者たるアメリカの転覆へと拡大していた。すなわち、中東におけるアメリカの主導権の打破、また一部の者たちには、アメリカによる世俗主義的世界支配の排除でもあった。

後に「対テロ戦争」と呼ばれるようになるこのような局面が始まったのは、一九七九年にアメリカによって支援されていたイランのシャー体制が打倒され、イスラム共和国がアヤトラのホメイニによる聖職者独裁体制の下に樹立されたときであった、と言えるかもしれない。ホメイニはその後、自分と一緒になって「大悪魔」であるアメリカの影響からイスラムを浄化しようと、全世界のイスラム教徒に呼びかけた。結果として、イランの隣国でありライバルであるイラクが、世俗主義的指導者サダム・フセインに率いられて、イランの領土を侵害し、十年にも及ぶ戦争を開始するのを、アメリカはほとんど妨げようとはしなかった。サダム・フセインは石油大国の隣国クウェートの領有権を主張し続け、一九八九年に実際に侵略し占領した。しかし、彼が選んだ時期は悪かった。その数か月前にソ連が崩壊したため、国連の実効性が回復されていたのである。そこで、アメリカは朝鮮戦争以降初めて「集団安全保障」の原則を実践することができる連合を構成することができた。アメリカ指導の連合軍は電光石火の戦闘でイラク軍をクウェートから追い出した。しかし彼らはアラブ諸国に抑えられて、それ以上その優位な立場を推し進めることはできず、フセインはバグダードで権力の座に居座った。

この地域におけるアメリカの存在感のこのような強化は、中東全体にわたりイスラム過激派をいよいよ激怒させた。その地域におけるアメリカの最も忠実な同盟国サウジ・アラビア出身のアヤトラ、オサマ・ビン・ラーディンは、全イスラム世界の若者に対して、アメリカとイスラエルに対して武器を取り、彼らを「イスラムの聖域」から追放しようと呼びかけた。イスラエルとアメリカの双方を目標とする自爆攻撃が続き、遂に、二〇〇一年九月十一日に――後に九・一一として知られるようになる――およそ三千人の一般市民の生命を奪ったニューヨークの世界貿易センターの破壊に至ったのである。この恐ろしい出来事とともに、戦争の歴史は、それに伴いヨーロッパの歴史は、新たな、より気味の悪い時代へと突入した。

アメリカ大統領ジョージ・W・ブッシュは、「対テロ戦争」の宣言によってこれに対応し、全戦力をもってこれに対処することになった。この打撃はテロ攻撃に対するアメリカの――実際のところ、西側世界全体の――社会基盤の脆弱性を明らかにしたが、一九四五年以後最も自信にあふれたアメリカを攻撃したものであった。「自由世界」のアメリカの指導的地位が挑戦を受けることはなかった。ソ連の消滅はアメリカを軍事力において最高の地位に留まらせていた。技術的進歩はその軍隊に「戦争行為の革命」と称されるものをもたらした。敵の通信を監視したり傍受したりすることができ、その行動を回避することができた。遠く離れた発射台から発射された精密誘導ミサイルの保有によって、最小の損害と最大の「衝撃と恐怖」をもって敵の目標を破壊することができるようになった。アメリカは数週間のうちに、テロの陰謀の根拠地がアフガニスタンとその国境地帯にあることを探り出し、空軍力と特殊部隊と地元の支援との連携によって彼らを追い散らした。自信を持っても致し方なかったが、ブッシュ大統領はイラクでの未完の仕事を完成しようと決意した。ブッシュのアドバイザーたちが彼に保証したところによれば、アメリカは、サダム・フセインを打倒し、イラクを西側寄りの民主主義的国家に改造することによって、この地域におけるアメリカの支配を強固なものとし、敵に対して恒久的優勢を得ることができる、ということであった。かくして、二〇〇三年三月、アメリカ軍はイラクに侵入した。予測では、サダム・フセインの軍隊は数日で崩壊するというものであった。

西欧諸国の人々は九・一一の出来事を怯えながら注視しており、その指導者たちは直ちにアメリカへの支持を約束した。陰謀家たちがドイツで準備をしていたという事実は、この陰謀の超国家的性格のみならず、その潜在的目標を示すものであった。しかし、「対テロ戦争」というアメリカの宣言を受けいれることには、些かためらいがあった。多くの西欧諸国では、九・一一事件は、彼らが既に自分たち自身のテロリストの手にかかって苦しんできた類の活動の、恐ろしいほど拡大したものだと見られていた。それらの活動は、軍隊によって遂行される戦争というよりは、むしろ警察と情報部とによって対処されるべき犯罪だと見なされていたのである。彼らはテロリスト容疑者の追跡と逮捕に迅速な協力を提供し――実際、それぞれの国の社会自由主義者たちの目には用意が良すぎるとも映った――、進んでアフガニスタンでの作戦を支持し、最後には自国の軍隊を参加させた。しかし、彼らはイラクの作戦については極めて懐疑的であった。その正当性を、国際テロ活動への関連性を、その政治的賢明さを疑った。イギリスは、国内世論の深い分裂という犠牲を払ったけれども、忠実にその同盟国を支持した。しかし、ヨーロッパの近隣諸国は、国連の多くの加盟国と同様、その企てを思慮の足らないものだと見なし、冷淡な態度を取った。

実際の出来事が彼らの正しさを証明した。ヴェトナムの場合と同様、アメリカ軍の優れた意図と技術的優越性とは、文化的反発によって大きく損なわれた。この反発はアメリカ軍とイラク住民との間の関係を急速に蝕み、しかも大量の政治的判断ミスがそれに重なった。「軍事における革命」（ＲＭＡ）によってアメリカは戦闘に勝利することができるようになったかもしれないが、技術的優越性ばかりでなく政治的感性をも必要とする戦争遂行が問題の場合には、それは限られた価値しか持たなかった。軍事的勝利の結果に関する計画の失敗が意味したことは、イラクが急速に内戦状態に陥ったということである。その無能力さの故に野蛮な専制政治を流血の無政府状態に置き換えただけの侵略者に対する怒りが大きく広がった。このような不人気は、その地域自体においてだけでなく、それぞれの土地の住民への同化がますます問題化していたヨーロッパのイスラム系移住者の間においても、イスラム過激派の力を強化したのは当然であった。

「対テロ戦争」を信じている人々は、ヨーロッパが現在再び戦争状態にあると主張する可能性がある。そのことに同意しない人々でさえ、平和が現に安定しているとか、安定した状態が続きそうだとか、主張することは先ずないであろう。レオン・トロツキーはかつて、「諸君は戦争に関心を持たないかもしれないが、戦争は諸君に深い関心を持っているのだ」と述べた。これは、戦争のことは忘れ去ってしまったと信じているヨーロッパ人が、よく考える必要のある教訓である。ヨーロッパ人はもはや自分たちの戦争を引き起こしたり、それを世界に広めたりするようなことはないかもしれないが、全地球的体制における広範囲な紛争に対して、国境を閉ざすことなどできない。ヨーロッパ人は、そこから離れようにも離れることなどできない。その体制の一部だからである。

第一版訳者あとがき

本書は、次の本の全訳である。

Michael Howard, *War in European History*, O. U. P., 1976.

ハワード先生（一九二二年生）は、現在、オックスフォード大学でチチリ戦史講座を担当する歴史学教授であり、オール・ソールズ・コレッジの所属である。先生は、また、英国学士院の副院長であり、チャタム・ハウス（王立国際問題研究所）や国際戦略研究所をはじめとしてイギリス軍の教育関係などにおいてもいろいろの要職を歴任されておられる。先生には、次に列記したような著書や編著があり、そのいくつかで賞を得ておられる。

The Coldstream Guards, 1920—46（with John Sparrow）, 1951.
Disengagement in Europe, 1958.
Wellingtonian Studies, 1959.
The Franco-Prussian War, 1961.
The Theory and Practice of War, 1965.
The Mediterranean Strategy in the Second World War, 1967.

Studies in War and Peace, 1970.
Grand Strategy, vol IV（in U. K. History of Second World War, Military series）,1971.
The Continental Commitment, 1972.
War in European History, 1976.
War and the Liberal Conscience, 1978.
Restraints on War, ed., 1979.

そして、クラウゼヴィッツの『戦争論』の新訳（P. Paret との共訳）も完成された。

先生は、戦争史の世界的権威である。いつか私が、当時国際戦略研究所副所長であったハント准将に、戦争論について教えを乞うべき人を尋ねたときに、准将は、言下に、先生と今は亡きB・ブローディ先生（当時UCLA）の名を挙げられた。

私が最初に先生にお会いしたのは、かなり久しい以前である。その後ロンドンに行く度に、お尋ねして、いろいろ御教導をいただいている。オール・ソールズ・コレッジの古い建物の中のお部屋で、S・ファイナー教授（文軍関係などの研究者で、本書の序にも名前が出てくる）と御同席のこともあった。

本書は、中世から現代までの、ヨーロッパの戦争の歴史であるが、また、戦争から見たヨーロッパの歴史でもある。戦争史としてばかりでなく、一般史として、重要な意義をもっている。すなわち、軍事や戦争に関心を持つ人びとばかりでなく、広く一般にヨーロッパ史に関心を持つ人びとのためのものである。

先生は、本書の中で、変化する戦争のテクニックについて論じているばかりでなく、戦争のテクニックと社会の社会的・経済的・技術的発展との間の相関関係について詳述している。なお、原著にはないが、小見出しを設け、若干の武器には簡単な挿し絵をいれた。

私が本書の翻訳を思いたったのは、一九七七年ロンドン大学で在外研究をしていたときであるが、その後愚息の大作の手をかり、訳を完成させた。最初の下訳のときに、R・ルーカス女史から助言を戴いた。また、小林正之早大名誉教授からは、いろいろ御指導を戴いた。あつく御礼申し上げたい。

また、私ども訳者の怠慢のため仕事がおくれたが、終始忍耐を以ってお世話戴いた学陽書房のみなさんとくに菊池公男氏と冨田実氏に、謝意を表する。

一九八一年春

奥村房夫

文庫版訳者あとがき

本著の第一版は一九七六年に発表され、翻訳は『ヨーロッパ史と戦争』という題で一九八一年に出版された。この度多少の改訂を施された新版が出ることになり、既に絶版となっていた翻訳も新たにする運びになった。題名も、原著により忠実に、『ヨーロッパ史における戦争』と改めた。但し、新版も第1章から第7章までは基本的に初版を踏襲したものであるので、そこの翻訳には余り手を加えなかった。完全に書き直されたエピローグと参考文献表、また新たに付加された丁寧な索引については、今回翻訳し直した。著者によれば、歴史家はこれまで何が起こってきたのかを一般の人々に伝えるために、従って彼らに読んでもらえるような、歴史書を書かねばならないということを信念としているようであるが、本著はまさにその面目躍如たる名著であると言えよう。大きな歴史的視野を背景としながら細部を無視しない内容が、実に平易に、時にユーモアを交えた文章によって語られている。それが十分に伝わっていないとすれば、それはひとえに訳者の力不足の故である。

本著では、nations という語も、〈民族〉というよりはむしろ〈国民〉と理解したほうがよいように思われる場合もあるが、nationalism についても同様のことが言える。但し、nationalism についての思想を論じる際に、マッツィーニが挙げられていることから見て、〈国民〉と言い切ることは行き過ぎであろう。両方の意味を包み込むような大きな意味で用いているものと解すべきであろうが、本訳では〈民族〉の語を当てることにした。

ユトレヒト同盟諸州はやがてネーデルランド共和国となり、その後多少の経緯があって現在のネーデルランド王国となるが、国民を指す場合はオランダ人とし、国名も独立が国際的に正式に認められてからは通称のオランダを用いた。

前回の翻訳以降に発表された主な著作は以下の如くである。

・*Clausewitz*, 1983 [reissued in 2000 as *Clausewitz: A Very Short Introduction*].
・*The Lessons of History*, 1989.
・*Strategic Deception in the Second World War* [Vol. 5 of *British Intelligence inthe Second World War*, ed. by F. H. Hinsley], 1990.
・*The Laws of War: Constraints on Warfare in the Western World*, ed. by M. E. Howard, G. J. Andrepoulos & M. R. Schulman, 1994.
・*The Invention of Peace*, 2000.
・*The First World War*, 2002 [reissued in 2007 as *The First World War: A Very Short Introduction*].

・*Captain Professor: A Life in War and Peace*, 2006.
・*Liberation or Catastrophe?: Reflections on the History of the 20th Century*, 2007.

著者は第二次世界大戦中、青年将校として戦功十字勲章を授与されるほど目覚ましい活躍をしているが、そのことがその後の進路に少なからぬ影響を与えたようである。軍事関係に興味を抱くようになったばかりでなく、彼の歴史学者としての処女作も彼が配属された近衛連隊についての共著である。多数に上る業績からも明らかなように、極めて著名な歴史学者であるが、必ずしも研究者として象牙の塔に籠っていたわけではなく、現実の国際関係の諸問題についても強い関心を持ち続け、その結果として歴史を社会全体の立場から眺め、また非常に生き生きと捉えるという独特の姿勢が磨き上げられていったと思われる。そのことは彼の主な活動拠点がロンドン大学キングズ・コレッジ（King's College）の戦争研究（War Studies）学部であったこととも深く結び付いている。彼自身この学部の設立に関わったのであるが、当学部は戦争を歴史学に止めず政治学・経済学・法学などを含む包括的な立場から研究することを目的としているからである。またそうであるが故に、報道機関からもしばしば意見を求められ、新聞に定期的に投稿するようにもなる。その発言は注目され、有力政治家からも相談を受けるほどであった。そのような活躍は各方面から高く評価され、一九八六年のナイト爵位（以後 Sir の称号をもって呼ばれる）をはじめ、名誉勲位・メリット勲位・大英帝国勲位が授与されている。

第一版の訳者あとがきに触れられているように、房夫は著者とは何度かお目に掛かる機会を得ていたようである。房夫には戦時中青年将校として軍務につき（金鵄勲章を授与される）、戦後新制大学に入り直して研究者の道に進んだという経緯があり、いくらか著者の経歴に重なるところもあり、著者も多少の親近感を持たれたのかもしれない。私自身は残念ながら一度もお会いしたことがない。大変厳しい先生だという話を聞き、敬遠したことを今は悔いている。最後に、この改訂版の翻訳については、房夫の意向もあり、私一人の責任で行なったことをお断りしておく。

今回の翻訳については、中公文庫編集部副部長の杉山節夫氏をはじめ、スタッフの方々から一方ならぬお世話をいただいた。心より謝意を表する次第である。

二〇一〇年春

奥村大作

註

第1章　封建騎士の戦争

1) R. A. Brown, *The Origins of Modern Europe*, London, 1972, p. 93.
2) 参照：Lynn White, *Medieval Technology and Social Change*, Oxford, 1966, p. 2.
3) J. Huizinga, *The Waning of the Middle Ages*, London, 1937, *passim*.
4) M. H. Keen, *The Laws of War in the late Middle Ages*, London, 1965, p. 154 ff.
5) Sir Charles Oman, *The Art of War in the Middle Ages*, vol. II, London, 1924,p.145.
通常イギリスの主張を軽蔑しているドイツの歴史家ハンス・デルブリュック（Hans Delbrück）でさえ、フランスの死傷者数を1283名と述べている。（*Geschi chte der Kriegskunst*, vol. III, Berlin, 1891, pp. 464 — 473.）
6) Oman, *op. cit.*, vol. II, p. 384. Ferdinand Lot, *L'Art Militaire et les Armées au moyen age*, Paris, 1946, vol. II, pp. 8 — 15.

第2章　傭兵の戦争

1) Honore Bonet, *L'Arbre des Batailles*, ed. G. W. Coopland, Liverpool, 1949.

本著は最初1382年頃から1387年頃にかけて書かれたが、急速に定評ある作品となり、多数の写本や印刷版として広まった。

2) 次の著作の議論を参照：Ian Brownlie, *International Law and the Use of Force by States*, Oxford, 1963, pp. 8—12.

3) *De Jure Belli ac Pacis*, ed. William Whewell, Cambridge, 1853, vol. I, p. lix.

4) Niccolo Machiavelli, *The Art of War*, book III, Chapter 7. Thomas Digges ; *Four Paradoxes* (1604).

これは次の著作に引用されている：C. H. Firth, *Cromwell's Army*, London, 1902, p. 145.

5) Machiavelli, *The Art of War*, book VII, chapter 1.

第3章　商人の戦争

1) See R. Ehrenberg, *Capital and Finance in the Age of the Renaissance : A Study of the Fuggers and their Connections*, London, 1938, *passim*.

2) K. R. Andrews, *Elizabethan Privateering 1585—1603*, Cambridge, 1964, p. 16.

3) C. R. Boxer, *The Dutch Seaborne Empire 1600—1800*, London, 1965, p. 86.

4) 参照：E. H. Kossmann, 'The Low Countries' in *The New Cambridge Modern History*, vol. IV, Cambridge, 1970, p. 368.

5) 次の著作に引用されている：Herbert Richmond, *Statesmen and Sea Power*, London, 1964, p.

9.

6) 次の著作に引用されている：C. W. Cole, *Colbert and a Century of French Mercantilism*, New York, 1939, vol. I, p. 343.

7) 次の著作に引用されている：Charles Wilson, *Profit and Power*, London, 1957, p. 46.

8) Wilson, *loc. cit.*, p. 107.モンクの伝記を準備しているモーリス・アシュリー博士（Dr.Maurice Ashley）は、この発言がモンクのものであることの信憑性について疑念を抱いている。

9) 両方とも次の著作に引用されている：Richard Pares, *War and Trade in the West Indies 1739—63*, Oxford University Press, 1936, pp. 62—3.

10) Charles Davenant, *Essay upon Ways and Means of Supplying the War*, London, 1695, p. 16. これは次の著作に引用されている：Edmond Silberner, *La guerre dans la pensée économique du XVI au XVIII siècle*, Paris, 1939, p. 69.

11) G. N. Clark, *War and Society in the Seventeenth Century*, Cambridge University Press, 1958.

12) Andrews, *Elizabethan Privateering*, p. 171.

13) J. H. Parry, *The Age of Reconnaissance*, London, 1963, p. 324.

14) J. H. Owen, *War at Sea under Queen Anne*, Cambridge University Press, 1938, pp. 61—3.

第４章　専門家の戦争

1) この見解は、S・E・ファイナー教授（S.E.Finer）から次の論文集へ寄せた論考において、詳述されている。Charles Tilly（ed.）, *The Formation of National States in Western Europe*, Princeton, 1975.

2) Hans Delbrück, *Geschichte der Kriegskunst*, vol. IV, Berlin, 1920, p. 281.

3) Hans Delbrück, *ibid*, p. 280.

4) 両著作は次の著作に翻訳されて収録されている。T. R. Phillips, ed., *The Roots of Strategy : A Collection of Military Classics*, London, 1943. See pp. 161, 173, 213.

5) Comte de Guibert, *Essai générale de tactique*, Liege, 1775, I, p. xiii.

第5章　革命の戦争

1) 信頼できる研究としては次の著作を参照：Peter Paret, *Yorck and the Era of Prussian Military Reform*, Princeton University Press, 1966, pp. 28—48.

2) Robert S. Quimby, *The Background of Napoleonic Warfare*, Columbia University Press, New York, 1957, p. 296.

3) Marcel Reinhard, *Le grand Carnot*, Paris, 1950, vol. II, pp. 100—108.

4) Jean Morvan, *Le Soldat impérial*, Paris, 1904, vol. I, p. 479 and *passim*.

5) Philip Henry, 5th Earl Stanhope, *Notes of Conversations with the Duke of Wellington, 1831—1851*, London, 1888, p. 81.

6) 次の著作に引用されている：Yorck von Wartenburg, *Napoleon as War Lord*, London, 2

vols., 1902, vol. I, p. 38.

7) William Blackstone, *Commentary on the Laws of England*, book 1. ch. 13,（4th edn., London, 1777, vol. I, p. 412).

8) E. F. Heckscher, *The Continental System*, London, 1922, p. 120.

第6章　民族の戦争

1) Carl von Clausewitz, *Vom Kriege*, book VIII, chapter 3.

第7章　技術者の戦争

1) この事例として、ドイツの場合については前著を、イギリスの場合については後著を参照：Ernst Junger, *Storm of Steel*, London, 1929 ; Guy Chapman, *A Passionate Prodigality*, London, 1933.

参考文献

（1）全般

1　Peter Paret (ed.), *Makers of Modern Strategy : From Machiavelli to the Nuclear Age* (1991).

2　Williamson Murray, MacGregor Knox and Alvin Bernstein (eds.), *The Making of Strategy : Rulers, States and War* (1994).

1・2は西欧の戦略思想とその実践に関する中核的文献である。

3　W. H. McNeill, *The Pursuit of Power : Technology, Armed Force and Society since A. D. 1000* (1984).

4　Archer Jones, *The Art of War in the Western World* (1987).

3・4は戦術の発展に関する最良の全般的入門書の役割を果たしている。

5　Hew Strachan, *European Armies and the Conduct of War* (1983).

6　Brian Bond, *The Pursuit of Victory : From Napoleon to Saddam Hussein* (1996).

5は、6と同様に、十七世紀から二十世紀にいたる戦争行為の専門的分析を行なっている。

7　MacGregor Knox and Williamson Murray (eds.), *The Dynamics of Military Revolution,*

1300 — 2050（2001）.
これは本著が扱っている諸問題の多くを更に一層詳説している。

（2）第1章　封建騎士の戦争

1　J. F. Verbruggen, *The Art of Warfare in Western Europe during the Middle Ages : From the Eighth Century to 1340*（1997）.

2　Jim Bradbury, *The Routledge Companion to Medieval Warfare*（2004）.

1は今なお最良の概説書であるが、2は参考文献に関する優れた註を含んだ利用しやすい入門書である。

3　Philippe Contamine, *War in the Middle Ages*（1987）.

4　Maurice Keen（ed.）, *Medieval Warfare : A History*（1999）.

5　John France, *Western Warfare in the Age of the Crusades*（1999）.

6　Helen Nicholson, *Medieval War : Theory and Practice of War in Europe 300 — 1500*（2004）.

3は依然として優れた情報源であるが、4・5・6は同時代についてより現代的な論じ方をしている。

7　Clifford Rogers, *Soldiers Lives Through History : The Middle Ages*（2007）.

7はこの問題を論じた最近の研究成果であり、五百年から千五百年にわたる中世の戦争行為と兵士についてのテーマ研究である。
8 Matthew Strickland, *War and Chivalry : The Conduct and Perception of War in England and Normandy, 1066—1217*（1996）.
9 R. C. Smail, *Crusading Warfare 1097—1193*（1991）.
10 Malcolm Vale, *War and Chivalry : Warfare and Aristocratic Culture in England,France and Burgundy at the End of the Middle Ages*（1981）.
11 F. H. Russell, *The Just War in the Middle Ages*（1975）.
8・9・10・11にはより具体的な分析が示されている。
12 Sidney Toy, *A History of Fortification from 3000 BC to AD 1700*（2005）.
特に要塞と攻城戦に関しては、最近再版された12を参照。

（3）第2章　傭兵の戦争

1 Fritz Redlich, *The German Military Enterpriser and his Work Force : A Study in European Economic and Social History*（1964）.
特に傭兵についての最良の概説書は依然として二巻本の1である。
2 Michael Mallett, *Mercenaries and their Masters : Warfare in Renaissance Italy*（1974）
3 R. A. Stradling, *The Spanish Monarchy and Irish Mercenaries : The Wild Geese in Spain, 1618—68*（1993）.

4 Kenneth Fowler, *Medieval Mercenaries : The Great Companies*（2001).

2・3・4は特定の問題をより詳細に論じている。

5 J. R. Hale, *War and Society in Renaissance Europe, 1450—1620*（second edition, 1998).

これはより長期の時代に関する優れた研究を示している。

6 Jeremy Black, *European Warfare 1494—1660*（2002).

5と同様だが、軍事的発展に関して特に優れている。

7 Geoffrey Parker, *The Army of Flanders and the Spanish Road, 1567—1659*（1972).

8 Michael Mallett and J. R. Hale, *The Military Organisation of a Renaissance State : Venice c. 1400 to 1617*（1984).

9 Simon Pepper and Nicholas Adams, *Firearms & Fortifications : Military Architecture and Siege Warfare in Sixteenth-Century Siena*（1986).

7・8・9もまた有益な情報を与えてくれる。

10 Bert Hall, *Weapons and Warfare in Renaissance Europe : Gunpowder, Technology, and Tactics*（1997).

11 Christopher Duffy, *Siege Warfare : The Fortress in the Early Modern World, 1494—1660*（1996).

この時代の戦争行為の機械的側面に関する最良の解説としては、10・11を参照。

（4）第3章　商人の戦争

1　G. V. Scammell, *The First Imperial Age : European Overseas Expansion 1400—1715*(1989).
これはこの問題に関する優れた概観を与えてくれる。

2　Jan Glete, *Warfare at Sea, 1500 — 1650 : Maritime Conflicts and the Transformation of Europe*（2000).

3　Richard Harding, *The Evolution of the Sailing Navy, 1509—1815*（1995).

4　John Guilmartin, *Gunpowder and Galleys : Changing Technology and Mediterranean Warfare at Sea in the Sixteenth Century*（1975).
2は海軍の事柄に関する最良の入門書であるが、3も、特に4は、有益である。

5　Peter Earle, *The Pirate Wars*（2004).
これは私掠船と帝国的膨脹と海賊行為との関係についての素晴らしい学問的研究である。

6　N. A. M. Rodger, *The Safeguard of the Sea : A Naval History of Britain, Vol. 1660—1649* (second edition, 2004).

7　Geoffrey Symcox, *The Crisis of French Sea Power, 1688 — 1697 : From the Guerre d'Escadre to the Guerre de Course*（1974).
6と7は対として読むとよい。

8　Jonathan Israel, *Dutch Primacy in World Trade, 1585—1740*（1989).

9　J. R. Jones, *The Anglo-Dutch Wars of the Seventeenth Century*（1996).

英蘭戦争については、8・9を参照。

10 C. R. Boxer, *The Portuguese Seaborne Empire, 1415－1825* (1991).

11 Malyn Newitt, *A History of Portuguese Overseas Expansion 1400－1668* (2005).

ポルトガルについては、10・11を参照。

(5) 第4章　専門家の戦争

1 Geoffrey Parker, *The Military Revolution : Military Innovation and the Rise of the West, 1500－1800* (second edition, 1996).

2 Clifford Rogers (ed.), *The Military Revolution Debate : Readings on the Military Transformation of Modern Europe* (1995).

1は本章と前の二章に関する必読のものであるが、2と合わせて読まれるべきである。2はこの問題に関する最新の成果を取り入れている。

3 Frank Tallett, *War and Society in Early Modern Europe, 1495－1715* (1997).

4 Christopher Duffy, *The Military Experience in the Age of Reason* (1987).

5 André Corvisier, *Armies and Societies in Europe, 1494－1789* (1979).

3はテーマ研究であるが、4・5の研究に最新の成果を加えており、それを補うものである。何れもこの問題について行き届いた扱いをしている。

6 David Parrott, *Richelieu's Army : War, Government, and Society in France, 1624－1642*

(2001).

7 André Corvisier, *Louvois* (1983).

8 John Lynn, *The Wars of Louis XIV, 1667–1714* (1999).

9 *Giant of the Grand Siècle : The French Army, 1610–1715* (1997).

フランス陸軍については6・7・8を参照。8は、同じ著者の9を詳述したものであるが、貴重な背後関係を与えてくれる。

10 Gordon Craig, *The Politics of the Prussian Army, 1640–1945* (1964).

11 Dennis Showalter, *The Wars of Frederick the Great* (1996).

12 Philip Dwyer (ed.) *The Rise of Prussia, 1700–1830* (2000).

13 Robert Citino, *The German Way of War : From the Thirty Years' War to the Third Reich* (2005).

10は本章と後の章におけるこの問題についての標準的著作であるが、読者は11・12、特に13を参考にすべきである。

14 Christopher Duffy, *Instrument of War : The Austrian Army in the Seven Years War* (2000).

15 *The Army of Maria Theresa : The Armed Forces of Imperial Austria, 1740–1780* (1977).

14はオーストリア陸軍に関する必須の研究であるが、同じ著者による15の修正拡大版である。

16 John Childs, *The Nine Years' War and the British Army, 1688–1697 : The Operations in the Low Countries* (1991).

17 *The British Army of William III, 1689—1702*（1987）.

16・17は同時期のイギリス陸軍に関するものである。

18 Brent Nosworthy, *The Anatomy of Victory : Battle Tactics, 1689—1763*（1990）.

これは戦闘行為の遂行についての必読書である。

19 Azar Gat, *A History of Military Thought : From the Enlightenment to the Cold War*（2001）.

これはこの時期以降の軍事理論の発展を包括的に扱ったものであるが、本章と後のすべての章にとって重要な著作である。

（6）第5章　革命の戦争

1 Geoffrey Wawro, *Warfare and Society in Europe, 1792—1914*（2000）.

2 Geoffrey Best, *War and Society in Revolutionary Europe, 1770—1870*（1982）.

1はこの時期に関する優れた概説である。2は、1よりもかなり以前のものだが、依然として有益な研究である。

3 T. C. W. Blanning, *The French Revolutionary Wars, 1787—1802*（1996）.

4 David Gates, *The Napoleonic Wars, 1803—1815*（1997）.

戦争それ自体については、3・4が最良の概観を与えてくれる。

5 Richard Harding, *Seapower and Naval Warfare, 1650—1830*（1999）.

6 Rory Muir, *Britain and the Defeat of Napoleon, 1807—1815*（1996）.

5は海軍関係についての最良の研究であるが、6は経済的・政治的背景を見事に調べている。

7　Gunther Rothenberg, *The Art of Warfare in the Age of Napoleon*（1977）.

8　David Chandler, *Dictionary of the Napoleonic Wars*（1979）.

7は陸戦の遂行に関する案内書であるが、8からは更に多くの情報が得られる。

9　J. P. Bertaud, *The Army of the French Revolution : From Citizen Soldiers to Instrument of Power*（1988）.

10　Paddy Griffith, *The Art of War of Revolutionary France, 1789—1802*（1998）.

9は特にフランス陸軍の政治的改革に関して優れている。10はナポレオンが権力の座に就く以前に関する詳細な研究である。

11　*Forward into Battle : Fighting Tactics from Waterloo to the Near Future*（1991）.

12　John Lynn, *The Bayonets of the Republic : Motivation and Tactics in the Army of Revolutionary France, 1791—94*（1984）.

11（10と同じ著者）は、12と同様に、十八世紀後半の戦闘の機械的側面に関して非常に優れているが、12はまた動機と宣伝についての興味深い議論を含んでいる。

13　Brent Nosworthy, *Battle Tactics of Napoleon and his Enemies*（1995）.

14　Rory Muir, *Tactics and the Experience of Battle in the Age of Napoleon*（2000）.

13・14もこの問題について有益である。

15　（前出）Craig.

16 （前出）Citino.
17 Peter Paret, *Clausewitz and the State*（1976）.
18 *Yorck and the Era of Prussian Reform, 1807—1815*（1966）.
この時期のプロイセン陸軍に関する考察については、15・16を参照。但し、17・18によって補足されるべきである。

（7）第6章　民族の戦争

1 （前出）Wawro, *Warfare and Society in Europe.*
2 （前出）Gat.
3 Brian Bond, *War and Society in Europe, 1870—1970*（1983）.
4 John Gooch, *The Armies of Europe*（1980）.
1・2に加えて、3・4がこの時期についての優れた概観を与えてくれる。
5 Dennis Showalter, *Railroads and Rifles : Soldiers, Technology and the Unification of Germany*（1975）.
6 Steven Ross, *From Flintlock to Rifle : Infantry Tactics 1740—1866*（1996）.
7 Geoffrey Wawro, *The Austro-Prussian War : Austria's War with Prussia and Italy in 1866*（1996）.
8 Michael Howard, *The Franco-Prussian War : The German Invasion of France, 1870 —*

1871（1988）.
陸戦の遂行に対して鉄道とライフルが与えた決定的衝撃については、5が必読書であるが、6・7・8も同様である。

9 Edwin A. Pratt, *The Rise of Rail-Power in War and Conquest, 1833－1914*（1915）.

10 Martin Van Creveld, *Supplying War : Logistics from Wallenstein to Patton*（second edition, 2004）.
詳細な研究という点で9を超えるものはいまだ出ていないが、10ではその問題がより広い視野のもとに論じられている。

11 John Lynn（ed.）, *Feeding Mars : Logistics in Western Warfare from the Middle Ages to the Present*（1993）.
10・11はこの重要な問題に関する優れた入門書である。

12 （前出）Craig.

13 （前出）Citino.

14 Martin Kitchen, *A Military History of Germany*（1975）.

15 Gerhard Ritter, *The Sword and the Sceptre*（4 Vols., 1969－70）.
この時期のドイツ陸軍に関しては、14と共に、前出の12・13を参照。より詳細には、15を参照。

16 Gary Cox, *The Halt in the Mud : French Strategic Planning from Waterloo to Sedan*（1994）.

17 Richard Challener, *The French Theory of the Nation in Arms, 1866－1939*（1965）.

18 Douglas Porch, *The March to the Marne : The French Army 1871 — 1914*（1991）.
フランス陸軍に関しては、16・17（いまなお有益）を、とりわけ18を参照。
19 Istvan Deak, *Beyond Nationalism : A Social and Political History of the Habsburg Officer Corps, 1848 — 1918*（1990）.
19は二重帝国に固有な諸問題について説明している。
20 David Hermann, *The Arming of Europe and the Making of the First World War*（1996）.
21 David Stevenson, *Armaments and the Coming of War : Europe, 1904 — 1914*（1996）.
22 Hew Strachan, *The First World War, Vol.I: To Arms*（2001）.
第一次世界大戦の勃発に関しては、20・21が有益であるが、この時期および紛争の最初の年については22が最も信頼のおける研究である。
23 James Joll, *The Origins of the First World* War（1984）.
24 Arden Bucholz, *Moltke, Schlieffen, and Prussian War Planning*（1990）.
25 Robert Foley, *German Strategy and the Path to Verdun : Erich von Falkenhayn and the Development of Attrition, 1870 — 1916*（2005）.
大戦の残りの部分に関しては、23・24が突出している。23は簡明な概観を与えてくれ、作戦上の諸問題に関する詳細は24と重要な研究である25を参照。
26 David Stevenson, *1914 — 1918 : The History of the First World War*（2005）.
27 Michael Howard, *The First World* War（2001）.

28 Ian Beckett, *The Great War : 1914—1918* (2001).
大戦の歴史全般に関しては、26・27・28を参照。
29 John Keegan, *The First World War* (1998).
30 Avner Offer, *The First World War : An Agrarian Interpretation* (1991).
31 Niall Ferguson, *The Pity of War* (1998).
29・30・31は経済的観点を与えてくれる。
32 Paddy Griffith, *Battle Tactics of the Western Front : The British Army's Art of Attack, 1916—18* (1994).
33 Martin Samuels, *Command or Control? : Command, Training and Tactics in the British and German Armies, 1888—1918* (1995).
34 Gary Sheffield and Dan Todman (eds.), *Command and Control on the Western Front : The British Army's Experience, 1914—1918* (2004).
35 Ian Brown, *British Logistics on the Western Front, 1914—1919* (1998).
戦術的側面に関しては、32が必読書である。また、33は刺激的な比較分析を行なっているが、34と合わせて読まれるべきである。35もまた戦争の遂行を理解するうえで必読の良著である。
36 Robert Doughty, *Pyrrhic Victory : French Strategy and Operations in the Great War* (2005).
37 Anthony Clayton, *Paths of Glory : The French Army 1914—1918* (2003).
フランス陸軍に関しては、36・37を参照。

38　Norman Stone, *The Eastern Front, 1914－1917* (1975).

39　Holger Herwig, *The First World War : Germany and Austria-Hungary, 1914－1918* (1996).

38・39は塹壕の向こう側からの見解を与えてくれる。

40　J. M. Bourne, *Britain and the Great War : 1914－1918* (1989).

41　Trevor Wilson, *The Myriad Faces of War : Britain and the Great War, 1914－1918* (1986).

42　Roger Chickering, *Imperial Germany and the Great War, 1914－1918* (1998).

43　Laurence Moyer, *Victory Must Be Ours : Germany in the Great War* (1995).

44　J. J. Becker, *The Great War and the French People* (1985).

45　P. J. Flood, *France 1914－1918 : Public Opinion and the War Effort* (1990).

イギリス国内の諸問題に関しては、40・41・42・43・44・45に詳しい。

46　Arthur Marwick (ed.), *Total War and Social Change* (1988).

46は更に両世界大戦がヨーロッパ社会に与えた衝撃を扱っている。

(8) 第7章　技術者の戦争

1　Michael Neiberg, *Warfare and Society in Europe, 1898 to the Present* (2003).

1はこの時期に関する最良の概観を与えてくれ、文献についての有益な註も含んでいる。

2　J. M. House, *Combined Arms Warfare in the Twentieth Century* (2001).

3 Robert Citino, *Blitzkrieg to Desert Storm : The Evolution of Operational Warfare*（2004）.

2・3からは陸戦の遂行に関する詳細が得られる。

4 Lawrence Sondhaus, *Naval Warfare, 1815－1914*（2001）.

5 Andrew Lambert, *Steam, Steel & Shellfire : The Steam Warship, 1815－1905*（edited with Robert Gardiner）

6 Arthur Marder, *From the Dreadnought to Scapa Flow : The Royal Navy in the Fisher Era, 1904－1919,*（5 Vols., 1961－1970）.

4・5は第一次世界大戦以前の発展に関する広範囲な研究であり、同大戦期に関する6の詳細さはいまなお凌駕されていない。

7 Jon Sumida, *In Defence of Naval Supremacy : Finance, Technology and British Naval Policy, 1889－1914*（1993）.

8 Eric Grove, *The Royal Navy since 1815*（2005）.

7は6に対する批判を行なっているが、8は軍務についての簡明だが現在の研究成果を踏まえた研究である。

9 Theodore Ropp, *The Development of a Modern Navy : French Naval Policy, 1871－1904*（1987）.

9は同時期における大陸側の発展に関する必読の研究である。

10 John Terraine, *Business in Great Waters : The U-Boat Wars, 1916－1945*（1989）.

11　Peter Padfield, *War Beneath the Sea : Submarine Conflict 1939—1945*（1997）.
潜水艦による戦闘に関しては、10・11が最良の概括的研究である。

12　Williamson Murray, *War in the Air 1914—45*（1999）.

13　John Buckley, *Air Power in the Age of Total War*（1999）.
12・13は空軍の戦闘に関する最良の入門書であり、参考文献についての有益な註が付されている。

14　Richard Overy, *The Air War, 1939—45*（1980）.

15　Tami Davis Biddle, *Rhetoric and Reality in Air Warfare : The Evolution of British and American Ideas about Strategic Bombing, 1914—1945*（2002）.

16　John Terraine, *The Right of the Line : The Royal Air Force in the European War, 1939—1945*（1997）.

17　Williamson Murray, *The Luftwaffe, 1933—45 : Strategy for Defeat*（1996）.
14は、航空機生産についての章を含む、空軍の戦闘のあらゆる面を扱っているが、15はこの問題に関する最新かつ包括的な研究である。16はいまなお空軍に関する最良の一冊本の研究であり、17と共に読めば有益である。

18　Williamson Murray and Alan Millet, *A War to be Won : Fighting the Second World War*（2000）.

19　Gerhard Weinberg, *A World at Arms : A Global History of World War Two*（1994）.

20　Peter Calvocoressi, Guy Wint, and John Pritchard, *Total War : The Causes and Courses of the Second World War*（1989）.

第二次世界大戦についての最良の通史は現在のところ18であるが、19・20も参照。

21　Richard Overy, *Why the Allies Won*（1996）.

21は連合国側の勝利に関する戦略的・政治的・経済的基盤を扱っている。

22　David French, *Raising Churchill's Army : The British Army and the War Against Germany, 1919—1945*（2000）.

23　Brian Holden Reid, *Studies in British Military Thought : Debates with Fuller and Liddell Hart*（1998）.

イギリス陸軍についてのより詳細は22を参照。23は同時期におけるイギリスの軍事的思想についての必須の案内書。

24　James Corum, *The Roots of Blitzkrieg : Hans von Seeckt and German Military Reform*（1993）.

25　Robert Doughty, *The Seeds of Disaster : The Development of French Army Doctrine 1919—1939*（1985）.

ドイツに関しては24が、フランスに関しては25が、必須である。

26　John Erickson, *The Soviet High Command*（1962）.

27　*The Road to Stalingrad*（1975）.

28　*The Road to Berlin*（1983）.

29 Richard Overy, *Russia's War*（1998）.

30 Richard Harrison, *The Russian Way of War : Operational Art 1904－1940*（2001）.
26・27・28の三部作は、29と共に、東部戦線における戦争を扱っているが、30は両大戦間期における発展について詳しい。

31 Stephen Budiansky, *Battle of Wits : The Complete Story of Codebreaking in World War II*（2000）.

32 Rebecca Ratcliff, *Delusions of Intelligence : Enigma, Ultra and the end of Secure Ciphers*（2006）.

33 Ralph Bennett, *Behind the Battle : Intelligence in the War with Germany, 1939－45*（1994）.
31・32は暗号と通信に関する諜報を扱っているが、それらがもたらした作戦上の衝撃については33で説明されている。

(9) エピローグ――ヨーロッパ時代の終焉

1 John Gaddis, *The Cold War*（2005）.

2 Lawrence Freedman, *The Evolution of Nuclear Strategy*（third edition, 2003）.
冷戦の概説に関しては、1は必読の研究であるが、この問題に関しては2も依然として読まれるべきである。

3 Callum MacDonald, *Korea : The War before Vietnam*（1986）.

4 Martin Middlebrook, *The Falklands War* (2001).

朝鮮戦争に関しては3を、フォークランド紛争の概説に関しては4を参照。

5 Tim Benbow, *The Magic Bullet?: Understanding the 'Revolution in Military Affairs'* (2004).

6 Colin Gray, *Strategy for Chaos: Revolutions in Military Affairs and the Evidence of History* (2002).

二十世紀後半のＲＭＡ（軍事における革命）を歴史的背景において論じることに関しては、5の他に、特に6を参照。

7 *Another Bloody Century: Future Warfare* (2005).

8 Jeremy Black, *War and the New Disorder in the 21st Century* (2004).

7は二十一世紀の紛争のさまざまな挑戦――テロ、大量破壊兵器、サイバー戦争、宇宙空間に関する章を含む――についての思慮深い概観を与えてくれるが、8も参照。

9 Rupert Smith, *The Utility of Force: The Art of War in the Modern World* (2005).

10 Evan Luard, *The Blunted Sword: The Erosion of Military Power in Modern World Politics* (1990).

11 Thomas Hammes, *The Sling and the Stone: On War in the 21st Century* (2004).

9・10は軍事力の変化する性質に関して有益な見通しを与えてくれるが、11は第四世代の戦争行為の進展に関する最も優れた著書である。

12 Bruce Hoffman, *Inside Terrorism* (revised, 2006).

13　Ian Beckett, *Modern Insurgencies and Counter-Insurgencies : Guerrillas and their Opponents Since 1750*（2001）.

12はこの問題に関する最良の入門書である。騒乱に関しては13があるが、これは十八世紀前半から二十世紀後半にいたるまでのこの種の紛争の進展を跡付けている。

14　Daniel Marston and Carter Malkasian（eds.）, *Counterinsurgency in Modern Warfare*（2008）.

14は二十世紀をより詳細に扱っており、アフガニスタンとイラクについての章を含んでいる。

15　John Nagl, *Learning to Eat Soup with a Knife : Counterinsurgency Lessons from Malaya and Vietnam*（revised, 2005）.

西欧諸国が従来この問題に対処してきた仕方に関する綿密な考察としては、15を参照。

16　Robert Jackson, *The Malayan Emergency : The Commonwealth's Wars, 1948 — 1966*（1991）.

17　Thomas Mockaitis, *British Counterinsurgency, 1919 — 1960*（1990）.

マレーシアにおける紛争の通史としては16があるが、17はイギリスの経験について概観を行なっている。

18　Alastair Horne, *A Savage War of Peace : Algeria 1954 — 1962*（revised, 2002）.

19　Martin Alexander and J. F. V. Keiger（eds.）, *France and the Algerian War, 1954 — 1962 : Strategy, Operations and Diplomacy*（2002）.

アルジェリアに関しては、18が依然として最良の記述であるが、より詳細は19を参照。

「キャプテン・プロフェッサー」——マイケル・ハワードと戦争研究

石津朋之

はじめに——ハワードとその時代

マイケル・エリオット・ハワード卿は、一九二二年一一月二九日生まれのイギリスを代表する戦争研究・戦略研究者であり、オックスフォード大学では戦争史及び現代史の講座担当教授を務め、アメリカのイェール大学でも教鞭を執っている。ハワードはまた、ロンドン大学キングスカレッジ戦争研究学部及び同カレッジのリデルハート軍事史料館の創設者であると共に、日本でもＩＩＳＳとして知られるイギリス国際戦略問題研究所の共同創設者（現在はその名誉会長）として高い評価を得ている。さらにハワードは、ロンドン大学歴史学研究所の中に「軍事史セミナー」を設立した中心的人物であり、その同志にはブライアン・ボンドやドナルド・キャメロン・ワットといった後にイギリスの戦争史及び外交史研究を主導する学者もいた。彼はまた、イギリス学士院会員でもあり、一九八六年には爵位を授かっている。

ハワードは名門のパブリックスクール（私立高校）であるウェリントン・カレッジで教

育を受けた後、オックスフォード大学のやはり名門カレッジであるクライスト・チャーチで学んだが、その学生生活は第二次世界大戦によって中断されることになる。学生時代のハワードは、文学や詩、そして演劇に熱中していたようである。

第二次世界大戦でのハワードは、一九四三～四五年の間、イギリスで長い伝統を誇る連隊であるコールドストリーム・ガーズの将校としてイタリア戦線に従軍した。ハワード自身、後年のあるインタビューの中で、第二次世界大戦での実体験が彼の戦争研究への関心を呼び起こしたと回想している。彼はこの戦争で二度にわたって負傷し、サレルノの戦いでは軍事勲章を授与されている。

オックスフォード大学に復学したハワードは同大学卒業後（彼は博士号を取得していない）、ロンドン大学キングスカレッジで学者としての道を歩み始め、その後、同カレッジに新たに戦争研究学部を創設する。ハワードは戦争研究を一つの学問領域として確立した最も重要な学者であり、政府、軍、そして大学を一つに束ねた形で、従来よりも広範かつ深く戦争をめぐる問題を研究するよう尽力した。また、ロンドン大学キングスカレッジやオックスフォード大学での戦争研究・戦略研究の講座シラバスを最初に体系的に作成したのもハワードである。例えば今日、スコットランドのグラスゴー大学などでも戦争研究が盛んに行われているが、これは、ハワードがロンドンやオックスフォードで築き上げた学問体系を後進の戦争史家ヒュー・ストローン（現在はオックスフォード大学教授）が継承したものである。

ハワードはイギリス労働党と深いパイプを持っており、そのため社会主義者とのレッテルを貼られたことさえあったが、同時にマーガレット・サッチャーの保守党政権下でも政策アドバイザーを務めるなど、同国の政界への影響力も強い。こうした交友関係を深めるために彼は、今日でもイギリスに伝統的なロンドンの「社交クラブ」を積極的に活用している。高齢にもかかわらずハワードは今日に至るまで積極的に執筆活動を続けており、近年も、*Liberation or Catastrophe?: Reflections on the History of the Twentieth Century* (London: Continuum, 2007)（単著）、*A Part of History: Aspects Of the British Experience of the First World War* (London: Continuum, 2008)（序文）といった話題の著作を刊行している。

戦争と社会

ハワードは、自らの青年期において影響を受けた人物としてオックスフォード大学教授であるシリル・フォールズ、バジル・ヘンリー・リデルハート、そしてやはりオックスフォード大学教授のヒュー・トレヴァー＝ローパーの名前を挙げている。周知のように、フォールズは退役軍人の歴史家であった。また、リデルハートは当時のイギリスを代表する戦略思想家であり、最後のトレヴァー＝ローパーは大学時代のハワードの指導教官《チューター》であった。さらにハワードは、生涯にわたる自身の関心領域を、戦争研究、戦争と社会の関係性、戦略研究の三つであると述べているが、彼に近いある研究者によればハワードの真の関心領域は、ドイツ問題（そしてその解決を複雑化させるイギリス問題）、ソ連問題、そして戦争と社会の関係性という三つであった。

さらに限定してハワードの戦争観に影響を及ぼした人物としては、リデルハート、フランスの政治哲学者であるレイモン・アロン、そして、誰よりもドイツの歴史家ハンス・デルブリュックの名前が挙げられる。とりわけ本書『ヨーロッパ史における戦争』の内容の構成と分析手法にはデルブリュックの影響が強くうかがわれるが、実際、ドイツ語が堪能なハワード（ハワードの家系はドイツ系ユダヤ人）は、デルブリュックの著作を丁寧に読んでいた。

デルブリュックは、膨大な史資料の分析を通じて古代ギリシアから同時代に至るまでの戦争の歴史を批判的に考察したことで知られる。彼は教訓を導き出すために戦争の歴史を単純化する旧来の軍事史研究を強く批判する一方で、その主著『政治史の枠組みの中における戦争術の歴史』で、戦争の歴史を純粋な歴史学の一部として研究するために客観性の確保に努力した。そしてこうした過程でデルブリュックは、戦いの実態を可能な限り詳細に分析することによって、戦争の様相がその時代特有の政治や社会の状況に規定される事実を明らかにしたのである。

デルブリュックと同様にハワードは、戦争と社会の関係性に注目することにより、戦争研究という領域を従来の個々の戦闘を分析するだけのものから、戦争全体を同時代の大きな社会的文脈の下で捉えるよう拡大した点で高く評価されている。彼は、伝統的な軍事史研究——過去の戦争や戦闘の歴史から今日適応可能な教訓を安易に得ようとするもの——を厳しく批判した上で、自らの研究姿勢、すなわち、過去がユニークな存在であるとの認識と今日の戦略的選択を得るための教訓を得ようとすることの無意味さの受容を基調とした歴史観を提示した。

ハワードは戦争がいかにして進展するのか、いかに社会構造の発展が戦争の性質に影響を及ぼすのかについて理解しようと努めた。繰り返すが、ハワードによれば歴史は教訓など決して教えてくれない。歴史を研究する目的は何らかの教訓を学ぶためではなく、過去を理解するためである。そして過去を理解することによって初めて、自己と自らの社会を理解することができるとハワードは述べている。その意味において、自らが伝統的で叙述体を用いる歴史家であるとの彼の自己評価は正しいのであろう。実は、一九六六年のいわゆる「ハワード・イングリッシュ報告」の中で、彼がイギリス軍の教育機関のあり方の大きな変革を唱えたのもこの理由による。ハワードは正統な戦争研究・戦略研究をそのカリキュラムに組み込むことにより、今日のイギリス軍の教育に対しても多大な貢献をしているのである。

では、以下でハワードの主著の内容を時系列で概観することにより、彼の戦争観及び戦争研究の特徴について考えると共に、本書『ヨーロッパ史における戦争』を理解するための手掛かりを探ってみよう。

『普仏戦争』

ハワードは一八七〇～七一年のプロイセン（ドイツ）とフランスの戦争を取り上げた一九六二年の著作『普仏戦争』の中で、この両国の軍隊がそれぞれの国家の社会構造をいかに反映したものであったかについて言及している。また、彼は同書で普仏戦争は、第一に、過去の戦争とは明らかに異なった性質のものであり、二〇世紀という舞台を設定した戦争であったと述べている。これは、この戦争によってドイツという国家がヨーロッパの地図に登場し、一九四五年に向けての過程を規定したという事実だけではなく、普仏戦争が、大量生産された技術が戦場にもたらされた最初の戦争であったからである。

第二に、ハワードは普仏戦争でプロイセンが勝利し、フランスが敗北したのは、ただ単に戦場でそうした結果が出たからではなく、オットー・フォン・ビスマルクやヘルムート・フォン・モルトケ（大モルトケ）が実施した一方で、フランスの指導者が実施し得なかったことの違い、さらには、この両国の社会的背景と政治制度の違い、それも、おそらくは後者の理由が主となって勝敗を分けたと指摘している。

第三に、ハワードは一八七〇年秋までには戦争が交戦諸国の非戦闘員を巻き込む段階に達し、また、テロと反テロが大きな役割を演じる段階に突入したと指摘する。確かに、ストラスブルグやパリの攻城戦では、プロシア軍砲兵部隊は意図的に民間人を砲撃の目標としたのであり、また、そのプロシア軍がフランスの民間人による様々な抵抗運動に手を焼いた事実はよく知られている。

第四にハワードは、普仏戦争中のビスマルクと大モルトケの対立を研究した結果、今後は政軍関係が、戦争指導や戦争の統制という観点から死活的な問題になると主張した。そして、この問題を解決することが、戦争が単なる不毛かつ絶え間ない行為に終わるのではなく、永続的な平和を確立することにつながるとハワードは考えたのである。

こうしたハワードの考察には、明らかに前述のデルブリュックともう一人のドイツの歴史家ゲルハルト・リッターの影響が色濃くうかがえるが、同書は今日に至るまで、普仏戦争とその社会的背景を知るための基本文献としての地位を維持している。

『戦争論』英語訳(パレット・ハワード版)

パレット・ハワード版はクラウゼヴィッツの『戦争論』の最良の英語訳であるが、これが一九七六年に出版された背景の一つには、アメリカがベトナム戦争に最終的に敗北したという事実がある。周知のとおり、アメリカはベトナム戦争において個々の戦闘ではほぼ勝利したにもかかわらず、戦争そのものには完敗した。その結果、アメリカ国内ではなぜ同国がこの戦争に敗北したのかについてその原因を究明する動きが活発化したが、その一つの流れが、戦争や戦略の古典を改めて読み直すことにより、敗北の原因を探ろうとする試みであった。

当時のアメリカでは、クラウゼヴィッツ研究と共に孫子の研究も積極的に行われたが、こうした古典研究が示唆したところはいずれも、アメリカは政治と戦争の関係性、外交と戦争の関係性について十分には理解していなかったという反省であった。クラウゼヴィッツが『戦争論』で述べたように、「戦争は政治的行為であるばかりでなく政治の道具であり、敵と味方の政治交渉の継続に過ぎず、外交とは異なる手段を用いてこの政治交渉を遂行する行為なの」であり、また「戦争における重大な企てとかかる企ての計画を純軍事的な判断に任せて良いといった主張は、政治と軍事を明確に区別しようとする許し難い思考であり、それ以上に、有害でさえある」のである。

『戦争論』の英語訳はこれまで何冊か出版されていたが、そのいずれも訳文の内容に相当の問題を抱えていた。その点、同書にも全く批判がないとは言えない。このパレット・ハワード版に対しては、あまりにもリベラルかつ合理主義的なクラウゼヴィッツの戦争観が提示されているとの批判が存在する。だが、ドイツ語の原文の意味をほぼ忠実に英訳し得たとの評価があることも確かである。もちろん、同書の価値はその英訳の質の高さに留まるものではない。例えば同書の冒頭には、編者であるピーター・パレットとハワード、さらにはバーナード・ブロディによるクラウゼヴィッツと『戦争論』に関する優れた解説論文が掲載されている。それぞれ「『戦争論』の誕生」、「クラウゼヴィッツの影響」、「『戦争論』の変わらぬ重要性」と題する解説論文は極めて質の高い内容のものであり、また、巻末にはやはりブロディによって『戦争論』を読む際の「手引き」が詳細に記されているため、こうした個所だけでも十分に一読に値する。

実際、同書はアメリカやイギリスといった英語圏諸国に留まらず、世界中で『戦争論』を理解するための必読書と位置づけられており、あわせて、同書からはクラウゼヴィッツの正統な継承者を自認するハワードの戦争観の一端をうかがい知ることができる。

『クラウゼヴィッツ』

一九八三年に初版が刊行され、改訂版が二〇〇二年に出版されたハワードの短著『クラウゼヴィッツ』は、近年、歴史家で論争となっていたクラウゼヴィッツの戦争観における「流血の勝利」の評価をめぐる論述に象徴されるように、『戦争論』やクラウゼヴィッツ研究の最先端の成果が含まれている。

同書の冒頭では、クラウゼヴィッツの生涯が簡潔に描写されていると共に、その時代の知的背景、軍事的背景、政治的背景が分析されており、『戦争論』が誕生した時代状況が明確に理解できる。また、同書でハワードはクラウゼヴィッツが理論の有用性を否定することなく、逆に、その限界を十分に意識しつつも戦争という社会現象を考える際に必要な枠組みを提供し得るものとして重視していた事実を指摘する。周知のとおり、戦争における不可測な要素の重要性を強調したクラウゼヴィッツは、ジョミニやビューローに代表される戦争の科学的な「原理」を追求する手法に対しては、否定的な立場を変えなかった。つまり、戦争は偶然といった要素に代表される「摩擦」に支配されているため、逆に、不可測な精神的要素が決定的な役割を演じることになるとクラウゼヴィッツは考えたのである。

さらに同書でハワードは、『戦争論』でのクラウゼヴィッツの二つの命題の一つとされる政治と戦争の関係の重要性を改めて強調する。また彼は、前述の長年にわたって歴史家の論争の的となっている問題、すなわち、はたしてクラウゼヴィッツは戦闘こそ戦争の唯一の手段であると考えていたのかという問題に関して、クラウゼヴィッツは流血なき勝利を完全に否定したのではなく、流血を覚悟して初めて流血なき勝利が得られるという戦争のパラドックスに言及していたとの見解を示している。

もちろんハワードは、クラウゼヴィッツのもう一つの命題とされる戦争の二種類の理念型についても言及している。そこでは、理論的には極限に達するはずの戦争が現実には制限される事実をいかにしてクラウゼヴィッツが認識し得たかについて、歴史的（社会的）、形而上学的、経験的な視点から説明がなされている。またハワードは、クラウゼヴィッツが『戦争論』の「防御」の編を加筆中に戦争の二種類の理念型の重要性に気づいた事実を指摘すると共に、今日では歴史家にあまり重要視されていないこの「防御」の編こそ、戦争遂行をめぐるクラウゼヴィッツの具体的提言が含まれているため、改めて読み直す必要があると主張する。

さらに同書でハワードは、第一次世界大戦へと至るドイツ、フランス、そしてイギリスの軍事戦略思想とそれに及ぼしたクラウゼヴィッツの影響、さらには、いわゆる戦間期の空軍力の発展と空軍戦略思想、第二次世界大戦の戦争指導、核時代の国家戦略に対するクラウゼヴィッツの影響について詳細に分析すると共に、「政治」「軍事」「国民」といった戦争の「三位一体」の重要性を強調している。

以上、同書はクラウゼヴィッツの正統な継承者を自認するハワードによる『戦争論』の優れた解説書と言える。だが、近年の研究動向が示すところは、『戦争論』に見出される「政治」の要素の重要性を強調するのは、ハワード、パレット、リッター、アンドレ・ボーフル等に代表される核時代のクラウゼヴィッツ解釈に過ぎないのであり、残念ながら同書でハワードは、こうした解釈に異議を唱えるマーチン・ファン・クレフェルトやジョン・キーガン等の批判に殆ど答えていないように思われる。つまり、はたして『戦争論』の中でクラウゼヴィッツがどれほど「政治」の重要性を認識していたのか、また、ハワードに代表されるクラウゼヴィッツ解釈は、彼の世代に特異な戦争観の反映に過ぎないのではないかといった問題である。確かに、クラウゼヴィッツが『戦争論』の中で「三位一体」という表現を明確に用いているのは一度だけであるにもかかわらず、なぜこの概念が後年、注目を集めるようになったのかといった問いについては、改めて検討する必要があろう。さらに言えば、戦争は政治に内属するというクラウゼヴィッツの戦争観の根本と信じられているものでさえ、疑ってかかる必要がある。

『平和の創造と戦争の再生』

歴史を紐解いてみれば、人類は戦争を所与のものと考えていたばかりか、戦争を法的及び社会的構造の基礎と捉えていたとさえ言える。少なくとも一八世紀のいわゆる啓蒙主義時代までは、こうした思考や認識はむしろ当然であった。だが、一九世紀に入ると戦争は悪であり、また、合理的社会組織の創設によって根絶可能なものであると考えられ始めた。それにもかかわらず、このような理想が主要諸国の明示的な目標として真剣に取り上げられ始めたのは、二つの世界大戦を経験した後、二〇世紀後半になってからである。

だが残念ながら、今日でも戦争は根絶されることなく続発している。やはり、かつて大モルトケが喝破したように、永久平和とは「夢に過ぎず、麗しき夢ですらない」のであろうか。そして、いまだに戦争は国際秩序の形成や維持に不可欠な要素なのであろうか。多くの人々が信じているように、戦争と平和は対極に位置する概念なのであろうか。真実はむしろ逆で、相互補完関係にあるのではないか。平和そのものの中に戦争の萌芽が宿され、それが、最終的に戦争を生起させると言えないであろうか。

こうした問題意識の下、二〇〇二年に刊行した著『平和の創造と戦争の再生』（初版の『平和の創造——戦争と国際秩序に関する省察』の刊行は二〇〇〇年）でハワードは、戦争と平和、さらには戦争と国際秩序の関係性について正面から取り組んでいる。同書は、一九七八年に出版された『戦争と知識人——ルネッサンスから現代へ（*War and the Liberal Conscience*）』（奥村大作ほか訳、原書房、一九八二年）や本書『ヨーロッパ史における戦争』の初版の内容をさらに発展させ、国際秩序という視点から戦争と平和をめぐる根源的問題を考えた極めて刺激的な内容になっている。

同書の根底を流れるハワードの確信は、平和とは秩序に他ならず、平和（＝秩序）は戦争によってもたらされるというものである。つまり、戦争は新たな国際秩序を創造するために必要なプロセスなのであり、そして平和とは、創り出されたものなのである。その意味において、戦争の歴史は人類の歴史と共に始まったものであるが、平和とは比較的新しい社会現象と言える。ここに、社会現象、そして社会制度としての戦争と平和というハワードの戦争観、そして平和観が見て取れる。

平和が人類の創造物であるとすれば、当然、それは人工的かつ複雑、極めて脆弱なものであり、いかにしてこれを維持すべきかが問題となる。このように考えると、平和は戦争より遥かに難解な存在であることが理解できよう。

同書の「エピローグ」の中でハワードは、先制攻撃に象徴される近年のアメリカの安全保障政策に対して強い懸念を表明しているが、それは、おそらく彼の懸念の根底に戦争の勝利の後にあるべき秩序に関する不安があるからであろう。誰が戦後の新たな秩序を維持するのか。また、アメリカや西側先進諸国にその意志と覚悟があるのかといった不安である。なぜなら、戦争によって創造された平和（＝秩序）は維持されなければ意味がないとハワードは確信しているからである。

『第一次世界大戦』

オックスフォード大学教授のストローンによれば、第一次世界大戦をめぐる膨大な著作の中でも二〇〇二年に出版されたハワードの『第一次世界大戦』は、「短著の傑作」として特別の評価に値する。確かにハワードは、豊富な歴史知識を基礎としながらも平易な文体で短著を世に問うことで定評があり、実際、同書の彼の文章には無駄な部分が全く見当たらない。そしてこれは、本書『ヨーロッパ史における戦争』にも当てはまることである。

ハワードは『第一次世界大戦』で、兵士や一般国民に及ぼしたこの戦争の影響を検討すると共に、連合国軍（イギリス、フランス、ロシアなど）と同盟国軍（ドイツ、オーストトリア＝ハンガリーなど）の軍事戦略を概観、さらには、戦場での毒ガスの登場に象徴される非人道的行為、加速化された機械化戦争、イギリスにおける独立空軍の創設、海上での戦いとそれがもたらしたアメリカの参戦などについて、戦争と社会の関係性に配慮しながら包括的な論述を展開している。またハワードは、いわゆる銃後の戦い、食糧や燃料の欠乏、資源不足がドイツ国民の士気低下に決定的な影響を及ぼした事実、さらには、それがドイツの最終的な敗北につながった事実などを冷徹に指摘している。

戦争責任をめぐるハワードの見解も極めて明確であり、第一次世界大戦の最終的責任は、その原因においても戦争の継続においても、ドイツ指導者層にあるというものである。実際、ハワードはドイツ指導者層の特徴として、古風なまでの軍国主義、誇大な野心、神経症的な不安の三つを挙げているが、確かに一九一四年夏の時点で、軍事的にも心理的にも戦争の準備が整っていたのはドイツだけであった。

また同書でハワードは、クラウゼヴィッツの「三位一体」の概念を手掛かりとして第一次世界大戦の原因論を考察しているが、ここに当時の「時代精神」に対するハワードの鋭い洞察が見受けられる。例えば、この戦争の開戦当初におけるヨーロッパの人々の熱狂ぶりについてはしばしば言及されるが、ハワードはもう少し冷やかに当時の「時代精神」、とりわけフランス国内全体を包んでいた空気が、戦争の甘受あるいは諦めにも似たものであった事実を指摘する。全ての農民が動員された結果、土地の耕作を女性や子供に任せるしかないといった現実を、フランス国民は甘んじて受け入れたのである。

加えて、開戦当初にドイツ軍が用いたシュリーフェン計画についてハワードは、この軍事計画がフランス陸軍を敗北させるだけでは意味がなく、それを「明日なき戦闘」で包囲かつ殲滅《せんめつ》させる目的のものであったと、その本質を鮮明に描き出している。

前述した戦争の甘受といった点をさらに敷衍してハワードは、第一次世界大戦が四年以上もの長期にわたって継続された理由について一つの明確かつ単純な答えを提示している。それは、全ての主要交戦諸国の国民がこの戦争を継続的に支持したという事実である。総じて彼らは、膨大な犠牲に耐えただけでなく、戦争遂行のために必要とされた様々な統制や苦難を不平を言うことなく受け入れたのである。

さらにハワードは同書で、一九一七年にアメリカが参戦した意味と同年の交戦諸国の国内問題を論じると共に、一九一八年のドイツ軍による最後の攻勢について検討している。同年のドイツ軍の攻勢について彼は、仮にこの結果ドイツ軍が英仏海峡沿いの港湾を占領できたとしても、戦争は第二次世界大戦における一九四〇年のダンケルクの撤退後と同様に継続されていたであろうと、また、仮にドイツ軍がフランスの首都パリを占領できたとしても、イギリスは絶対に戦争を継続していたであろうと、説得力に富む議論を展開している。確かに、当時からデルブリュックが鋭く批判していたように、ドイツ軍によるこの攻勢は、その勝利の軍事的効果は予測できたにせよ、政治的な意味など殆ど期待できなかったのである。

『キャプテン・プロフェッサー』

また、この解説のタイトルとしても援用したハワードの二〇〇六年の自序伝『キャプテン・プロフェッサー――戦争と平和における生涯』の中で彼は、極めて正直に自らの人生を振り返っている。同書は、第一部「キャプテン」（戦前、戦中、イタリア①――サレルノ、イタリア②――ナポリからフローレンス、イタリア③――フローレンスからトリエステ）と第二部「プロフェッサー」（平和、戦争研究、戦略研究、アメリカ、ロンドン官庁街、オックスフォード、終末）の二部で構成されているが、この中でハワードは、自らが極めて裕福な家庭環境で甘やかされて育った事実や同性愛者であった事実を全く隠そうとはしておらず、また、第二次世界大戦のイタリア戦線で負傷した自らの部下を置き去りにせざるを得なかった経緯についても正直に述べている。

さらに同書では、戦争研究や戦略研究の手法をめぐる軍人研究者との対立や、教鞭を執る大学での教授間の醜い主導権争いの実情が鮮明に描かれており、また、ハワードの恩師であるリデルハートに対してもその愛憎半ばした評価を率直に述べている。実際、同書のタイトルである「キャプテン・プロフェッサー」という表現も、自らが陸軍大尉であった事実に加えて、かつてリデルハートが「将軍を教える大尉（The Captain who teaches

Generals)」と呼ばれたことに由来していると推測され、ここにもリデルハートに対するハワードの敬意が見て取れるが、その一方で後述する「イギリス流の戦争方法」という概念をめぐる二人の対立に代表されるように、両者の見解が異なる場合、ハワードはリデルハートへの批判を決して弱めることはなかったのである。

同書はハワードの自叙伝であり、これまで紹介してきたような研究書ではないが、彼の戦争観の形成過程がよく理解できるため、ハワードの人物像を知る上では有益な書である。また、日本でも学者としてのハワードの業績は比較的知られているが、ある学問領域を確立するためには、例えば学会の基金を集めて運営するという経営者《マネージャー》としての才覚も必要とされる事実を、同書は余すところなく教えてくれる。

『ヨーロッパ史における戦争（初版の邦訳タイトルは『ヨーロッパ史と戦争』）』

では、以上のようなハワードの戦争観を踏まえた上で、本書『ヨーロッパ史における戦争』の内容について詳しく検討してみよう。

本書に対してイギリスの歴史家A・J・P・テイラーはある書評の中で、「戦争はしばしば社会の性質を規定する。逆に社会は戦争の性質を規定する。これがマイケル・ハワードの刺激的な本書の中心命題である。……（中略）……一〇〇〇年にも及ぶ歴史の考察を行ったハワードであるが、彼は史実の細部に囚われることなく、歴史の発展に対する広範な概要を提示しており、これは一般読者にとって喜ぶべきことであろう」と高く評価したが、これこそハワードの著作が「短著の傑作」と称賛されるゆえんである。

実際、本書は原書で約一五〇頁の短著であるが、ここに約一〇〇〇年間の戦争の歴史が包括的かつ体系的に記述されている。そうしてみるとハワードは、歴史の通史と輝きを放つ細部を巧みに結合する才能に恵まれた真の意味での歴史家と言える。本書を読めば、ヨーロッパ社会はもとより、今日の世界が戦争を通じていかに形成されてきたかについて理解できるはずである。さらに別の歴史家の表現を借りれば、本書ほど「ヨーロッパの戦争の歴史を簡潔かつ完全に提示し得た著作はない」のである。

前述したように、『ヨーロッパ史における戦争』はヨーロッパの歴史における社会変化とそれに伴う戦争の様相の変遷を概観した書である。本書のそもそもの目的は、政治・経済・社会制度、技術、戦争目的、そして、現実の戦争の様相の相互関係を明確化することであり、その主たる考察対象は中世から第二次世界大戦に至るまでの期間のヨーロッパの歴史である。その中でハワードは、社会が変化するに従っていかに戦争が変化したのか、逆に、戦争そのものがいかに社会を変化させたのかについて、簡潔ではあるが明確な枠組みを提供している。それらの枠組みがそのまま本書の章立てとなっているのであるが、それらは「封建騎士の戦争」、「傭兵の戦争」、「商人の戦争」、「専門家の戦争（職業軍人の戦争）」、「革命の戦争」、「民族の戦争（国民の戦争）」、「技術者の戦争」、そして「エピローグ——ヨーロッパ時代の終焉」（初版では「エピローグ——核の時代」）と続く。

ハワードによれば、騎士と傭兵を中心とする中世封建社会の戦争は比較的その地方限りの現象であった。しかしながら主権国家の発展に伴い、戦争は商人のもの、次いで職業軍人のものへと変貌を遂げると共に、その範囲も大きく拡大することになる。また、一七八九年のフランス革命は戦争を文字どおり革命的な現象に変化させ、その後のナショナリズムの高揚は、戦争をあらゆる国民の目標にまで高める結果を招いたのである。その後は技術が戦争を主導し、核の時代へと突入することになる。

実はここまでが一九七六年に刊行された初版の内容であったが、今回、中央公論新社から新たに翻訳出版された二〇〇八年の改訂版では、二〇〇一年の9・11アメリカ同時多発テロ事件を契機として新たな戦争の時代を迎えたこともあり、「ヨーロッパの時代の終焉」と題する「エピローグ」が加筆されると共に、「参考文献」も大幅に修正されている。本書の初版が刊行された時、戦争の技術的要因の重要性を過小に評価した点、そして戦争の社会的・道義的要因を高く評価した点で、他の著作とは一線を画するものとして多くの歴史家の注目を集めたものである。

今回の改訂版でもハワードは、「エピローグ」でヨーロッパが一九四五年以降、自己完結の国家システムとしては消滅した事実を指摘するなど、興味深い論点を数多く提示している。彼によれば、ヨーロッパはもはや世界の政治システムの中心ではないのであり、同時に、冷戦時にアメリカとソ連に挟まれたヨーロッパ、とりわけアメリカの「核の傘」に保護されたヨーロッパは、戦争を政治の重要な道具であるとは見なさなくなり、また、戦争を人類の不可避の運命であるとも考えなくなったのである。

ハワードは、イラク戦争や「テロとの戦い」についても言及した後、次の二つの点について読者の注意を求めている。第一は、デジタル技術に基づいたRMA（軍事上の革命）は、アメリカ軍の戦闘での勝利を可能にしたかもしれないが、技術的優位と同程度に政治的敏感性が必要とされる戦争指導の領域においては、限定的な価値しか持ち得ないことである。ここでもやはりハワードは、いわゆる技術至上主義に対して警鐘を鳴らしている。第二に、軍事力の有用性を認めようとしないヨーロッパ諸国の人々に対してハワードは、グローバルなシステムの中の広範な紛争に対して自らの国境を封鎖することはできないと警告する。と言うのは、当然ながらヨーロッパもそのシステムの一部であるからである。

また、本書の全般にわたってハワードは、その切り口としてそれぞれの時代の戦闘員、例えば中世の騎士や傭兵の時代における傭兵といった人物に焦点を当てることで、個人の視点から見た独特の歴史観を提示している。確かに本書は、ヨーロッパの歴史に対するある程度の知識がなければ難解ではあるが、社会の変化という大きな文脈の下で戦争の変遷を簡潔にまとめ得ているという点で、今日に至るまで戦争研究のための基本文献としての地位を確固として維持し続けている。

ハワードとリデルハート――「イギリス流の戦争方法」をめぐって

ここで、ハワードが戦争研究の師と仰いだリデルハートの代表的な戦略思想「イギリス流の戦争方法」とそれに対するハワードの批判について簡単に触れておこう。と言うのは、この批判の中からもハワードの戦争観が十分に読み取れるからである。

リデルハートによれば、伝統的にイギリスはヨーロッパ大陸の敵を無力化するため、陸軍力派遣の代わりに自国の海軍力を中核とする経済封鎖に依存してきたのであり、この方策が、イギリスに繁栄をもたらしたのである。これがリデルハートが主唱した「イギリス流の戦争方法」であるが、この方策は本質的には海軍力を用いて適応された経済的な圧力のことであり、その究極目的は、ヨーロッパ大陸の敵国の国民生活に対して経済的困難を強要することにより、敵国民の戦意と士気の喪失を図るというものである。さらには、イギリスが誇る海軍力を用いることで敵国本土とその植民地間の交易を妨害し、また、小規模な上陸作戦によって植民地そのものを奪取することにより、敵の戦争資源の枯渇を図ると共に自国の資源の確保にもつなげるというものであった。

自らも従軍し、負傷した第一次世界大戦での膨大な犠牲者数に衝撃を受けたリデルハートは、今後イギリスは、ヨーロッパ大陸での大国間の勢力均衡に多少の影響力を確保しつつも、基本的には不関与政策に留まるべきであり、その間に、グローバルなレベルでの大英帝国の維持と拡大を図るべきであると考えた。また、仮に不幸にしてヨーロッパ大陸において再び大国間で戦火を交える事態が生起すれば、イギリスはその「伝統」に回帰して、主として海軍力――さらには第一次世界大戦以降、新たに発展を遂げつつあった空軍力――と財政支援をもってヨーロッパ大陸の同盟諸国に対する責務を果たすべきであると主張したのである。

リデルハートの主唱した「イギリス流の戦争方法」に対して、その概念と有用性を実証的に考察したのがハワードであり、彼の歴史を基礎とした議論はリデルハートに批判的にならざるを得なかった。ハワードの論点は、概略、以下のとおりである。

第一に、イギリスが、自国の大陸派遣軍を含めて集め得る限りの防衛資源をヨーロッパ大陸に投入することにより、大陸の同盟諸国を支援することは、リデルハートが主張するようなイギリスの伝統的政策からの逸脱などでは決してなく、実際は、その中核を構成しているという事実である。と言うのは、ヨーロッパ大陸の同盟諸国が敵と対等に戦っている限りにおいて、「イギリス流の戦争方法」が有効に機能し得るからである。すなわち、仮にヨーロッパ大陸の同盟諸国軍が敗北すれば、その時点で「イギリス流の戦争方法」は意味を失うことになるのであり、まさにこの理由によってイギリスは、同盟諸国支援のための大規模なヨーロッパ大陸派遣軍を送らざるを得なくなるのである。

第二に、仮にイギリスが伝統的に「イギリス流の戦争方法」を用いる傾向が強いと認められるにせよ、それは、イギリスの隔世遺伝的な政策でも自由な選択の結果でもなく、むしろ、必要性や不可抗力の結果なのである。そのため、「イギリス流の戦争方法」とは勝利へ向けての積極的な方策ではなく、逆に生き残りを賭けての消極的な方策であるに過ぎない。ハワードは、仮に「イギリス流の戦争方法」なるものが存在するとすれば、それこそまさに「海洋戦略」――リデルハートの言う「イギリス流の戦争方法」――と「大陸関与」との絶え間ない相互作用の中に見出すことができると指摘している。

最後に、決定的な時間や地点に小規模な陸軍力を派遣してヨーロッパ大陸での政治・軍事バランスに影響を及ぼそうとする「イギリス流の戦争方法」は、ヨーロッパの全ての戦争当事国が、ヨーロッパの既存の国際政治システムの維持を望んでいる限りにおいて、そして、その既存のシステムの中でより有利な条件を獲得するため、ある限定的な政治目的を達成する手段としての戦争においてのみ有効であり、例えば、ナポレオンやヒトラーに代表される国際政治システムそのものに異議を唱える「破壊者」に対しては、その効果が期待できないのである。

このようにハワードは、恩師であるリデルハートに対して深い尊敬の念を抱きながらも、その戦略思想、とりわけ「イギリス流の戦争方法」といった概念に対しては常に批判の眼差しをもって接していたのである。

戦争研究の創始者

では最後に、ハワードの戦争観や戦争研究に対する評価について検討してみよう。

おそらく歴史家としてのハワードの才能は、文学や詩、そして演劇に対する彼の深い造詣と無関係ではないであろう。彼の著作はいずれも格調高く洗練された文章で書かれ、歴史全般に対する鋭い洞察であふれている。だがハワードは、自らが戦争と社会の関係性に関心を抱く歴史家に過ぎず、必ずしも軍事の専門家でない事実を隠そうとはしなかった。また一見、平和主義を彷彿とさせるハワードの多くの論点は、彼がクエーカー教徒の家系に生まれたことと関係があるのであろう。

学者として高い評価を得ているハワードはまた、教育者としても優れた才能を発揮し、大学での彼の講義はいつも学生に好評であった。かつてテイラーはハワードを、「教授の中のプリンス」と呼んだほどである。さらに彼の講演も常に格調が高く、聴衆を夢中にさせた。芸術家《アーティスト》としての彼の非凡な才能である。

戦争研究に対するハワードの姿勢は、一九六二年の論考「軍事史の利用と乱用（"The Use and Abuse of Military History"）」に最も明確に表れている。この論考でハワードは、歴史は広範かつ深く、そして出来事が生起した文脈に十分に注意して書かれるべきであると述べると共に、いわゆる今日的な教訓を安易に導き出そうとする旧来の軍事史研究の手法を厳しく批判した。実際、『ヨーロッパ史における戦争』の中でもハワードは、現実の戦闘の様相については殆ど言及しておらず、その代わりに戦争という現象を社会や政治の発展過程と可能な限り関連づけるよう努めている。つまり、戦争の歴史をその時代の文脈の下で理解するよう、より具体的には、政治的、経済的、社会的背景に十分に注意して戦争を理解するよう心掛けている。

本書の「第一版（初版）への序」でハワードは、戦争と社会の関係性について次のように指摘している。すなわち、「戦争を戦争が行なわれている環境から引き離して、ゲームの技術のように戦争の技術を研究することは、戦争それ自体ばかりでなく戦争が行なわれている社会の理解にとって、不可欠な研究を無視することになります」。さらにハワードは、デルブリュックと同様に「政治史の枠組においてばかりでなく、経済史・社会史・文化史の枠組においても、戦争を研究しなければなりません。戦争は人間の経験全体の一部であり、その各部分は互いに関係づけることによってのみ理解できるのであります。戦争が一体何をめぐって行なわれたのかを知らずには、どうして戦争が行なわれたのかを、十分に記述することはできません」とも述べている。

ハワードの著作全般に見られるもう一つの特徴として戦争の道義的側面の重視が挙げられる。本書でもハワードは、例えば中世における騎士の支配はその背後に技術的な要因が存在したのと同程度に、道義的な要因が存在していたと主張している。さらに彼は、クラウゼヴィッツの戦争観の継承者らしく、戦争における士気の重要性を繰り返し強調する。逆に、リデルハートや二〇世紀のイギリスを代表するもう一人の戦略思想家であるJ・F・C・フラーとは対照的に、ハワードは戦争で技術が果たし得る役割をやや過小に評価しているように思われる。

戦争研究におけるハワードの考察対象は常に主権国家が中心であり、そこに彼の戦争観の限界を指摘する論者も存在するが、仮にリデルハートの戦争観が第一次世界大戦での実体験によって形成されたとすれば、ハワードの戦争観は自らも参戦した第二次世界大戦によって形成されたと言える。

また、本論で紹介した彼の代表的な著作が戦争研究全般の発展に及ぼした大きな貢献はもとより、彼が執筆した数百本にも上る書評や文献紹介は、学術的に極めて高い価値を有するものである。さらにはハワードのように、講演のための口述原稿が直ちにそのまま学術誌などに掲載可能な高いレベルであるためには、他人の見えないところで事前に相当の準備をしていたのであろうと推測できる。

おわりに

以上、ハワードの戦争観と戦争研究について考えてきたが、こうしてみると彼は一人の学者として、教育者として、そして、新たな組織を創設・運営する経営者《マネージャー》——繰り返すが、基金の獲得も学者が成功するための重要な条件である——としての才能に恵まれた希有な人物であると結論できよう。

主要参考文献

Michael Howard, *Captain Professor: A Life in War and Peace* (London: Continuum, 2006).

Lawrence Freedman, Paul Hayes, Robert O'Neil, eds., *War, Strategy and International Politics: Essays in Honour of Sir Michael Howard* (Oxford: Clarendon Press, 1992).

David Curtis Skaggs, "Michael Howard and the Dimensions of Military History," *Military Affairs*, Vol. 49, 1985, pp. 179-183.

Brian Holden Reid, "Michael Howard and the Evolution of Modern War Studies," *The Journal of Military History*, Vol. 73, No.3, July 2009, pp. 869-904.

Hew Strachan, "Michael Howard and the Dimensions of Military History," Liddell Hart Centre for Military Archives Annual Lecture, 2002.

石津朋之『リデルハートとリベラルな戦争観』中央公論新社、二〇〇八年

（防衛省防衛研究所戦史部第一研究室長）

ラ　行

マ　行

ヤ　行

ハ　行

ナ　行

タ 行

サ 行

索 引

ア 行

『ヨーロッパ史と戦争』は一九八一年五月に学陽書房から刊行されましたが、本書は二〇〇九年にイギリスで刊行された原書新版に則って改訂し、改題しました。

中公文庫

改訂版《かいていばん》
ヨーロッパ史《し》における戦争《せんそう》

2010年5月25日　初版発行
2013年10月25日　6刷発行

著　者　マイケル・ハワード
訳　者　奥村《おくむら》 房夫《ふさお》
　　　　奥村《おくむら》 大作《だいさく》
発行者　小林 敬和
発行所　中央公論新社
〒104-8320　東京都中央区京橋2-8-7
電話　販売 03-3563-1431　編集 03-3563-3692
URL http://www.chuko.co.jp/

DTP　平面惑星
印　刷　三晃印刷
製　本　小泉製本

Published by CHUOKORON-SHINSHA, INC.
Printed in Japan　ISBN978-4-12-205318-2 C1122

中公文庫既刊より

各書目の下段の数字はISBNコードです。978－4－12が省略してあります。

モ-5-1
ルネサンスの歴史（上）黄金世紀のイタリア
I・モンタネッリ
R・ジェルヴァーゾ
藤沢道郎訳
古典の復活はルネサンスの一側面にすぎない。天才たちのエネルギーを誘発した社会的要因に注目し、史上最も華やかな時代を彩った人間群像を活写。
201192-2

モ-5-2
ルネサンスの歴史（下）反宗教改革のイタリア
I・モンタネッリ
R・ジェルヴァーゾ
藤沢道郎訳
政治・経済・文化各面に撩乱と咲き誇ったイタリアは、宗教改革と反宗教改革を分水嶺としてヨーロッパ史の主役から単なる舞台装置へ転落する。
201193-9

モ-5-4
ローマの歴史
I・モンタネッリ
藤沢道郎訳
古代ローマの起源から終焉までを、キケロ、カエサル、ネロら多彩な人物像が人間臭い魅力を発揮するドラマとして描き切った、無類に面白い歴史読物。
202601-8

も-23-1
英国王室史話（上）
森護
伝説の賢王や名高き悪王、王位をめぐる愛妾の陰謀…。ウィリアム一世征服王からエリザベス一世まで。数々のエピソードに彩られた英国九王家四十代の王室史。
203616-1

も-23-2
英国王室史話（下）
森護
スコットランド女王メアリの息子ジェイムズ一世からジョージ六世までを収録。さらに詳細な系図とプリンス・オブ・ウェイルズの系譜などの巻末詳細資料付き。
203617-8

ま-39-1
カルタゴ興亡史 ある国家の一生
松谷健二
ローマと三たび戦って破れ、歴史から葬り去られた悲劇の国カルタゴを、その成立から消滅まで、時代に沿って人物像を追い、叙情性豊かに描写する。
204047-2

ま-39-2
東ゴート興亡史 東西ローマのはざまにて
松谷健二
ゲルマン民族大移動の主役・ゴート族がイタリアに築いた小さな王国。その揺籃期からビザンティンとの攻防に疲れ滅亡するまでの歴史を、いきいきと描く。
204199-8

ミ-1-3
フランス革命史（上）
J・ミシュレ
桑原武夫／多田道太郎／樋口謹一 訳
近代なるものの源泉となった歴史的一大変革と流血を生き抜いた「人民」を主人公とするフランス革命史の決定版。上巻は一七九二年、ヴァルミの勝利まで。
204788-4

ミ-1-4
フランス革命史（下）
J・ミシュレ
桑原武夫／多田道太郎／樋口謹一 訳
下巻は一七九二年、国民公会の招集、王政廃止、共和国宣言から一七九四年のロベスピエール派の全員死刑までの激動の経緯を描く。〈解説〉小倉孝誠
204789-1

マ-10-1
疫病と世界史（上）
W・H・マクニール
佐々木昭夫 訳
疫病は世界の文明の興亡にどのような影響を与えてきたのか。紀元前五〇〇年から紀元一二〇〇年まで、人類の歴史を大きく動かした感染症の流行を見る。
204954-3

マ-10-2
疫病と世界史（下）
W・H・マクニール
佐々木昭夫 訳
これまで歴史家が着目してこなかった「疫病」に焦点をあて、独自の史観で古代から現代までの歴史を見直す好著。紀元一二〇〇年以降の疫病と世界史。
204955-0

マ-10-3
世界史（上）
W・H・マクニール
増田義郎／佐々木昭夫 訳
世界の各地域を平等な目で眺め、相関関係を分析しながら歴史の歩みを独自の史観で描き出した、定評ある世界史。ユーラシアの文明誕生から紀元一五〇〇年までを彩る四大文明と周縁部。
204966-6

マ-10-4
世界史（下）
W・H・マクニール
増田義郎／佐々木昭夫 訳
俯瞰的な視座から世界の文明の流れをコンパクトにまとめ、歴史のダイナミズムを描き出した名著。西欧文明の興隆と変貌から、地球規模でのコスモポリタニズムまで。
204967-3

タ-7-1
愚行の世界史（上）トロイアからベトナムまで
B・W・タックマン
大社淑子 訳
国王や政治家たちは、なぜ国民の利益と反する政策を推し進めてしまうのか。世界史上に名高い四つの事件を詳述し、失政の原因とメカニズムを探る。
205245-1

タ-7-2
愚行の世界史（下）トロイアからベトナムまで
B・W・タックマン
大社淑子 訳
歴史家タックマンが俎上にのせたのは、ルネサンス期教皇庁の堕落、アメリカ合衆国独立を招いた英国議会の奢り。そして最後にベトナム戦争をとりあげる。
205246-8

各書目の下段の数字はISBNコードです。978－4－12が省略してあります。

コ-6-1
海賊の世界史（上）
フィリップ・ゴス
朝比奈一郎 訳
海賊は実在した男たちである。歴史と文学にまたがる領域から広く資料をあさり、彼らの存在を全般的に扱った海賊史研究の比類なき書物、待望の復刊。
205358-8

コ-6-2
海賊の世界史（下）
フィリップ・ゴス
朝比奈一郎 訳
彼らはロマンティックなアウトローのイメージが強い一方で、国家権力さえ手をやく戦慄すべきやからであった。その興亡と歴史的背景を明快に綴る。
205359-5

コ-7-1
若い読者のための世界史（上）原始から現代まで
E・H・ゴンブリッチ
中山典夫 訳
歴史は「昔、むかし」あった物語である。さあ、いまからその昔話をはじめよう――若き美術史家ゴンブリッチが、やさしく語りかける、物語としての世界史。
205635-0

コ-7-2
若い読者のための世界史（下）原始から現代まで
E・H・ゴンブリッチ
中山典夫 訳
私たちが知るのはただ、歴史の川の流れが未知の海へ向かって流れていることである――美術史家が若い世代に手渡す、いきいきと躍動する物語としての世界史。
205636-7

フ-14-1
歴史入門
F・ブローデル
金塚貞文 訳
二十世紀を代表する歴史学の大家が、その歴史観を簡潔・明瞭に語り、歴史としての資本主義を独創的に意味付ける、アナール派歴史学の比類なき入門書。
205231-4

ケ-3-1
新訳 ゲバラ日記
チェ・ゲバラ
平岡 緑 訳
キューバ革命後ボリビアに身を投じ壮絶な最期を遂げるまでを綴った一年間の記録。極度の緊張感の中、ゲバラの素顔の魅力が溢れる。〈解説〉いとうせいこう
204940-6

ケ-3-2
革命戦争回顧録
チェ・ゲバラ
平岡 緑 訳
カストロとの運命的な出逢いから、キューバ革命を成功するまでの軌跡。ゲバラ本人による加筆・修正を反映した二部構成の決定版。〈解説〉伊高浩昭
204981-9

ケ-3-4
新訳 ゲリラ戦争 キューバ革命軍の戦略・戦術
チェ・ゲバラ
甲斐美都里 訳
キューバ革命軍を指揮したゲバラによる戦略論。作戦形態、闘争方式から医療・食事など生活信条にまで及ぶ。本人の注釈を施した決定版。〈解説〉恵谷 治
205097-6

ク-6-1
戦争論（上）
クラウゼヴィッツ
清水多吉 訳
プロイセンの名参謀としてナポレオンを撃破した比類なき戦略家クラウゼヴィッツ。その思想の精華たる本書は、戦略・組織論の永遠のバイブルである。
203939-1

ク-6-2
戦争論（下）
クラウゼヴィッツ
清水多吉 訳
フリードリッヒ大王とナポレオンという二人の名将の戦史研究から戦争の本質を解明し体系的な理論化をなしとげた近代戦略思想の聖典。〈解説〉是本信義
203954-4

シ-10-1
戦争概論
ジョミニ
佐藤徳太郎 訳
19世紀を代表する戦略家として、クラウゼヴィッツと並び称されるフランスのジョミニ。ナポレオンに絶賛された名参謀による軍事戦略論のエッセンス。
203955-1

S-22-1
世界の歴史1 人類の起原と古代オリエント
大貫良夫／前川和也
渡辺和子／屋形禎亮
人類という生物の起原はどこにあるのか。文明はいかに生まれ発展したのか。メソポタミアやアッシリア、エジプトなど各地の遺跡や発掘資料から人類史の謎に迫る。
205145-4

S-22-2
世界の歴史2 中華文明の誕生
尾形勇
平勢隆郎
古代史書を繙き直す試みが中国史を根底から覆す。甲骨文から始皇帝、項羽と劉邦、三国志の英傑まで、沸騰する中華文明の創世記を史料にもとづき活写。
205185-0

S-22-3
世界の歴史3 古代インドの文明と社会
山崎元一
ヒンドゥー教とカースト制度を重要な要素とするインド亜大陸。多様性と一貫性を内包した、インド文化圏の成り立ちを詳説する。
205170-6

S-22-4
世界の歴史4 オリエント世界の発展
小川英雄
山本由美子
ユダヤ教が拡がるイスラエル、日本まで伝播したペルシア文明、芸術の華開くヘレニズム世界。各王朝の盛衰を、考古学の成果をもとに活写する。
205253-6

S-22-5
世界の歴史5 ギリシアとローマ
桜井万里子
本村凌二
オリエントの辺境から出発し、ポリス民主政を成立させたギリシア、地中海の覇者となったローマ。人類の偉大な古典となった文明の盛衰。
205312-0

S-22-14
世界の歴史14
ムガル帝国から英領インドへ
佐藤正哲
中里成章
水島司
ヒンドゥーとムスリムの相克と融和を課題とした諸王朝の盛衰や、イギリスの進出、植民地政策下での葛藤など、激動のインドを臨場感豊かに描き出す。
205126-3

S-22-15
世界の歴史15
成熟のイスラーム社会
永田雄三
羽田正
十六、七世紀、世界の人々が行き交うイスタンブルとイスファハーンの繁栄。イスラーム世界に花咲いたオスマン帝国とイラン高原サファヴィー朝の全貌を示す。
205030-3

S-22-16
世界の歴史16
ルネサンスと地中海
樺山紘一
地中海から大西洋へ——二つの海をめぐって光と影が複雑に交錯する。ルネサンスと大航海、燦然と輝いた時代を彩る多様な人物と歴史を活写する。
204968-0

S-22-17
世界の歴史17
ヨーロッパ近世の開花
長谷川輝夫
大久保桂子
土肥恒之
宗教改革と三十年戦争の嵐が吹き荒れたヨーロッパ、そしてロシア。輝ける啓蒙文化を背景に、大国へと変貌してゆく各国の興隆を、鮮やかに描きだす。
205115-7

S-22-18
世界の歴史18
ラテンアメリカ文明の興亡
高橋均
網野徹哉
インカの神話的社会がスペイン人と遭遇し、交錯する文化と血が、独立と自由を激しく求めて現代へと至る。蠱惑の大陸、ラテンアメリカ一万年の歴史。
205237-6

S-22-19
世界の歴史19
中華帝国の危機
並木頼寿
井上裕正
香港はいかにしてイギリス植民地となったのか。19世紀、アヘン戦争前後から列強の覇権競争と国内の大動乱に直面して「近代」を探っていった「中華帝国」の人びとの苦闘の歩み。
205102-7

S-22-20
世界の歴史20
近代イスラームの挑戦
山内昌之
19世紀、西欧の帝国主義により、イスラーム世界は危機に陥る。明治維新期の日本と無縁ではない改革運動と近代化への挑戦の道を、現代イスラームの民族問題とつなげて捉える。
204982-6

S-22-21
世界の歴史21
アメリカとフランスの革命
五十嵐武士
福井憲彦
世界に衝撃をあたえ、近代市民社会のゆく手を切り拓いた二つの革命は、どのように完遂されたのか。思想の推移、社会の激変、ゆれ動く民衆の姿を、新たな視点から克明に描写。
205019-8

番号	タイトル	巻数	サブタイトル	著者	内容	ISBN
S-22-22	世界の歴史	22	近代ヨーロッパの情熱と苦悩	谷川 稔／北原 敦 鈴木健夫／村岡健次	流血の政治革命、国家統一の歓喜、陶酔をもたらす帝国主義、そして急速な工業化。自由主義の惑いのなか、十九世紀西欧が辿ってきた輝ける近代化の光と闇。	205129-4
S-22-23	世界の歴史	23	アメリカ合衆国の膨張	紀平英作 亀井俊介	南北戦争終結後、世界第一の工業国へと変貌した合衆国。政党政治の成熟、ダイナミックな文化を活写して、第一次世界大戦に至るまでを活写する。	205067-9
S-22-24	世界の歴史	24	アフリカの民族と社会	福井勝義 赤阪 賢 大塚和夫	36億年の歴史と、人類誕生の謎を秘めたアフリカ。人類学の成果を得て、躍動する大陸の先史時代から暗黒の時代を経た現在までを詳述する。	205289-5
S-22-25	世界の歴史	25	アジアと欧米世界	加藤祐三 川北 稔	人間の限りない欲望を背景にして人、物、金が世界を巡り、アジアと欧米は一つの世界システムを構成して海洋を舞台に、近代世界の転換期を描く。	205305-2
S-22-26	世界の歴史	26	世界大戦と現代文化の開幕	木村靖二 柴沼宜弘 長沼秀世	世界恐慌の発信地アメリカ、ヒットラーが政権を握ったドイツ、スターリン率いるソ連を中心に、第二次世界大戦前の混沌とした世界を描く。	205194-2
S-22-27	世界の歴史	27	自立へ向かうアジア	狭間直樹 長崎暢子	反乱、革命、独立への叫び。帝国主義列強の軛から逃れ、二度の世界大戦を経て新しい国づくりに向かうアジアの夜明けを、中国、インドを中心に綴る。	205205-5
S-22-28	世界の歴史	28	第二次世界大戦から米ソ対立へ	油井大三郎 古田元夫	第二次世界大戦の勃発、原爆投下、植民地独立、冷戦時代の幕開け、ベトナム戦争に介入したアメリカの敗北──激しく揺れ動く現代史の意味を問う。	205276-5
S-22-29	世界の歴史	29	冷戦と経済繁栄	猪木武徳 高橋 進	二十世紀後半、経済的繁栄の一方、資本主義と共産主義の対立、人口増加や環境破壊など、冷戦の始まりからドイツ統一までが生まれていた。	205324-3

各書目の下段の数字はISBNコードです。978-4-12が省略してあります。